依人

回望周作人

周氏兄弟

孙 郁　黄乔生　主编

河南大学出版社

图书在版编目(CIP)数据

周氏兄弟/孙郁,黄乔生主编. —开封:河南大学出版社,2004.4
(2008.6重印)
(回望周作人丛书)
ISBN 978-7-81091-195-5

Ⅰ.周… Ⅱ.①孙…②黄… Ⅲ.①鲁迅(1881~1936)—生平事迹
②周作人(1885~1967)—生平事迹③周建人(1888~1984)—生平事迹
Ⅳ.K825.6

中国版本图书馆 CIP 数据核字(2004)第 027208 号

特约编辑　孟会祥
责任编辑　张　胜
装帧设计　张　胜

出　版	河南大学出版社		
	地址:河南省开封市明伦街 85 号	邮编:475001	
	电话:0378-2825001(营销部)	网址:www.hupress.com	
排　版	河南第一新华印刷厂		
印　刷	河南第二新华印刷厂		
版　次	2004 年 4 月第 1 版	印　次	2008 年 6 月第 2 次印刷
开　本	640mm×960mm　1/16	印　张	21.75
字　数	286 千字	印　数	3001—4000 册
定　价	39.00 元		

(本书如有印装质量问题,请与河南大学出版社营销部联系调换)

周作人与家人合影 (1912年)
前排右起:羽太信子手抱周丰一　鲁瑞　羽太芳子
后排右起:周作人　方□□　周建人

北京八道湾十一号周宅

周作人、鲁迅与爱罗先珂等合影

周作人在北京世界语学会之摄影 (1922年)

周氏兄弟

提　要

　　本卷收入关于鲁迅与周作人关系的文章。周氏兄弟同为"五四"时期的风云人物，又同为一流的作家和学人，世所罕见。他们之间早年的兄弟怡怡，至今令人称道。后失去和睦，诚为莫大憾事。而后鲁迅英年早逝，周作人晚节不终，无论如何，这不是遗憾所能了的。

序言

周作人研究是一个富有挑战性的领域。"五四"以后,人们谈白话文创作,自然要写到他。不过因好恶不同,价值观有别,其形象忽高忽低,捧之者视若神明,贬之者弃若粪土。周作人一生以旁观者身份冷视尘世,写了诸多文字,文本的价值自不必言,而当他成为别人叙述的对象,变为"被看"的对象时,话题之多也许仅次于鲁迅。所以周作人的看世与被看,是文学史的一道景观,我们今天窥视这一渐渐远去的风景,自然会有诸多感慨。

新文化运动初期,周作人名气之大,有时在鲁迅之上。那时二人被合称为周氏兄弟,其思想状态与文章风格,多有相似的一面。陈独秀与胡适对周氏兄弟评价很高,以为白话文的魅力在二人笔下被呈现出来,是新文学真正实绩的代表。看那时二人的著述,文字老到深沉,学识渊博,且又有深切的现实情怀,所以每有篇章问世,辄被人们争阅,影响之大,现在看旧时文献,依然可以感受到的。周氏兄弟虽不是新文化运动的发起者和主帅,却起到了别人起不到的作用。比如译介弱小国家的富有反抗精神的作品,创造了新式小说与随笔。其文激越沉着,深情远致,为许多旧文学的信徒所不及。说白话文在二人手中诞生,又在其笔下成熟,并非夸大其词。

周作人的丰富性、复杂性与难解性有时并不亚于鲁迅。他同代的人与后辈,对其看法也五花八门。浏览形形色色描述周氏的文章,能窥测到现代文化接受史的侧面。文人的心态与价值取舍亦历历在目。了解周作人,固然要看他的著述,那是一个驳杂的世界,走进其间并不容易。另一方面,又不能不了解人们对他的看法。这构成了他的形象的立体性。周氏的同代人中,像他那样杂览群书者不多,知识谱系里有着后人难及之处,所以能与其精神真正对话者不是很多。后代人有必要努力去了解他。我们在这些文字里可以体味到现代意识流变的过程。周氏的投影中有我们现代文人的隐痛,惟有了解其创伤者,才可说触摸到了那个鲜活机体的一部分。

史家眼里的周作人与批评家眼里的形象不同,直面血色的热血青年和书斋里的学人有各自的周作人观。我们看废名、曹聚仁、何其芳、胡风、郭沫若、俞平伯等人的文章,便知道个体阅读的差异。这差异构成了现代批评史与学术史的斑驳的面容。一个不倦的书写者和他的周围世界,就构成了这样一种复杂的关系。破译它们,也并非一件易事。人在历史中扮演的红与黑的角色,有时是反逻辑的。周作人就是在这个反逻辑的叙述里,和千千万万个读者相逢了。

晚年的时候,周作人曾在遗嘱中说,自己一生所写的文字不足为道,这并不是自谦的话。他对生命与人间有着无量的哀凉感。有时想想,理解这个人,不懂其内心的苦楚,大约总有点隔膜的。所以我们相信,看待周氏,当和理解鲁迅一样,不可以世俗的尺度简单为之。他存活于中国,有时又不属于中国。一个读书人在深刻与茫然之间,有时是游移的。辉煌的背后也许恰是大的空虚。周作人的著述生涯,也未能逃脱这样的命运。那是现代文化的一个漩涡。

鲁迅对周作人的影响很大,对他的感情之深,连周氏自己也承认的。但自1923年二人分手之后,各奔东西。一个成了荒漠中走来走去的斗士,一个躲在了"苦雨斋"里做了人间的看客。周作人由先前的朗然、明快,渐渐变得清冷、灰色。他以消极的方式入世,谈古往今来轶事,言中外野史杂著,将思想内敛于生命体验之中,走了一条不为外人轻易理解的道路。一边翻译介绍域外学术,一边借当下经验叙述历史,和激进文人的走向街头、溅血的呐喊渐渐远离了。直至后来,日本侵略军占领北平后,他出山做了伪华北教育督办,晚节不保,落得骂名。以其学识之深,本可以成为学界的前导式的人物,但在历史的错位中,滑向鲁迅的反面,其震动之大,在文坛是少见的。惋惜与诅咒,哀怜与批判,至今余音未绝。

但周作人和鲁迅的恩怨似乎还没有尽,而且恐怕永远也不会尽。无论有何种冲突,有多大的矛盾,无论怎样互相指责,无论怨恨有多大,鲁迅,在周作人心目中是一个巨大的存在。有很多恩恩怨怨的事实,读者耳熟能详。他解放后一个很重要的工作就是写作大量关于鲁迅的文字,无论动机如何,提供的资料是极有益于鲁迅研究的,这也可以反过来说,鲁迅研究在某种程度上离不开周作人。我们从当时与他有过接触的人士的回忆录中就能了解不少这方面的情况,例如在人民文学出版社工作的《鲁迅传》的作者王士菁和鲁迅博物馆的工作人员叶淑穗去访问他,都与鲁迅研究有关,他在接待时提供资料,在那样一种无人过问的境遇中,显示着他存在的价值,同时也不能没有对鲁迅怀有的一种感情,这感情也许是复杂的,我们不便猜测他产生了悔恨之意,但总不能没有一点感激之情吧。他本人也说过:"我很自幸能够不俗,对于鲁迅研究供给了两种资料,也可以说对得起他(鲁迅)的了。"这些材料,我们在鲁迅研究工作中常常参考,因为正如他所说,差不多是海内孤本,别人所不知道的。他后来因为生活困难,将前半生日记卖给鲁迅博物馆,其中当然记录着鲁迅的大量活动(1923年失和以前)。可以说,一部鲁迅研究史与周作人的关系颇深。早年的合作著译,发表作品互相署名,周作人为鲁迅的作品写评论,翻译鲁迅作品为日文,等等,等等,不烦缕述,我们对他这方面的贡献的评价,还显得远远不够。

周作人研究更离不开鲁迅和鲁迅研究。本来,在他附逆以前,周作人研究已经成为一门学问,研究的文章已经很不少,甚至还有了专门的评论集《周作人论》(陶明志编,上海北新书局1934年版)。其时,有关鲁迅的研究著作也并没有多少种,关于胡适的就更少。但在抗日战争爆发以后,这门学问几乎消失了。只是到了改革开放以后,人们经过了思想偏激极端的教训和文化毁灭运动的震动后,在整理文化传统时,才逐步给了周作人以应有的评价。但因为他的汉奸身份,很难把他提升到以前曾经有过的高度。所谓"出土文物"中,即便是资产阶级文人,曾经攻击过共产党政权,解放后被历次运动整肃过的,也比汉奸卖国贼的名声好——他的地位低到不能再低。20世纪80年代,有人试图为他的投敌的动机和期间的行为辩护,寻找证据,希望翻案,引起舆论注意。当时很闹了一场风波。在那种情况下,鲁迅博物馆召开了一个"敌伪时期周作人思想、创作研讨会",这应该是有关周作人的第一个会议。虽然没有为他的附逆翻案,而且弄明白了历史原本清楚,此案绝不能翻,但这场讨论起到的作用远非这些,它唤起人们注意这样一个人物,他既有过也有功,他应该接受审判,应该被严厉批判,但却不应该被忽视被忘却。与会者在重新认定他确实有罪于中华民族的同时,也都实事求是地谈到他的功绩,用鲁迅评价刘半农的话说,是"以愤火照出他的功绩"。功绩是历史,是客观存在,不容抹煞,禁止研究是没有必要的,甚至是愚蠢的行为,因为它不会妨碍我们对中国文化史上一个光辉灿烂的时代进行全面的研究。不过,那个时候,因为人们的思想解放还在试探阶段,中国传统中根深蒂固的因人废言的习惯还在起作用,印行他的著作,进行研究仍然是一个——至少是半个——禁区。

当时大量阅读周作人著作的感受,我们至今还记忆犹新。岳麓书社出版了他的著作,几部文集合成一册,精装本,显得很厚实。原来我们在大学里文学史上读到的介绍和评价是太简单也太片面了,他的著作同鲁迅著作一样浩博,虽然文风有差异,但一种气度,一种情调,一种眼光,其中文化修养的蕴涵,语言的独特风味,幽默的格调,和鲁迅多有近似之处,为现代很多作家所不及。

第二次有关周作人的讨论会,也同鲁迅、而且同鲁迅博物馆有关。那就是1987年10月在鲁迅博物馆召开的"鲁迅、周作人比较研究学术讨论会"。周作人研究的全面开始,也就在此前后。当时已经出现了多篇有关的回忆文字,刊登在《鲁迅研究动态》上。此前出版的舒芜的《周作人概观》比较全面地向读者介绍了周作人的功过，也提出了研究的一些思路，产生了相当大的影响。在这次讨论会上，两兄弟比较的文章当然是主要的，但也出现不少专门对周作人的回忆和评论。比较文章虽然仍摆脱不了高扬鲁迅而痛贬周作人的主旋律，但周作人研究总算依附在鲁迅研究这门"显学"上而越来越得到人们的重视，在今后的日子里更有蓬勃之势。鲁迅博物馆、鲁迅研究室及《鲁迅研究动态》（后来改名《鲁迅研究月刊》）应该说对周作人研究学科的建立和发展立了功。鲁迅博物馆编辑出版的另一种刊物《鲁迅研究资料》上，其实很早就发表了这方面的材料，如周作人的前期日记，周作人的信件和他人致周作人的信件，等等。在《鲁迅研究月刊》的"鲁迅与同时代人研究"栏目中，也以周作人研究的文章为多。

研究新文化运动，研究鲁迅，都不能回避对周作人的研究。对鲁迅博物馆来说，研究周作人正是题中应有之义。

当我们起意要编辑这样一套资料集时，我们在编辑计划中所阐述的想法就如上述。出齐基础资料是深化研究的第一步。在与河南大学出版社的负责人商量后，确立了一个比较大的出版计划。2003年11月，河大出版社和鲁迅博物馆联合召开了"周作人研究的历史、现状及出版工作座谈会"，请来了国内外几十位专家学者。这应该是关于周作人的第三个会议了，又是在鲁迅博物馆举行！然而，距上一次会议已有十几年，其间周作人研究取得了长足进展，也风风雨雨闹了不少争论。现在看来，争论也不是坏事，有助于这门学问的繁荣和发展。与会专家学者都很激动，说这是第一次以周作人名字独立命名的会，似乎在说他终于摆脱了鲁迅的遮掩。但我们并不愿特别强调这种象征意义。我们除了讲周作人研究应该从鲁迅研究的附属和补充，发展成一门独立的学问之外，仍然讲了这样的意思：周作人不但为鲁迅研究提供了有价值的资料，而且他的人生道路、思想发展历程、文学业绩与鲁迅有密切的关系，深入开展周作人研究必然有助于深化鲁迅研究。周作人研究的历史、现状和发展方向及其与鲁迅研究的深层关系，有待我们做全面的梳理和深入的讨论。与会专家主要讲了周作人研究资料的出版，因为这已经成为这门学科中一个关键问题。大家提了很多好的建议,例如国内外研究资料的搜集、翻译和出版,周作人书信(包括来往书信)、日记和文集的出版,等等,项目相当庞大,需要一一实现。河南大学出版社关注文化建设,热心扶植学术研究著作的出版,早有出版周作人相关资料的意向,与我们的想法几乎完全相同。会后我们立即动手,整理已经稍有基础的材料,加快了工作进度,终于在2004年编就研究资料汇编8卷和周作人书信1卷(即《周作人与鲍耀明通信集》)并付梓。

这套"回望周作人"丛书,就是8卷资料汇编,分别如次:

卷一,有关周作人的描述和回忆文字,编为《知堂先生》。

因为与周作人有过交往的人陆续谢世,有价值的回忆周作人的文章可能不会大量出现了。现有的回忆文字,有同时代人对他的描绘,有与他有交往的后辈对他的追忆和评价,是难得的第一手材料——尽管还需要进行细致的辨别。本卷有两个遗憾,一是现存周作人亲属的回忆文字极少,也许是回忆惨痛,不忍重提旧事吧。二是与周作人有过交往的一些日本人写的回忆文章,本来想单编为一卷的。就我们所知,有一本日文的《周作人先生的事》,但翻译颇费时间。我们请人译了几篇,附在卷末。希望以后有机会实现原计划。

卷二,有关鲁迅、周作人兄弟关系的文字,编为《周氏兄弟》。

两兄弟关系在周作人研究中所占地位十分重要,多年来研究成果引人注目,最近几年也有新材料的发现和新解说的提出。周氏兄弟早年怡怡,中岁失和,而身后又不同。比较周氏兄弟的文字,也总是隐隐分得出阵营,不免多了些感情的色彩。随着岁月流逝,时代悬隔,人们可能站得远一点,看得更客观一些。而关于周氏兄弟的比较研究,也将成为思想史、文学史的永远课题。

卷三,有关周作人在日本侵略军占领期间的表现,及前后因果的材料和研究成果,编为《国难声中》。

周作人参加傀儡政府,是文化界的一件大事,引起舆论震动。当时一片声讨之声,也有些人表达了惋惜、哀悼之意,更有些人撰文分析了其中原因。从投敌到受审,周作人的思考、辩解,种种行为,复杂心态,实在具有文化史的深远意义,值得我们深入研究。中国的历史上——惭愧得很——这种现象、这种人物也可谓层出不穷:李陵、秦桧、钱谦益……舆论给这些人一个很丑恶的名号:汉奸。曾经有人站在似乎更高的立场,试图为事敌者说辞。殊不知只要民族还存在着,大是大非就不会降低为小是小非,更不会降低为无所谓。且不说甘心情愿,另有隐衷也好,委曲求全也罢,事敌即应靦颜,无以辩解。我们一面祈祷世界和平,一面必须吸取教训,使这样的惨景再不要发生,一面也有必要整理和研究一番这几页不光彩的历史档案。

卷四,选取他人致周作人的信,编为《致周作人》。

这些信看似与周作人研究远一点,实际上也正是基础材料的一部分。当然最好是出版往来书信,但在不能收全和一一对应的情况下,先这么编出来,供研究者使用,也是一个权宜之计。相信读者读完这一卷,一定会有所收获,且不说里面有很多独特而珍贵的材料,至少能让我们感受一下那个时代的文化氛围。

卷五,对于周作人的著译的评论,编为《其文其书》。

里面的文字,有些类似现在的书评,是著作和翻译出版后得到的反应,可见他的著作在当时所引起的注意。也有一部分是后来各种选本的序跋之类,还有一些有关版本的介绍和研究文字。周作人学问渊博,著述宏富,这里选取的当然不足以概括他的整个著述情况。我们很愿意有更多的研究者加意于他的著作的整理、校勘和解说。虽然他的文字以平易著称,但也不能说"老妪都解"。易懂的是文字,他的一些思想,因为种种原因,也还并非人人都能了解。

卷六,对于周作人的论争的文字,编为《是非之间》。

在社会大变动、文化大转型的时代,一个人,特别是一个文学家和思想者,总不免要卷入这样那样的争论,很有可能成为所谓有争议的人物。鲁迅如此,周作人也不例外。我们在编辑"回望鲁迅"丛书时,就曾拟过"围剿集"的名目,现在轮到周作人了。从女师大风潮时的"闲话",到《五十自寿诗》,再到出任伪职,以至身后,周作人总是处于一个又一个旋涡的中心,似未能实现他寒斋苦茶的夙志。周作人"不辩解",然而还是参与了不少论辩,正所谓"予岂好辩哉?予不得已也"。围绕他的论辩,当然更纷纭,而且随着言说的自由,近来愈发不可收。该卷相当一部分是现代人就周作人研究发表的论辩文字。我们希望不同的看法不至于影响辩论者各自的生存状态和思考自由。

卷七,对于周作人的研究、评论,编为《研究述评》。

对周作人的评论和研究,最近若干年取得很大进展。周作人与宗教,周作人与民俗,周作人的文艺观,周作人与外国文化,周作人的思想和作品,周作人与同时代人的比较,等等,许多好的论文,实在不是一卷的篇幅所能载得下的,因此,选择就显得十分困难了。我们还是把大部分篇幅给了评论,而较少选择研究论文,废名等人的评论文字也许在科学性和客观性上不如研究论文,但能抓住一些特点立论,也能给研究者相当的启发。此外,我们选入的著名周作人研究专家的文章不是很多,是希望多拿出一些篇幅给青年研究者和外国研究者,虽然也因为好文章太多,这想法并不能完全实现。

卷八是周作人著译索引等工具性的资料集,名之为《资料索引》。

除了一个生平年表简编外,将周氏著译逐年逐月逐日列出,编成"著译系年篇目",以便于研究者检索。"著译系年篇目"收录的是单篇文章条目,它的后面有一个周氏著译文集的目录,及他人编辑的各种文集和选本目录,借此可略见周作人著作的流布情况。至于历来的周作人研究论著和论文集,编了一个"研究论著目录"。这目录有一个用意:因为资料丛书的篇幅有限,很多优秀的论文不能收录,因此将研究专著和论文集列出来,便于研究者查找。应该说明的是,因为时间仓促,这一卷里有不少遗憾:因为我们掌握的资料有限,遗漏肯定不少,这是要敬请作者和读者原谅的。这里还缺少一个周作人著作外文译本书目,港台周作人著作的出版情况也很不完整。这是要在适当时候加以弥补的。此外,因为篇幅所限,"研究论文索引"就只好留待以后再来做了。这里要感谢日本东京大学的伊藤德也君,他给我们寄来了近年来日本周作人研究论著目录,因为种种原因未能在这里刊出,遗憾之余,我们却又有一个更大的奢望,就是伊藤君有朝一日能写出日本周作人研究综述,并编出一个完整的研究论著目录,全面反映日本周作人研究的历史和现状,使我们的资料更加完备。

丛书所收文字,时间跨度近一世纪,语言习惯变化甚大。我们无力做到一本原貌,当然更不能为规范计,恣意改篡前人的著作。这里只力所能及地订正了一些原出版物的手民误植和明显的脱误,其他则仍旧。

在编辑过程中,得到了很多前辈、同行和朋友的帮助。曾与晚年周作人通信的鲍耀明老人,从香港寄来很多资料,足资参考,我们表示衷心的感谢。王世家先生、张杰先生、王惠敏女士,高远东君、赵龙江君、刘思源君,或惠借书刊,或帮助查找材料,高情厚谊,令我们感动;向梅女士复印、打印稿件,校对著译编目,种种辛苦,自当铭感。

河南大学出版社社长王刘纯先生,是一位热心扶植学术著作的很有眼光的出版家,他和我们不约而同,早在酝酿着出版周作人著作和研究资料的计划。在联合召开了座谈会后,仰仗他的魄力,编辑工作进度大大加快了。这套丛书还多亏了两位年青编辑的高昂的热情、辛勤的劳动和耐心细致的编辑作风。一位是张胜君,做事干练投入,他对周氏兄弟文字的热爱乃至沉醉令我们感动不已,这是我们合作的坚实基础。他作为王社长的得力助手,策划联络,对这套丛书的面世倾注了大量心血;一位是孟会祥君,工作态度诚恳认真,文字上又颇为讲究,为丛书提出不少好的意见。几个月来,我们反复来往电子邮件商量编排事宜,但却更喜欢接读他以一笔好字写在雅致的笺纸上的信函。虽然时间紧迫,但由于我们的共同努力,这套丛书居然编成出版了。现在轮到对他们说感谢的话时,却分明地觉得有些见外了。

至于丛书中存在的问题,一定不少,我们殷切期待着读者的批评。

孙郁　黄乔生
2004年4月于北京

目次

·周氏弟兄·

我所见的鲁迅与岂明两先生 …………………… 霜　峰　003
关于周氏弟兄批评的枝节问题——对霜峰君略答一二 … 谨　公　008
鲁迅与周作人 ………………………………… 非　白　011
妄评一二 ……………………………………… 郁达夫　017
周作人谈往事 ………………………………… 记　者　020
鲁迅与周作人 ………………………………… 辛　朗　023
周作人论鲁迅 ………………………………… 尧　民　026
鲁迅藏书出售问题 …………………………… 记　者　028
客窗偶录二则 ………………………………… 洛　昧　033
周作人与鲁迅 ………………………………… 胡兰成　037
两种不同的道路——略谈鲁迅和周作人的思想发展上的
　分歧点 …………………………………… 何其芳　040
谈中国新文艺运动（节选） ……………………… 蒋梦麟　049
动荡时代人生路的追寻与困惑——周作人、鲁迅人生哲学
　的比较 …………………………………… 钱理群　052

苦梦——鲁迅、周作人世界之一瞥 …………………… 孙 郁 067

·所谓兄弟·

鲁迅逝世二十年纪念——与周启明先生书 ………… 曹聚仁 083
所谓兄弟 …………………………………………… 许广平 087
致北京晚报记者 …………………………………… 许广平 097
记周氏弟兄 ………………………………………… 林语堂 099
弟与兄 ……………………………………………… 川 岛 102
鲁迅和周作人 ……………………………………… 周建人 105
周建人是怎样离开八道湾的？ …………………… 俞 芳 114
二周识小 …………………………………………… 陈迩冬 117
周作人对鲁迅的影射攻击 ………………………… 舒 芜 122

·兄弟怡怡·

论周氏兄弟的新诗 ………………………………… 郑子瑜 139
鲁迅收藏的周作人译作简述 ……………………… 万 晓 151
周作人早期日记与鲁迅研究 ……………………… 祝肖因 163
读《周作人日记》札丛 …………………………… 顾 农 178
鲁迅与周作人的日本文学翻译观 ………………… 张铁荣 184
妄测 ………………………………………………… 余 斌 202
鲁迅周作人早期作品署名互用问题考订 ………… 张菊香 207
鲁迅周作人又一篇合写的文章 …………………… 朱金顺 217

·失和前后·

道听途说——周氏兄弟的情况 ………………〔日〕中岛长文 221
鲁迅、周作人"失和"之原因探析 ………………… 殷国超 245
《晨报副镌》上有关周氏兄弟失和的几则材料 …… 荣挺进 258
鲁迅、周作人失和决裂后的间接联系 …………… 舒 芜 269
《五十自寿诗》与《两地书》——周氏兄弟诗文互证发覆

	陈胜长	276
一份八道湾房产的"议约"	周海婴	298
琐谈鲁迅家族风波——八道湾房产"议约"引出的话题		
	姚锡佩	301
我观周氏兄弟	陶晶孙	320
编后记		323

周氏弟兄

中国现代散文的成绩，以鲁迅、周作人两人的散文为最所溺爱大，我平时的偏嗜，亦以此二人的散文为最丰富最伟。

——郁达夫《中国新文学大系·散文二集·导言》

读着两人早期的文章，我们就总有着不同的感觉。一个使你兴奋起来，一个使你沉静下去。一个沉郁地解剖着黑暗，却能够给予你以你像闲坐在树荫下。一个使你像晒着太阳，一个使希望和勇气，想做事情，一个安静地谈说着人生或其他，却反而使你想离开人生，去闭起眼睛来做梦。这是什么缘故呢？

——何其芳《两种不同的道路——略谈鲁迅和周作人的思想发展上的分歧点》

我所见的鲁迅与岂明两先生

○ 霜峰

我作这篇文章的动机,是因为看到本月一号《民言报》文艺栏中,征求"批评鲁迅、周作人"的文章的启事而起的。不过在我没扯到正题以前,要先向读者诸君声明的,就是我并不是什么批评家,当然谈不到"眼光"与"态度",但因平素常读他们的作品,而且我的脑海中印着他们二位的映象,好像觉得鲁迅先生是这个样子,岂明先生是那个样子,至于究竟这种映象,是不是他们二位弟兄的本来面目,那我就不敢说了。所以本文之所以定名为"我所见的"云云,也就是因为这个缘故。

在那篇征文的启事中,有这样的几句话:

> 文坛上的权威者鲁迅周作人两作家,最近竟地位动摇。这倒周的笔战,已经由淞沪跨海过关,走入他们发祥之地的北平。——由北京转变的北平。

我觉得作者诸公先生,未免对于近来的文坛上的状况有点疏忽,这话在现在说是不切事实,即在半年前说,也一样的不切事实。为什么呢?就是因为今年的鲁迅,已非去年前年的鲁迅了。我们试看看近来的上海刊物,——《萌芽》《拓荒者》《新月》同《小说月报》等杂志,那么我们就立刻可以知道现在的鲁迅已经同半年前攻击他的诸位先生们合作了。在第四期的《萌芽》上,不是明明载着鲁迅在新近上海他们组织的文艺团体,所谓左翼作家联盟的会场上,讲演过的稿子吗?而且在无产文学的机关杂志《拓荒者》上边,载有钱杏邨所作的《鲁迅论》,对于鲁迅的批评,不是又换了口调啦吗?现在我们怎能够说他的地位动摇呢?倘若我们把这话在半年前就说的话,那么对于鲁迅或者可以,在周作人就又不合适了,因为攻击周作人,不过才是近两月来的事实。——是因为黎锦明那封信而肇端的。我之所以说这么多近似废话的原因,就是在要表明鲁迅同岂明二先生,他们是不能相提并论的,不要说在现在不能相提并论,即在已往也一样的不能够相提并论。

鲁迅先生真正开始他的文学生活,可以说是在文学革命的时候。自从他发表了《狂人日记》同《阿Q正传》后,他在文学界的声望,就同朝日之升天一般,渐渐的腾跃起来了。(他的文章曾在《新青年》《小说月报》《语丝》《莽原》《未名》《京报副刊》《晨报副刊》《北新》《奔流》《朝花》《萌芽》等刊物上发表过。)他在文坛上的贡献,除了译著外,最重要的有小说集《呐喊》《彷徨》,杂感集《热风》《华盖集》《华盖续集》《而已集》等。我们不要看别的,就从这几部书中就能以明了了他的真精神。至于岂明先生呢?他从事于文学,可以说很早,不过享盛名也一样的是在文学革命以后。(他的文章曾在《新潮》《新青年》《小说月报》《语丝》《北新》《京报副刊》《华北副刊》《新中华副刊》天津《益世副刊》等刊物上发表过。)他的著作除介绍的以外,最重要的有《自己的园地》《雨天的书》《谈龙》《谈虎》《泽泻》《永日》等集。同样的,在这几部著作中,我们可以明了了他,对于人生同文学所持的态度。好啦!现在就不妨把我真正要说的话说出来了。

鲁迅先生在一般批评他的,说他是"战士",我对于"战士"这两个字加在他的头上,觉得最切当不过了。他在各方面可以说都是很急进的。譬如先就文学方面说吧,鲁迅先生的古文,在当初也是写得顶不错的,但是自从文学革命的声浪爆发后,他很毅然的用白话来写小说,结果写得那样的成功。文学革命成功了以后,中国的文坛上可以说千奇百怪,我们固然不能说某人属于西洋的某一派,但是我们可以很显明的看出某人是受过某派的影响的。什么近似浪漫的作品,近似唯美派的作品,都出现了。可是鲁迅先生呢？他的小说则几乎完全是属于自然主义的一派的。所以他的作品同别的比较着，已经切合于人生了。在他那冷酷的解剖，与热烈的嘲弄的笔锋下，确是给一般中国人以猛烈刺激。比那些不痛不痒专门嘲风弄月，开口"情人"闭口"接吻"的作家们的作品，对于社会的影响已经大得多了。至于近来呢？普罗文学勃兴以后，好像是他有点落伍了似的，但是哪知他在努力的在研究，努力的在工作呢！他知道空喊口号是没用的，所以翻译些关于普罗文学的理论的书籍——如《文艺与批评》《艺术论》《新兴文学之诸问题》等。以求把普罗文学在中国树一稳健的基础。到了近来，一般主张普罗文学的作家们，才晓得鲁迅先生并不是落伍了，仍是在仔细的研究，拼命的追赶新的文学的潮流呢，所以他们就联合起来，站在同一的立场上去努力，去奋斗了。谈到思想方面，鲁迅先生更是一位不可干犯的"战士"，在他的《狂人日记》中已经极力的表示对于中国旧思想的嫉恶与痛恨。至于他的杂感文，几乎没有一篇不是在向宗教思想施以凶猛的打击的，因为他对于中国所有的传统的见解太厌恶了，所以他主张青年不要读中国书。他平常对他的朋友常常说要得施行所谓"思想革命"，一直到现在，他的态度更来得强硬，如同松柏一般，岁愈老而枝干愈显得苍劲，我们看他的主张差不多是始终一贯的，我们无论怎样的苛求，难道说对于他还能忍心表示出特别的不满吗？

　　现在要谈到岂明先生了，岂明先生对于文学的态度，根本与鲁迅先生不同，鲁迅先生有点是"为人生而文学"，至于岂明先生呢？则是"为趣味而文学"。在他的《燕知草》跋中，曾经这样的说道：

　　　　而现在中国情形，又似乎正是明季的样子，手拿不动竹竿的文人，只好避难到艺术世界里去。这原是无足怪的，我常想文学即是不革命，能革命就不必需要文学，及其他种种艺术或宗教。因为他已有了他的世界了，接着吻的嘴不要唱歌，这理由是一致。

　　所以"文学是不革命的"，这是岂明先生的见地。确切一般文人是有点这种情形，因为他不满意于现实，所以要逃避到"象牙之塔"或"艺术之宫"中去，消磨他们的岁月，人间的事只有不闻不问了。但是虽然他

们不能去积极的革命,可是他们倒能消极的反抗,所以他又说:

> 明朝的名士的文艺,诚然是富有隐遁的色彩,但根本却是反抗的。

这些话固然是岂明先生批评明代文人的话,但我们很可以借过来再还给他的。近几年来他很努力的去写清淡的小品文,在《雨天的书》中,他曾说过关于他的志愿的话。但我们要知道写清淡的小品是得有相当的修养的,决非随随便便就可以写到好上的,我们看六朝、唐、宋、明、清的小品文的作家,不是带几分避世的态度的隐者,就是染几分弁髦礼教的习气的名士。倘若眼目中不能看穿一切,心境上不能恬静闲适的话,恐怕作文去,很难以达到清淡的地步吧。至于岂明先生呢?他确是做到这种地步了,我们看他近来的作品,不是很丰富的,带着悠闲清淡的意味吗?不过在悠闲之间,或不时对于社会有点讥嘲的话头,这或者也就是反抗精神的表现吧?所以我们假若要说鲁迅先生是一个积极的革命者,那么岂明先生,或者当得起一个"消极的反抗者"的徽号吧!

最后说到他们二位的是非问题,当然比较着在现在的中国很需要,所谓像鲁迅先生这样的作家。但是假若我们要站在文学的立场上去看,那是没有什么是非可以分的。在我们中国文学上,有所谓"李杜",有所谓"韩柳",其实他们都是时代的产儿,不过因为天赋予的性格不同,结果作品也就分道扬镳,各走极致,我们要说他们的作品对于后世影响的大小,那是可以的,但要是硬去分出他们的优劣来,那就未免有几分多事了。至于鲁迅同岂明二先生呢?他们对于文学所持的态度根本不同,所以出发点自然也不一致,更无怪乎到现在一个是极力赞成普罗文学,一个仍然安居在往日的园地里。我们即令现在怎样的攻击他们,或者是叫鲁迅先生不要参加这新的文学运动,或者是叫岂明先生参加这新的文学运动,恐怕都是不大可能吧?不过我深有所感的,就是时代奔跑得竟如此的快。现在文坛上的情形,不是同民国成立的前后的政治上的情形有些相像吗?在当初戊戌政变的时候,康梁是极新的人物,在一般士大夫阶级都视之为洪水猛兽,但到民国以来,他们简直被视为"老朽昏庸"、"头脑顽固"者了。在攻击他们的,也忘掉了几十年前他们光荣的历史,而他们呢？自己也不觉得为什么竟赶不上新的潮流。至于现在呢？不是同样的,有许多被人视为骂的鹄的的一些作家,也就是十年前文学革命运动时代的健将吗?!

十九,五,二号于师大
（载1930年5月6日北京《新晨报》）

关于周氏弟兄批评的枝节问题

——对霜峰君略答一二

⊙ 谨公

我想，对于一个作家批评的先决条件是这个作家本身值得我们批评与否，所以批评，——虽然在某种意味上，似乎是进攻而兼打倒——对于作家并没有什么不尊敬，而一个名作家也一定很虚心的接受或辩驳这批评，不怀丝毫的疑忌。不过，在我们贵国里，似乎有些特别，批评者和被批评者往往都不那么太客观，而枝节问题更是层出不穷，歧路之中又有歧，遂弄得红头涨脸，乌烟瘴气，绞成黑漆一团，使他人在旁笑掉了大牙，说：你们究竟为的是些什么！

因此，本刊很主张以批评作家的态度和方法来批评鲁迅周作人，文学革命以后的杰出作家。在事前，早有人告诉我："那，你是太岁头上动土，老虎嘴边拔毛！这无名火一定会要烧着你——烧得你少屁无毛！"我说："不要紧。我是很客观而公正的。我虽没有铜头铁臂，可是不怕骂——骂急了，咱们会来一个探亲相骂。"

本刊登出征文启事之后，不想，《新晨报》副刊上登了霜峰君一篇《我所见的鲁迅与岂明两先生》，内中有几句，对于本刊启事，"文坛上的权威者鲁迅周作人两作家，最近竟地位动摇。这倒周的笔战……"表示不满，其言曰：

……这话在现在说是不切事实，在半年前说也一样的不切事实。……因为今年的鲁迅已非去年前年的鲁迅了。……鲁迅已经同半年前攻击他的诸位先生们合作了。在第四期《萌芽》上不是明明载着鲁迅在新近上海他们组织的文艺团体,所谓左翼作家联盟的会场上,讲演过的稿子。而在无产文学的机关杂志,《拓荒者》……对于鲁迅的批评不是又换了口调啦吗?现在我们怎能够说他的地位动摇呢?倘若我们把这话在半年前就说的话,对于鲁迅或者可以,在周作人就不合适了,因为攻击周作人不过才是最近两月来的事实。……他们不能相提并论的,不要说在现在不能相提并论,即在已往也是一样的不能够相提并论。

怕出枝节又出枝节。虽然是枝节又不容我不说几句不愿意而且不必说的话。无已,说吧!

本来,"最近"二字并未声明期限为在半年之内,而"地位动摇"和"被打倒"不同其意义和程度,似乎没有抗议的必要。鲁迅,在半年之前,周作人,在两个月之内,被许多人环而攻之,这是霜峰君所承认的,这便是"动摇",但"倒了"与否,鄙人并未断言。我以为,这种说法是公平已极——立脚在某一面的人自然仍是不满意。鲁迅的方向转换,这个是谁人不知,那一个不晓?远在《萌芽》第一期发刊之前,距今一年零一个半月,鲁迅译《现代新兴文学的诸问题》在大江书店出版,一年零一月零日之前,鲁迅译卢那卡尔斯基的《艺术论》在大江书店出版。此外,在水沫书店……不过,据鄙人看来,这是鲁迅的进步,确乎是不差,转换方向以恢复他固有地位也似乎有些可能。但是,地位能否恢复或恢复到什么程度,要看他的努力,或努力的程度来定。我想,鲁迅在普罗文学上除了译述之外,尚没有太大的创作——如他过去《阿Q正传》等伟大的创作,而他的地位——文坛上第一把交椅的地位——也似乎仍在不安定的情况之下。恐怕不是在"普罗商标局"挂号注册,或"殊堪嘉奖"一回之后便可以算是普罗文学大家吧!

至于鲁迅周作人的相提并论,并不起自鄙人。"周氏弟兄"四个字在语言上,文字上已经早早成流行名词。这"乃兄乃弟"两位,在以前并没有什么不同,我都认为是代表同一阶级的,可以相提并论。

枝节的话太多了，没说完也算了吧！本文似乎有些滑稽话，这是作者的性情使然，并不曾带有丝毫刻薄他人的意味，这是最后要声明的——但这声明并不含有怯懦的意味在内。

(载1930年5月15日北平《民言日报》)

鲁迅与周作人

⊙ 非白

在旧社会的经济基础动摇而走上新的阶段的时期,社会全部的上层建筑——法律、政治、道德、哲学、文学、艺术等,也都要随着经济基础的转动而变换,到社会形成一个新的形式,一切旧的上层建筑物或疾或徐的终归于消灭了。这是历史昭示我们的事实,是不容怀疑否认的。现在,中国封建社会的经济基础已渐崩溃,而走上了新的路程,由旧社会的客观条件反映到上层的一切意识形态已渐次的溃灭。最显著者就是:旧文学——闲暇文学的没落,和新文学——普洛文学的勃兴。

文学是社会上层建筑物之一,她是不能违背时代潮流的。她是负着"促进社会改革"使命的。由历史上我们得知,在每个时代变革的时期,文学都成为被压迫阶级反抗压迫阶级的锐利的武器。所以在现代社会革命的过程中,无产阶级为自身的利益而不得不积极的向资产阶级的营垒猛攻。他们为取得最后的胜利起见,普洛文学便必然的发生了。

在古时代变革,阶级尖锐化的斗争过程中,文学家们因其阶级意识的关系是不能守中立的。他们不是倒在资产阶级的怀里,成为资产阶级的说教者,拥护者,便是成为无产阶级的战士。所以我们旧文坛的权威者鲁迅和周作人的地位被时代的洪流所动摇,是必然的结果。

我们要去批判鲁迅和周作人,不应主观的感情的去骂某个一阵或捧某个一阵,因为这样我们不能认识出真正的鲁迅和周作人。我们应就时代的背景和他们所站的阶级立场去批判。这样我们才可以看出他们过去成为威权者的原因,这样才可以看出他们没落的原因,这样才可以看出现在他们有的时代洪流中努力挣扎泅向新岸,有的没落的原因。

我们如若翻开五四运动时代的历史,"鲁迅"便占了那光荣历史的第一页,他不但在文学上坐了第一把交椅,同时也是思想界的权威者,他那样勇敢的不屈不挠的精神,站在时代的尖端向封建势力斗争,在当时我们再寻不出第二人了。他以那深刻的锐利的笔锋写出了小说、杂感等方式的作品,在他作品中每个字都似把利刃刺穿了封建势力的腹心。他认清楚了在当时封建势力是我们解放最大的唯一的敌人,所以他无丝毫妥协的向它作战。他那种精神影响了全国,全国的青年大半都对封建社会叛变了。"五四"后青年学生之不断的作民众运动和参加实际的革命工作,在这一点上,鲁迅是有相当的功劳的。

鲁迅在当时能成为文坛上和思想界的权威者,是有他时代的背景和阶级立场的。

五四运动,我们很清楚得知是布尔乔亚反抗封建势力的资产阶级运动。绝不像向培良所说,五四运动不是资产阶级和小资产阶级所要求的,乃是劳工群众的运动。我们得知,自从资本帝国主义侵入中国后,封建社会的基础已开始动摇,农村经济已渐崩溃,同时社会上的资产阶级已渐形成。封建势力是阻碍新兴资产阶级的发展,所以就形成了对垒的形式。五四运动就是资产阶级向封建势力的总攻击,由这个新的客观条件很迅速地首先反映到文学上,引起了文学革命。鲁迅便在这时候应运而生了。他是站在革命的布尔乔亚的立场。布尔乔亚在当时是被压迫阶级,是最革命者,所以鲁迅便接受了时代赋予他的使命,积极的向封建势力进攻,成为最勇敢的革命战士。鲁迅在当时之成为文学界和思想界的权威者,是必然的。

世界的新潮流渐泛溢到中国,中国的社会接受了这新的形式,又迅速地走上新的阶段,在国内曾经反封建势力的布尔乔亚,为抗拒这新潮流,便和封建势力妥协联合。于是我们的战士鲁迅先生便"彷徨""装死"了。

世界上的资本主义已到了最后的阶段,但是布尔乔亚们仍互相的勾结以谋死灰复燃,作最后的挣扎,所以对于卖劳动力的无产阶级更残酷的榨取压迫。然而无产阶级自身已有坚固的广大的组织去和少数的布尔乔亚对抗。这两阶级的对立日益尖锐化,由这客观条件的反映,普洛文学是必然的发生了。

中国在一九二七年布尔乔亚专政后,他力量的薄弱完全露出了。他不能建筑个强有力的资本主义的国家。所以外和帝国主义勾结,内同封建势力妥协,由此我们得知,资本主义的国家不但在世界之先进国将要崩溃,就是在我们落后的中国也不容许你再经过这个阶段。

在一九二七年的时候,我们的鲁迅先生开始彷徨起来了。这是必然的结果。我们得知鲁迅是站在革命的布尔乔亚的立场,他的敌人是封建势力,在五四时期,布尔乔亚还是革命者,所以鲁迅和他们站在同一的立场去反抗封建势力。但是到现在布尔乔亚完全反动了。不但不再去反抗他的敌人,反而互相的勾结起来。鲁迅受了这封建势力复兴的打击,感到无限的悲痛;同时新的时代来临,他又不能去迅速站在新的立场,所以又受了重大的打击,鲁迅在这夹攻之中"彷徨"起来了。

由新的客观的条件的反映,普洛文学便应运而生于中国了。中国的革命青年迅速的负起这历史的使命,积极的向旧文学的营垒进攻。鲁迅在这时必然的成为攻击的目标。因为他仍站在他旧日的立场,仍然是意识"朦胧"。他对于新兴文学没有深刻的认识,同时又不承认落伍;所以在一九二八年中国文艺斗争中,他仍卖弄故技不讲理论的向提倡新兴文学的人们讽刺谩骂,但是时代的洪流绝非人力所能阻止,所以我们的鲁迅终于处到围攻的形式,全身受了无数的创伤,终于,终于权威者的地位开始动摇了。

鲁迅虽受了无数的打击,然而他在痛恨封建势力这一点上的革命性仍未消失。他眼看着普洛文学一日一日的勃兴起来,于是他也渐渐的认识新时代的必然来临,和旧时代的必然溃灭。于是他默然的投降于新时代了。虽然他仍然"任性"的在攻击同一战线上的同志。

鲁迅先生从一九二九年起已开始他的新生了,这是使我们所庆幸的事,由近两年来他的成绩看去,已够我们惊疑了。从最近他在左翼联盟会上的讲演得知,他对于新时代和新兴文学已有了深刻的认识。他如这样继续着从先反封建的革命精神,来反布尔乔亚,在将来或许仍不失为我们新文坛上的一名健将。

最近,对于周作人的攻击已普遍了,大家都已认定他已没落。有的骂他痛恨他成了布尔乔亚的说教者、辩护士,有的还希望他能同乃兄鲁迅一样的新生起来。但是我可以说这些人都没有深刻的认识了周作人的基本观念。对于前者,如说他诚心为布尔乔亚作走狗,不但周先生不承认,就是我也替他抱冤;对于后者,可以说是等于妄想。我们如明白了他基本的一贯的立场,那么,对于他的一切情形就一目了然了。

周作人始终是站在虚无主义的立场,他所要求的是绝对的个人自由,他所反抗的是一切的权威者。他是没有意识的,如果我们要强去找他的目的意识,那便是个抽象的"自由"。他和俄国的巴古宁克鲁泡特金相同。在俄皇专制的时代,他们积极的激烈的去反抗俄皇,但是等到了新的时代来临的时候,他们又转过枪头向新兴的革命势力进攻了。

我们现在得知周作人是站在绝对个人自由主义的立场,要反抗一切的权威者,所以他在"五四"时代革命和在现在没落都是必然的。

五四运动,是布尔乔亚反抗封建势力的革命运动。在当时,封建势力还整个的统治了全国,对于人民的自由,还极力的剥削压制。但是因欧战期间,中国的新式工业渐渐的抬头,新兴的布尔乔亚也逐渐形成。封建势力是布尔乔亚发展最大的障碍,所以发生了五四运动,周作人在当时看着封建势力的淫威残酷的杀害了许多民众,同时,自身也感到无限的压迫,于是就和布尔乔亚站到同一的立场努力的向旧权威者——封建势力进攻了。他在文学上积极的去反抗旧文学,把世界上的新文学努力的介绍至中国。在思想界,他又对于统治中国数千年的偶像孔老二先生极力的抨击。他对中国传统的一尊的旧文化,都加以详细的分析,揭破它的黑幕。对于西方布尔乔亚的"自由的"、"平等的"新文化极力的推崇,他反对和攻击东方的精神文明,否定它的存在的价值,揭示它的必然的崩溃的命运；同时，对于当前的新的文化机构，他热烈的提供出西方的民主主义的文化，作为发展的动向，在这种由封建的文化机构突变到较为进步的布尔乔亚的文化机构的斗争过程中，周作人不能不被推为与乃兄齐名的一位战士。

但是，因为欧战以来，世界新文化机构成熟，扫动了所有的世界的生活集体，为着文化渐趋于整个世界的统一性的缘故，不容这个落后的中国再在那里按步就道的重演十八、十九两纪西欧的话剧，而是，要疾飞跃进于全世界文化的水平线；换言之，中国客观地已经不能再重蹈布尔乔亚所经的轨辙，而必然的要顺应新局面的展开，在已经尖锐化的斗争洪流中，尽力的苦战，以决定她的运命。

中国在这种突变的新局面之下，旧势力大联合向新兴的革命势力进攻，作最后的挣扎，同时，新兴的革命势力为完成它历史的使命，努力的向旧势力血战，在这种局面之下，周作人开始没落了。本来，从先他只感觉着封建势力是剥削他的自由的唯一敌人，所以他便站到布尔乔亚的立场向封建势力进攻。他以为，布尔乔亚成功之日，便是他得到自由之日。谁知中国布尔乔亚由客观运命的决定，不但不能成功，反而和封建势力妥协勾结起来了。周作人受了这"旧权威"勃兴的打击，感觉到幻灭的悲哀。同时因为他没有"目的意识"，不能深刻的了解和接受新兴的伟大的革命势力，所以他又深感到"新权威"的压迫。他在这两种压迫之下，而"装死"了。

"旧权威"已渐被"新权威"打倒了，中国的文坛上已显然的表现出来。普洛文学的勃兴，更使周作人感受无限的痛苦。他不明白普洛文学的内容，和她的历史的必然性，而他只觉着这个世界的统一性的文学是妨害个人自由，压迫个人自由。所以他对于这"新权威者"，积极方面就是反抗，在消极方面只有"告假"了。

现在周作人看见世界上普洛文学日渐普遍，他也朦胧的认识了她的时代的必然性，所以，虽然这个新的权威给他很大的苦痛，但是他却不能断然用他那反对旧文学的革命精神向新兴文学进攻。因此，他只有"告假"了。也许间或的讽刺和谩骂一下普洛文学，以发泄他心灵受压迫的痛苦。我们如若说他现在成了布尔乔亚的走狗,那实在是冤屈他的。我们知道,他是个绝对个人自由主义者,他是不愿意受任何人的统治,所以他也绝不会诚心为布尔乔亚说教。我们只能说在反对普洛文学这一点上,他是和布尔乔亚无形的站在一个战线。

鲁迅新生了,因他已明显的接受了新的观点,这是不容我们否认的事实。至于他将来能否再成为文坛上的"权威者",那只有看他努力的程度如何。周作人没落了,这也是不容我们否认的事实。因为他仍是一贯的站在他那虚无主义的立场,要求绝对的个人自由,反抗一切权威者的。由此,我们更可以推定他不会和乃兄鲁迅似的走上新生之途。

伟大的时代之发展,扬弃了所有小布尔乔亚的知识阶级。在周氏兄弟最近的动摇和转变中,我们可以很清楚的认识:一个是在急转到新时代意识的通路上去,他否定了旧的机构,因而新的机构在期待着他;一个是显然的依托自附于目前的硬化的体壳,不自觉的肯定了已经停滞的机构,所以,他必然被新的机构所否定,所遗弃,似不幸又似命定的趋于死亡的没落了。

一九三〇,五,一八,沙滩。

(载 1930 年 6 月 11 日、12 日北京《新晨报》)

妄评一二

○ 郁达夫

鲁迅、周作人在五十几年前,同生在浙江绍兴的一家破落的旧家,同是在穷苦里受了他们的私塾启蒙的教育。二十岁以前,同到南京去进水师学堂学习海军,后来同到日本去留学。到这里为止,两人的经历完全是相同的,而他们的文章倾向,却又何等的不同!

鲁迅的文体简练得像一把匕首,能以寸铁杀人,一刀见血。重要之点,抓住了之后,只消三言两语就可以把主题道破——这是鲁迅作文的秘诀,详细见《两地书》中批评景宋女士《驳复校中当局》一文的语中——次要之点,或者也一样的重要,但不能使敌人致命之点,他是一概轻轻放过,由它去而不问的。与此相反,周作人的文体,又来得舒徐自在,信笔所至,初看似乎散漫支离,过于繁琐!但仔细一读,却觉得他的漫谈,句句含有分量,一篇之中,少一句就不对,一句之中,易一字也不可,读完之后,还想翻转来从头再读的。当然这是指他从前的散文而说,近几年来,一变而为枯涩苍老,炉火纯青,归入古雅遒劲的一途了。

两人文章里的幽默味,也各有不同的色彩:鲁迅的是辛辣干脆,全近讽刺,周作人的是湛然和蔼,出诸反语。从前在《语丝》上登的有一篇周作人的《碰伤》,记得当时还有一位青年把它正看了,写了信去非难过。

其次是两人的思想了:他们因为所处的时代和所学的初基,都是一样,故而在思想的大体上根本上,原也有许多类似之点;不过后来的趋向,终因性格环境的不同,分作了两歧。

鲁迅在日本学的是医学,周作人在日本由海军而改习了外国语。他们的笃信科学,赞成进化论,热爱人类,有志改革社会,是弟兄一致的;而所主张的手段,却又各不相同。鲁迅是一味急进,宁为玉碎的,周作人则酷爱和平,想以人类爱来推进社会,用不流血的革命来实现他的理想(见《新村的理想与实际》等数篇)。

周作人头脑比鲁迅冷静,行动比鲁迅夷犹,遭了"三一八"的打击以后,他知道空喊革命,多负牺牲,是无益的,所以就走进了十字街头的塔,在那里放散红绿的灯光,悠闲地,但也不息地负起了他的使命;他以为思想上的改革,基本的工作当然还是要做的,红的绿的灯光的放送,便是给路人的指示;可是到了夜半清闲,行人稀少的当儿,自己赏玩赏玩这灯光的色彩,玄想玄想那天上的星辰,装聋做哑,喝一口苦茶以润润喉舌,倒也是于世无损,于己有益的玩意儿。这一种态度,废名说他有点像陶渊明。可是"陶潜诗喜说荆轲",他在东篱下采菊的时候,当然也忘不了社会的大事,"少时壮且厉,抚剑独行游"的气概,还可以在他的作反语用的平淡中想见得到。

鲁迅的性喜疑人——这是他自己说的话——所看到的都是社会或人性的黑暗面,故而语多刻薄,发出来的尽是诛心之论:这与其说他的天性使然,还不如说是环境造成的来得恰对,因为他受青年受学者受社会的暗箭,实在受得太多了,伤弓之鸟惊曲木,岂不是当然的事情么?在鲁迅的刻薄的表皮上,人只见到他的一张冷冰冰的青脸,可是皮下一层,在那里潮涌发酵的,却正是一腔沸血,一股热情;这一种弦外之音,可以在他的小说,尤其是《两地书》里面,看得出来。我在前面说周作人比他冷静,这话由不十分深知鲁迅和周作人的人看来,或者要起疑问;但实际上鲁迅却是一个富于感情的人,只是勉强压住,不使透露出来而已;而周作人的理智的固守,对事物社会见解的明确,却是谁也知道的事情。

周作人的理智既经发达,又时时加以灌溉,所以便造成了他的博识;但他的态度却不是卖智与炫学的,谦虚和真诚的二重内美,终于使他的理智放了光,博识致了用。他口口声声在说自己是一个中庸的人,若把中庸当作智慧感情的平衡,立身处世的不苟来解,那或者还可以说得过去;若把中庸当作了普通的说法,以为他是一个善于迎合,庸庸碌碌的人,那我们可就受了他的骗了。

中国现代散文的成绩,以鲁迅、周作人两人的为最丰富最伟大,我平时的偏嗜,亦以此二人的散文为最所溺爱。一经开选,如窃贼入了阿拉伯的宝库,东张西望,简直迷了我取去的判断;忍心割爱,痛加删削,结果还把他们两人的作品选成了这一本集子的中心,从分量上说,他们的散文恐怕要占得全书的十分之六七。

(载《中国新文学大系·散文二集·导言》,上海良友图书印刷公司,1935年8月版)

周作人谈往事

◎ 记者

〔特讯〕中国现代文坛巨子鲁迅,已于昨晨五时二十五分在上海寓所逝世矣。鲁迅原名周树人,为中国文学界之权威者,中外文学界闻耗后,均震悼不已。其一切身后事宜,均由其三弟周建人(现任上海商务印书馆编辑)料理。其二弟北大教授周作人,及老母与其夫人朱女士,现寓北平,得讯后,皆悲戚万端。记者曾分往访问,兹将所得详情,志之如次:

记者首访周作人于苦雨斋,经述来意后,周即戚然谓:诚然先兄逝世消息,余于今晨八时许已接三弟建人电告矣。电中并嘱老母年事已高,最好不使之闻悉,余接电后,因往商同乡宋琳君(宋现任北平图书馆会计),以凶信终难隐瞒,遂托宋持电往告,老母闻此噩耗私衷之悲痛可知也。嗣周即述鲁迅之身世及其传略,据称:先兄于一八八一年生于浙江绍兴原籍,名树人,享年五十六岁,十八岁至南京投考水师学堂后,又改入陆军学堂附设之路矿班,毕业后派赴日本留学,时为一九〇三年,与名画家陈师曾同轮东渡,抵东京后,未继续研习路矿工程,首入弘文学院,不久又转仙台医专(即今日本东北大学医科前身),未二年,因兴趣不同,返东京入独逸语协会学校,专攻德文,是为其决定放弃原有计划,悉心研究文学之起始。同时又学习俄文,当时同学者,有许寿裳,陶冶公,陈子英,罗黑芷,汪公权及本人等。是时太炎先生(即章炳麟)适在东京讲学，先兄及本人与钱玄同，钱家治，龚宝泉，朱宗莱诸人，每星期日亦请太炎先生在东京民报社内讲学。彼时先兄尚有出版杂志之计划，目的侧重改变国人思想，已定名为《新生》，并已搜集稿件，撰稿者除先兄及本人外，尚有胡仁源，及前北平市长袁良之兄袁文薮等，后因胡、袁赴英留学，《新生》遂至流产。

最初著作　无人问津

一九〇九年余兄弟着手译俄国、芬兰、波兰等国小说集，先兄所译者多从德文本转译，当时蒋抑卮（现在银行界任事）赴日养疴，允出资印刷，共出二卷，第一卷印一千册，第二卷仅印五百册，因蒋在上海设有绸缎庄，遂将该书一小部留存东京售卖外，其余携回上海托绸缎庄寄售，但售出甚少，嗣该铺不戒于火，书亦随毁，后留存东京之书，系托湘人开设之群益书店寄售，每卷亦仅售出二十册，当时滞销情形，可想而知。至一九〇九年，先兄先返国，时为民国纪元前二年，与同乡朱女士结婚后，被聘充浙江两级师范学校学监，翌年全体教员与校长夏震武发生意见，遂辞职改任绍兴中学学监，辛亥革命后，复任师范学校校长。民国革命政府在南京成立，蔡元培任教育部长，便在教育部任事，政府迁往北京后，亦随同北上，仍供职教部，嗣并任北京大学、师范大学、女子师范大学教授。民国十五年，张作霖将入北京之际，政府开列所谓过激教授及知识分子五十人名单，将予通缉，先兄亦为其中之一，不得不离开北京，由是而沪、闽、粤、江、浙等省，荡迹不定，近年息影沪滨，致力写作。先兄治学，首本注重旧籍，南行后，因环境关系，遂不能展其所长。最初致力搜集旧籍，如《太平御览》，逐条分类加以考据，但外间尚鲜知者。民初辑得绍兴过去之史实地志等材料甚多，用木板刊数十部名《会稽郡故书杂集》，在绍兴仅售出一部，其余赠送亲友及各图书馆，自己仅留一二部。民国八年回家接眷北上，误书版为试版，遂被焚毁，至为可惜。又对古代文献极有兴趣，将唐代以前散佚小说汇集成篇，名曰《古小说钩沉》，凡四部：第一部为《汉书·艺文志》著录之书，第二部为《隋书·经籍志·小说类》著录之书，第三部为《新唐书·艺文志·小说类》著录之书，第四部为虽不见于史籍,而汉唐人却已引用者。当在北大讲学时,著有《中国小说史略》,凡二十八篇,述周秦至清末小说蜕变大概,此书本为北大讲义,后经增订改由北新书局出版,此书有日文译本,南下后虽未积极继续研究,但文学兴趣恐仍在此。又对汉碑及汉碑花纹拓片,亦搜集甚多,因印刷费甚巨,亦未出版。

处世悲观　批评苛刻

周氏述至此,用极感喟之语调续称:先兄对我国社会民族之观察,皆较深刻,故对一切事物易陷悲观,且一切批评恐较吾人为苛刻,彼所著之《阿Q正传》等篇即充满此种情调,此种处世态度对大家均无好感。近年在沪情形虽未得详知,然近阅其《鲁迅杂文集》,此书所集文字为去年至今年所写者,似仍未脱《阿Q正传》之态度,或为一般人所谓之安那其派者欤?周氏至此又述鲁迅写作小说之经过,谓彼开始写小说,系先写《狂人日记》,《阿Q正传》在前《晨报副刊》发表时,署名为"巴人",当时颇有人疑系四川人蒲伯英所写者,但《阿Q正传》所述之阿Q确有其人,其余诸人,亦多实有其人,如闰土系指吾家所用之多年长工之子闰水。吾人幼时颇受乡人之气,阿Q传,正是此种事实之写照也。最后记者询周是否拟赴沪料理一切,据答现沪上已有建人料理后事,本人不再南下云云。

(载1936年10月20日北平《世界日报》)

鲁迅与周作人

⊙ 辛朗

要明白鲁迅，我想在和周作人的比较之下，当更容易明白些。

我很幸运，我有机会曾看见过这两位学人，于是我便先从相貌说起吧。这自然是琐屑的，但这和以下的叙述，也许有些关系。周作人是长着一个团团的面庞，初看起来很有些绅士的样子，但没有使人望而生畏的气魄，像普通说的忠厚长者倒有几分近似，他说起话来常有些嗫嚅，在说话间用"或者"以及"也许"的地方，尤其在对某种事物要下批评了，总是最多用的，一双近视眼透过眼镜所射到的地方常是很近，使人很容易想到一个村姑，是那样含羞，也是那样保留着几分稚气的。说到鲁迅，除了身材的低小，再难找出与周作人相同的地方。面貌是瘦的，身体甚至于手，都是异常羸弱的。我遇见虽是一次，但那是多么难忘记的印象呵！那天我知道他要去北平的师大讲演了，我预先便在那里候着，许多青年男女，无数的一群都拥挤在那"风雨操场"里。鲁迅到的消息传来了，人数也就更增加了。房中容不下，只好又挤在空场中，中间一个方桌上便站立着鲁迅。语句很沉着，间或几句使听的人发笑，但他却像并不有意，继续着他的话，眼望着远方，虽然并不喷怒，却更能使人感知，他虽然并没有发出激越的声调，但听的人谁都听得很真切。讲演完了，他向外走着，一重一重的人海还是围绕着他，要不是你预先知道那是鲁迅，准会由他陈旧带着许多块油渍的长袍上想到是一个贩买古董旧货的商贾,他是这样的平凡,也是伟大!

从这种不同处,我们不难想象出两个人在生活态度上的歧异。鲁迅译过一本厨川白村的《出了象牙之塔》,那本书在当日颇影响了一般青年,尤其是其中所讲到的"观照享乐"。那是叫人在平日,即就有任何的困苦颠危,只要超脱一切,认出这个中也有乐趣可寻,便会安然了,但是这样闲适玩味的态度,鲁迅并没保留长久,他是不会乐天知命的,他要奋斗,但在周作人始终向着这方面走去了。他做着大学教授,从前当《语丝》在北京出版时,他讲着茶要怎样吃才会可口,后来多少次人事都有过变化了,他依然还是那样风雅。中国文化的中心由北京移向上海了,鲁迅已早由政府的通缉由广州而至上海了,周作人还依然住在北京。北京那样一个古旧的灰色的城,充满着一种使昏昏欲睡空气,周作人是安之若素的。

自然,这种生活态度与两个人的思想有着不小的关系,周作人始终在培植着"自己的园地",他是尊重个人的,他信赖着艺术的创作,不能在艺术以外去找目的,并且对于将来的憧憬他是漠不关心的,就是对于现在,如果罪恶送到他的眼前,他也要极力逃避,他认为最可以使精神慰藉的是往昔,人事以外的事物,于是他爱希腊神话,他爱中国的古玩,他重视着虫鱼或者花鸟。但在鲁迅,我们却看到相反的一面了;在《莽原》创刊的广告上,为鲁迅加上了"思想界的先驱",这名号不只是莽原社一些人在那里鼓吹,我们从他对于许多事的正确的见解上知道那绝不是夸张其辞。起初他就认识了文学之社会的使命,于是在第一篇小说中就暴露了旧礼教的毒害,接连着好些篇的小说都有着类似的成分,那时候以及稍后,北方的徐志摩一些人在尽力鼓吹着文学中"个人感情的流露",南方创造社在提倡浪漫主义,强调着"烟士披里纯",鲁迅却宁可重视了托斯妥夫斯基的人道主义。当"五四"时期过后,当初一些前进的人有了盛名,也有了安乐,于是研究国故,鼓吹好人政府,一派正经的面孔向青年指示着他们现在的路,这是现代评论派,鲁迅知道这对于青年有着甚深的毒害,他秉承着昔日对封建势力攻击的勇气又施向这些所谓新人物了,此后他的文字就一直趋重于杂感,在每篇杂感中差不多都藏着他的泼辣的坚强的讽刺,他被许多人所仇视就因为这,但被更多的人所推崇爱戴也是因为这。同时,他又知道中国文化的衰落,只靠着中国的过去来救济是不成的,于是他极力提倡翻译,未名社在最初那样热心的介绍了俄国的许多作品,就是由于他的督促而来的。并且,他看见了中国这种方块字的拘束,语法的单纯,是不够表现现在一般人的复杂的情意,于是又提倡着新文字。他看见了木刻的单纯有力,于是也鼓励许多青年美术家从事于这方面的创作,在国难陷于空前的严重中,他大声疾呼着救亡的吼声,他支持了"民族革命战争的大众文学",使前进的作家更认识了当前的使命。除这些以外,在文章上还可找出鲁迅的特殊,自然这和周作人也有若干距离的。周作人最初是以诗闻名,他的一首《小河》曾得了不少的赞赏,后来他由诗转到散文,就再没有多少更易。他的散文也是受到许多人的赞赏的,尤其在《自己的园地》一出版,那种清新自然的风格,使读者很有些喜爱,此后在他的每篇每本中,都保有这种风格,可惜后来他的文章多趋于身边琐事,于是清新多为幽暗与沉闷所遮蔽了,这是一些专注意于诗及散文的作家所容易走去的路,不幸周作人竟没有例外。并且,他是重视"幽默"的,他认为板起面孔来说教是不足取的,同样在文字中有"火气"的地方也应给他删掉,凡有着"信手信腕"的所谓个人笔调的文章,他要与以最高的评价,于是他便爱了晚明的一些文人的文章;凡这些周作人所看重的地方却相反的,鲁迅正轻视这些,鲁迅以小说见称的,但更多杂感小品的著作,他对于事物最能从表面看到它的本质,他对于真理的把握最有灼见,于是在他的文章中,处处表露着他的坚强的信仰,与一贯的奋斗的精神,那样奇拔有力的作品使无数的读者感动了,也使无数的读者由于他的影响在身体中注入了新的血素。

这两位学人,就有着这样的不同。是一存一殡,但我们宁可说鲁迅是活着的!

(载1936年11月1日《西北文化日报》)

周作人论鲁迅

⊙ 尧民

既成为一个巨人,他的荦荦大端,固然为人类所崇仰,而佚闻琐事尤为一般人所乐闻。因为一个生命的真相,往往要从佚闻琐事上才看得亲切,此小说之所以比历史为真也。

一个人的佚闻琐事,除了他自己,只有和他最亲近的人是能够丰富的知道,所以鲁迅的轶闻琐事,早年间的历程,以周作人叙述出来以供研究鲁迅者的参考,是最好不过的。

周作人也知道了自己的责任,便在《宇宙风》上连作了两篇《关于鲁迅》。两篇文字都是叙述鲁迅早年间的工作,大约是断限到"阿Q时代"为止吧!从这个时代以后,作者便一字不提,好像是说从此以后的鲁迅的一切,人人都知道了,人人都知道,转过来,他自己倒不知道了,不知道便成为不可解了,他对于哥哥不可解了。

现在看他叙述为别人所不知道而他自己能详细知道的这一段的鲁迅时代吧!

"知兄莫如弟",不错,弟的作人把兄的树人的早年的工作,写得那么详,那么细,而且多,他是如何的自负着来写了这两篇文字,而鲁迅的研究者又要如何感谢他供给了这么多的珍料!

然而在我自己看了简直糊涂起来,在没有看见他这两篇文字以前,对于鲁迅倒有一知半解;看了这两篇东西以后对于鲁迅倒反怀疑起来。

"为什么以鲁迅早年的那些工作,会产生后年的结果来?"我是这样怀疑着。当然,一个人的成就,在他早年的一切行径上便可以定命的,但据周作人所写的鲁迅早年,却不能供给说明鲁迅的后来的成就。

两篇《关于鲁迅》,总评一句:早年的鲁迅是一个"东抄西袭"、"玩物丧志"、"好行小惠"的人,和后年的鲁迅,相差得不可以道里计。

照这样东抄西袭、嗜好小东西的将来的结果,一定是成功为一个周作人,决不会成功为一个鲁迅。然而后来竟自成为一个鲁迅了,这因果的突变,使我大惑起来。

大概作人先生也有些疑惑,为什么我们哥儿俩,早年间同过一样的生活,同读一样的书,同做一样的工作,何以不同我得一样的结果?所以阿Q时代以后的鲁迅便成为作人先生眼里不可解的人,而一刀截断不叙述下去了。

我方才知道,周作人所叙述的鲁迅,是周作人眼里的鲁迅,是染上了周作人色彩的鲁迅。固然,他所叙述的点点是真实,谁敢否认,然而是片面的鲁迅,是渣滓的鲁迅,最大限度只能帮助说明了鲁迅何以会成功那一部《中国小说史略》,而鲁迅的整个,和真实的灵魂却不是那两篇文字所能捕捉得住,倒是越说得多,越令人糊涂起来。也因为是弟兄的关系,相知得太多了,倒反不相知起来,由不相知便进而操戈,可胜叹哉!

在别方面,我们又看见周作人说鲁迅的功绩不在创作,而是在整理,这话当初听见的人,都以为作人好立异论,现在看来,丝毫不足怪,因为在作人眼里的鲁迅,是这样的一个鲁迅。

(载1937年1月16日昆明《民国日报》)

鲁迅藏书出售问题

⊙ 记者

一　鲁迅藏书有拟出售说

八月二十五日本市《新中国报》载有《鲁迅藏书有拟出售说》新闻一则，内云："我国近代大文豪鲁迅先生，其生前旅居北京时间最久，南下以后，仍拟返平久住。故其平生所搜购之中外书籍及碑帖等，均储藏于北京寓所，南下后继续搜购所得，亦随时北运，收藏颇富。鲁迅先生逝世后，纪念委员会蔡子民等除编印全集外，并拟翻印其所藏碑帖，以为研究我国文化沿革作参考，因鲁迅先生收藏碑帖之目的，与一般鉴古家异趣，并非视为古董而徒供私人鉴赏把玩也。事变以后，计划未能实施。近闻鲁迅先生在平家属，拟将其藏书出售，且有携带目录向人接洽。关心文化者闻之，深望中日当局及文化界能设法保留其原状，以供后世观摩，不使此一代文豪之手泽，致有散失之虞云。"

二　唐谔：保全文物与重振文化

据昨日本报载称：鲁迅先生在北平的藏书，其在平家属有拟出售之说。这一个消息，使人马上联想到两个问题：第一，是一代文豪如鲁迅先生，绝不能任其手泽遗散，保全之责，不仅是其家属私人的事；如果任其遗散,那是一桩罪恶。第二,是鲁迅先生在北平的家属只有一人,所以要出售藏书,无非为了生活艰苦;但是为什么会连一个人的生活都要借出售藏书始能维持?这又是谁的责任?

　　以近代其他国家为例:政府以及社会对文人学者生前的优待不必讲,身后的哀荣和纪念,更是备极隆重(举行国葬的很多),其生前的住宅,用具,书籍等,常保持原状,以供后人凭吊。至于其所遗直系家属的生活,根本不会发生"饔飧不继"的情事。(子孙的情况是另一件事,但有时也有人推"乌屋之爱",而特别扶植他们的。)至于中国,在政治清明之日,人们也常对所敬爱的人物,即一草一木之微,也特加爱护。国风甘棠之诗,岘山坠泪之碑,千古传为佳话。退而言之:如严子陵的垂钓之所,谢皋羽痛哭之台,后人也备致爱护,偶一登临,辄使徘徊不忍去。

　　以鲁迅先生的文章气节,文化的功绩而言,列于世界文豪之林,未暇多让;比于古代文人逸士,更有过之。敬仰他的人,不仅遍于国内,就是国外人士,也备致钦慕。现在离开他逝世的时间,不过九年,尸骨甫寒,墓木未拱,而其平生手泽所存的藏书,就听其散失,这是何等可痛可羞的事!

　　事变以来,兵燹遍地,有历史文化价值的文物,散失损坏得很多。在平时,文化学者的遗物,无论身前身后(特别是身后)散失得也不少。但这种情况,和鲁迅先生所遗藏书不同:因为在兵乱战祸的时候,治安无人维持,文物散失为人力所不及预防或抵抗;这和在治安确立的大都市中环境截然不同。还有某些文人学者,平时对自己所藏的书籍等漠不关心,不事整理,逝世以后,致遭遗失,以我国社会情况言,虽有热心维护的人,也来不及挽救保持;但鲁迅先生平生对他的书籍等非常爱护,收藏书籍碑帖,为其平生唯一嗜好,随时整理,逝世以后,又经专家整理,编有极详细的目录,保留之事,极简单容易。如果不散失于民国廿六年战火笼罩北平之时,而散失于秩序恢复了七年之后的今日,负政治与文化之责者,绝不能再有所推诿了。

　　近年来侈谈文化的颇多,各种以建设文化为号召的刊物书籍也发行得不少,但究竟这许多出版物中有文化价值的有百分之几?谁也不能作任何较大比数的答案吧!单纯作宣传的固然算不得文化;为了报销而刊行的更说不上文化。可是我们所接触到的却独多这一类的东西。

文化两字正确的定义,应该是"生活的累积"。战时固然改变了生活,也创造了新的生活方式,但战争是一种手段而不是目的,所以战时生活是一种过渡时期的生活,是为了取得更高级生活而必须忍受较低生活的方式。因此战争时期文化必然降低。战时的文化工作,正也不必存着过高的期望,只要做到两点就"可告无罪"了。那样两点呢?消极的维持文化的持续,积极的储蓄一些资材和力量为战后作些准备。

这一类话,或者有人认为太消极,太把战时的文化工作看轻了。甚至或许有人说:现在是伟大的时代,每个人都在这巨大的洪炉中熬炼,正应该熬炼出灿烂的文化出来。这或许是的,司马迁在"太史公自序"里曾历举出许多足为文化史上里程碑的巨著,都是在艰苦困危之中成功的,他的《史记》也是如此。其实这许多巨著,在著作的当时是不受重视的,就是司马迁的《史记》,到后汉末叶还被认为"谤书"的。

何况现在的生活方式与处境,和过去完全不同。过去的文化工作者,虽然说什么"穷而后工",究竟还可以勉维生计的,或者是有田园可资退隐,或者是"禄足以代耕",所谓"穷"不过不如何"春风得意"而已。今天的文化工作者,其情况如何?大家只要睁开眼睛看一看就不必多说了。自然也有一些优闲的人,可是只能供消闲,而不能从他们那里获得什么文化果实。

另外还有一种人,则认为在今天,最适当的工作是利用这一时期从事整理国故。这是不成理由的说法,因为整理国故是少数专家的事,那是无间平时和战时的;至于一般的文化工作者,叫他们放下本来的工作而钻到国故中间去,不仅是逃避现实,浪费时间精力,在效果上也不会有什么收获的。(如果有些文化工作者已经为了生活而改行,那末,他们也必然为旧纸堆中没有黄金,白米,不会肯钻进去的。)

个人的意见,认为今天的文化工作,无论在野在朝,第一件紧要的事是保全现有的文物,和搜集储藏各种资料,为不久之后的文化工作多准备一些可资凭借的材料。换句话说：就是为我国文化前途多保留一些元气，使以后重振文化时有所凭借。这是极易做到的，也是必须做到的。（八月二十六日《新中国报》"专论"）

三　君宜：鲁迅藏书出售说

据报载：鲁迅翁在平藏书，其留平家属有拟出售之说。闻之颇使人怃然。文人多穷，虽著作等身，辄生前贫病交迫，死后更无以庇其遗族。鲁迅翁一生倔强，不肯乞怜，平生节衣缩食，除搜藏书籍外别无嗜好，故所贮藏者虽非尽精本善本，大都为有用有价值之典籍。翁平生酷爱北平，常拟老居于此，故南下后所搜购者亦随时装箱北运。如出售之说果确，则翁之手泽散失，亦文化浩劫之一矣。并世各国对学者莫不尊崇备至，其生前所居之处，所用之物，虽数百年后尚保留如旧，以供后人凭吊瞻仰。我国凡事落后，不足语此，但卓然成家如鲁迅翁者，死不十年，即不能保留其手泽，自不能使人不兴"龟玉毁于椟中"之感也。

鲁迅翁在平家属，除其介弟岂明老人外，仅前妻一人，本与其老母同居。鲁迅翁生前，由北新书局月拨版税二百元汇平。事变以后，岂明老人淹留故乡，即因有"老母寡嫂在"之故。今其老母已逝，所余仅"寡嫂"一人，日用消耗，亦极有限。岂以岂明老人今日之地位，竟不能庇一"寡嫂"而必欲出售鲁迅翁遗泽始足为生耶？此则未免令人百思而不解者矣。（八月二十六日《海报》第二版）

四　许广平：启事

陶爱成律师代表鲁迅（周树人）先生家属许广平周海婴启事

兹据鲁迅先生家属许广平周海婴来所声称："据八月二十五日新中国报载：'鲁迅先生在平家属拟将其藏书出售，且有携带目录向人接洽。'阅后甚为惊异。按鲁迅先生终身从事文化事业，死后举国哀悼，故其一切遗物，应由我全体家属妥为保存，以备国人纪念。况就法律言，遗产在未分割前为公同共有物，不得单独处分，否则不能生效，律有明文规定。如鲁迅先生在平家属确有私擅出售遗产事实，广平等决不承认，并

深恐外界不明真相,予以收买而滋纠纷,为特委请贵律师代表登报声明。"等语前来,合代启事如上。(九月十日《申报》)

(载 1944 年 10 月 10 日《文艺春秋》丛刊之一)

客窗偶录二则

洛昧

鲁迅与周作人

日前曾在《闲谈周作人》一文中说及有人将鲁迅比为原制威士忌,把周作人比如冲了荷兰水的威士忌,友人某读后,说这比喻极妙,其实和这类似的比喻甚多,较使我欢喜的倒是胡兰成的一段话。他说鲁迅象征了风暴的力,风暴的愤怒与悲哀,其精神的最深处,惟有高尔基笔下的《海燕》最神似。周作人则是骨子里喜爱着希腊风的庄严,海水一般晴朗的一面,因为要回避庄严的另一面——风暴的力,风暴的愤怒与悲哀,所以接近了这样的严冷,又为严冷所惊,走到了儒家的严肃。……自然,这话也许还太回护了周作人,可是多少也道着了周作人的本来面目。

从回避风暴,怯于直面惨淡的人生开始,乃倾向严冷、淡泊、闲适甚至轻飘飘的虚无观念……这正是周作人晚年的道路。何其芳说,他曾给周作人排过流年,在《周作人这人及其思想》这小题目下写了这样两条大纲:

A·新文化运动之一员——人道主义者——中庸主义者——隐士。

B·日本的生活——希腊的知识——哈佛拉克·蔼理斯的见解——含糊的悲观论(历史循环论)——无所谓的"言志"。

在第一条下面续一个"文化汉奸",在第二条下面续一个"腼颜附逆",都并不是不可能的。所以何其芳说,在别人也许会为周作人的归宿震惊,他则毫不骇异(语见《星火集》二〇页)。从一个人的思想的轨迹去推测他的前途,结果常能正确,许杰先生战前在《文学》上发表的《周作人论》,不是也早有了相似的预言吗?

周作人曾在一篇短文中自供云:

"生活不是很容易的事。动物那样的,自然地简易地生活,是其一法;把生活当作一种艺术,微妙地、美地生活,又是一法。二者之外,别无道路,有的则是禽兽之下的乱调生活了。"

说得也还冠冕堂皇,但随后他就赶紧声明尚有另一种更微妙的生活为他所喜爱:"半个隐士,半个叛徒。"——这句话的注解,岂不是说可以叛的时候就叛,可以隐的时候就隐;在隐士面前,他是叛徒,在叛徒面前,他又是隐士么?

这种"在羊群中是狼,在狼群中是羊"的两重性格,加上其竭力提倡的闲适、淡泊与中庸哲学,与鲁迅先生的严肃、执着、勇往直前、毫不假借的生活态度一加对照,任何人都会为这两兄弟的迥异而吃惊不止。——一方面是谈性灵,吃苦茶;一方面却是上战阵,掷投枪!

周建人先生尝说,注定了周作人的命运的,是:

(一)他的物质欲太强。——习惯于北平的窗明几净的生活,坐拥书城,舒适自如,一旦要他为战乱而奔走后方,无异是剥夺了他的一切享受。

(二)他的诤友畏友都死的死了,走的走了,如钱玄同等人仍然活着,在觍颜事敌时,多少或不免有点顾忌,但事实上当时的北平只剩了沈启无之流,在奴才们包围下,他的变节也就不难找到借口。

这看法自然极正确,但周作人的变节,我想,主要的仍还得由他的世界观人生观和生活态度来负责。在同一环境中,鲁迅与周作人的看法就大不相同,因此两人的处理方法和态度也就完全两样。

我极欢喜某记者在比较了鲁迅和某文豪的人生观、爱憎观之余,所下的结论:

"一个人老了,就不免慢慢地讲中庸之道,也不再坚持他从前的种种改革主张了。像托尔斯泰那样,像鲁迅那样不因年长而消灭他们旺盛的精神生活的,到底是'善'和'美'的精英,在人类中百不一见的杰出的灵魂!"

拿鲁迅和周作人比较,情形也正一样。在盛世,只要时代的捩转不太快,以致周作人一时看不真切,则他在表面上也尚不失为糅杂了儒道两家精神的"智"者;但在乱世,敢由直面风暴而不失其明辨之心的鲁迅,就比较凸出了;嵇康式的嫉恶和愤激,常常更为人们所景仰,正是一例。何况在事实上,鲁迅之可敬,因不仅仅限于嫉恶和愤激而已!

(载1948年8月23日上海《大公报》)

鲁迅与羽太信子

羽太信子,日本籍,是周作人的太太,有人说周作人之终于"落水",羽太信子的拖与拉,是有相当"功绩"的。近读许寿裳先生之《亡友鲁迅印象记》,始发觉在鲁迅先生与羽太信子之间,也有过一重公案,鲁迅与周作人之不和,原来也起因于羽太信子。

周作人在日本与羽太信子结婚后,因收入所得不敷支出,鲁迅乃决定牺牲自己,将自己的一部分钱资助了周作人,自己则到杭州的浙江两级师范来做理化教员了(其时的同事有许寿裳、夏丏尊、章嶔、张宗祥、沈朗斋等)。他在《自传》中说:"终于,因为我的母亲和几个别人很希望我有经济上的帮助,我便回到中国来。"这所谓"几个别人"者,就是指周作人和羽太信子。

鲁迅对于两弟(作人与建人),一向非常友爱,所有家务一向由他一人主持,不忍去麻烦两弟,他的若干著作均以周作人名义出版,也可用这心情去理解。许寿裳先生还说起一个故事:

一九一七年,鲁迅和周作人还同住在绍兴会馆的时候,北平正流行着传染病猩红热,作人忽然发高热了。这可急坏了鲁迅,愁眉不展,四处借钱,为的要延医买药。后经德国医师狄普耳诊断,方知道不过是出疹子,于是他第二天到(教育)部,精神焕然地笑着说:

"起孟(按即作人)原来这么大了,竟还没有出过疹子,倘若母亲在此,不会使我这样着急了。"……但是他自己却双眼下陷,连日的疲劳还没有恢复呢。(《亡友鲁迅印象记》页七十二)

这样友爱的一对同胞兄弟,本无反目之理,然而结果却各走各的路了,这原因,周作人的妻子对"大伯"的疑忌心理,是起了相当作用的。据许寿裳先生说,周作人的妻子羽太信子,实是一个歇斯蒂里型的人,她对于鲁迅,外貌恭顺,内怀忮忌,而周作人自己呢,则"心地糊涂,轻听妇人之言,不加体察"(许寿裳语)。他们本来同住在公用库八道湾大宅内,其后鲁迅不得已移居外客厅,曾遣工友传信给周作人,要他去谈谈,周作人置之不理,于是鲁迅乃率性搬出而至砖塔胡同暂住,不久就借钱购得西三条胡同中的住宅,就在这住宅的"老虎尾巴",鲁迅写了《彷徨》和《野草》中所收的作品。有人说,如果中国也需要苏联那样的契诃夫纪念馆、托尔斯泰博物馆,则北平西三条胡同中的鲁迅故居,实可作为"鲁迅纪念馆"的最佳地点。

许寿裳先生还说起鲁迅迁居后,曾回八道湾大宅去取书籍,因而又发生了周作人与羽太信子联合抗拒的一幕,许寿裳送给鲁迅的一部《越缦堂日记》,据说就在这时被周作人夫妇"没收"了的。

(载1948年10月3日上海《大公报》)

周作人与鲁迅

胡兰成

和沈启无先生谈起周作人,他说:"周先生在日常生活上是很庄严的——不是严肃,是庄严。他的生活的气氛几乎不是中国式的,却是外国式的,倘拿中国的哲学来比拟,则他毋宁与道家相近,而他所提倡的儒家精神,却其实是他所缺乏的。"

又说:"他的爱好明人散文,也是爱的那时代的空气的,但不知怎的,后来又把散文弄成小品文了。"

又提到我写的两篇文字《周作人与路易士》和《谈谈周作人》,他说:你说他只想做一个平实的人,是对的。你还看出他晚年的惆怅。真的,他晚年似乎很失望,觉得中国总不能好起来。

因而慨叹说:和鲁迅分离,于他的影响甚大,鲁迅的死于他更是一种损失!因为鲁迅在时,究竟是他的一个敌手,也可以说是惟一的敌手,没有了鲁迅,他是要感觉更荒凉的。

以上一段话,虽然是在筵席上因为两人坐在一起随便说说的,简单得很,却是关于周作人的极深刻的也极朴素的话。散席后归来,我忽然想到要加以注解了。

不知道从什么时候起的,中国人的生活变得这样琐碎、零乱、破灭。一切凶残、无聊、贪婪、秽亵,都因为活得厌倦,这厌倦又并不走到悲观,却只走到麻木,不厌世而玩世。这样,周作人在日常生活上的庄严,所以要使人感觉不是中国式的了。倘若说是外国式的,那么,还可以更恰当地说,是希腊式的。

但希腊式的明快,有如晴朗的海水,其实是随伴着风暴的力,风暴的愤怒与悲哀的。"五四"以后的周作人可是只爱其晴朗的一面,因而他的庄严只能与道家的哲理相结托了。道家与希腊式的人生,在崇拜自然,以自然的明快祛除枯寂、恐怖与阴暗这一点上,是相近的。不过道教的是返于自然,好比"曲终人不见,江上数峰青",连人都不见了,而希腊的却是生活于自然,好比清明时节漫山遍野开着嫣山红,男女踏青,有恋爱,有歌唱,也有斗殴。

道家的不是海水,也没有风暴,却如同一泓潭水,四山清绝。它的庄严,不过是涟漪。因为清绝,是会寂寞的,变成不是庄严,也不是严肃,而是严冷,从道家蜕变化出来的法家,就是这种没有爱,冷得很的东西。但人是不能这样生活的,所以道家的另一支,还蜕变为五斗米教,与民间的习俗迷信结合,借此使自己热闹。

那种严冷,不是周作人喜欢的,而与民间的习俗迷信结合,也与他的科学精神冲突,所以他转到了爱好明人的散文,因为明人的生活究竟是真实的,人间味的。但这乃是仓猝的选择,因为明人生活的空气其实是不见得好的,发掘下去,便将不堪,所以只好就文字论其散文。散文这样子变成独立存在,就跌入了小品文的命运。

依然是寂寞,于是抓住了儒家精神。周作人所喜爱的儒家精神,是比道家的哲理更人间味,比明人的生活空气更壮健的东西。但儒家精神的真实,乃是叫人相安于权力关系的既成事实,这相安,其实是心安而理不得,与周作人的哲理化的人生观还是抵触的。而所谓"畏天敬人",则是严肃而非庄严,虽然也不是严冷。

周作人是骨子里喜爱着希腊风的庄严,海水一般晴朗的一面的,因为回避庄严的另一面,风暴的力,风暴的愤怒与悲哀,所以接近了道家的严冷,而又为这严冷所惊,走到了儒家精神的严肃。近来他就有一种不分明的愿望,要想改造儒家的哲理,使它的严肃变为庄严。无论如何,这将是徒劳的。

我以为,周作人与鲁迅乃是一个人的两面。鲁迅也是喜欢希腊风的明快的。因为希腊风的明快是文艺复兴时代的生活气氛,也是"五四"时代的气氛,也是俄国十月革命的生活气氛。不过在时代的转变期,这种明快,不是表现于海水一般的平静,而是表现于风暴的力,风暴的愤怒与悲哀。这力,这愤怒与悲哀,正是一幅更明显的庄严的图画。这里照耀着鲁迅的事业,而周作人的影子却淡到不见了。

人们可以看出,两人的文字,对于人生的观点上,有许多地方周作人与鲁迅是一致的,几乎不能分辨,但两人的晚年相差如此之远,就在于周作人是寻味人间,而鲁迅则是生活于人间,有着更大的人生爱。

(载《中国文学史话》)

两种不同的道路
——略谈鲁迅和周作人的思想发展上的分歧点

⊙ 何其芳

有这样的两兄弟,一同出生于破落的旧中国,一同经历了辛亥革命、五四运动,而所走的道路却越来越分歧,结果一个投入了无产阶级的营垒里,成为革命文化的旗帜,一个一直住在个人的书斋里,以至成为现代文化界的李陵。

这就是鲁迅和周作人。这难道是偶然的事情吗?是不是在两人的思想发展上,我们可以找到一个一贯的根本的区别来呢?

读着两人早期的文章,我们就总有着不同的感觉。一个使你兴奋起来,一个使你沉静下去。一个使你像晒着太阳,一个使你像闲坐在树荫下。一个沉郁地解剖着黑暗,却能够给予你以希望和勇气,想做事情,一个安静地谈说着人生或其他,却反而使你想离开人生,去闭起眼睛来做梦。这是什么缘故呢?

两人早期都是民族主义者民主主义者,然而又是何等不同的民族主义者民主主义者。两人都曾经是寻路的人,然而又是何等不同的寻找的方法,何等不同的寻找的结果。两人都以文学为其事业,然而又是何等不同的对待文学的态度,何等不同的结出来的果实。这又是为什么呢?

我们生得晚。我们生下来已经是民国的人。我们只能凭历史材料去想象那时候的中国:外面是各个帝国主义者的咄咄逼人的侵略,里面是满洲贵族的昏庸的封建统治。那时候的进步的知识分子而不是民族主义者民主主义者是不可能的。然而,"无论爱什么——饭,异性,国,民族,人类等等——只有纠缠如毒蛇,执着如怨鬼,二六时中,没有已时者有望。"鲁迅自己就是这样一个执着的民族主义者民主主义者。他在日本学医就是为了毕业回来,好以医学服务国家,而又可以促进国人对于维新的信仰。他后来放弃学医,改而想提倡文艺运动,又是为了他悟到医学并非一件要紧事,凡是愚弱的国民,即使体格如何健全,如何茁壮,也还是不中用的,而最重要的是在于改变他们的精神。他那时以为善于改变精神的是文艺。他那时是寂寞的。那时的留学生中,学的是法政,理化以至于警察,工业,却没有人治文学与美术。如他在一九○七年所叹息的:"今索诸中国,为精神界之战士者安在?""而先觉之声,乃又不来破中国之萧条也。"(《摩罗诗力说》)所以他当时的主张是"掊物质而张灵明,任个人而排众数。"(《文化偏至论》)从今天的观点看来,我们说他当时是唯心论者也罢,是个性主义者也罢,他的出发点却是为了"立人",为了以救"中国之沉沦"。比较当时着眼于西欧各国的铁路矿事,制度文物之末者,他所见到的乃是文化思想的重要。虽说他当时还不知道文化思想的最后基础是什么,他仍然是一个先驱者。他所经历的寂寞乃是先驱者与当时的广大的群众有些脱离的寂寞。后来又经历了辛亥革命,袁世凯称帝,张勋复辟,许多使人失望的事情使他消沉起来。到了五四运动的起来他才又出现而为一个精神界之战士。从《呐喊自序》的叙述,我们可以看出他当时思想里的怀疑与肯定的矛盾。他比喻当时的中国为一个绝无窗户而万难破灭的铁屋子。但当钱玄同说到了希望,他就改变了他的想法了:"说到希望,却是不能抹杀的,因为希望是存在于将来,决不能以我之必无的证明,来折服了他之所谓可有……"在旁的文章里他不止一次地引用着匈牙利诗人裴多菲的话:"绝望之为虚妄,正与希望相同。"

这希望乃是当时中国的希望,乃是从黑沉沉的半夜悬想黎明的希望。鲁迅所寻找的路是当时进步的知识分子的路,也是当时中国的路。民国成立了,然而民国呵,你将往何处去?鲁迅的回答虽说有些茫然,却是肯定的。"我想,希望是本无所谓有,无所谓无的。这正如地上的路,其实地上本没有路;走的人多了,也便成了路。"(《故乡》)"什么是路?就是从没有路的地方踏出来的,从只有荆棘的地方开辟出来的。从前早有路了,以后也该永远有路。"(《生命之路》)他更具体地告诉了当时的青年以他的办法:"走人生的长途,最易遇到的有两大难关。其一是歧路。倘若墨翟先生,相传是恸哭而返的,但我不哭也不返,先在歧路头坐下,歇一会,或者睡一觉,于是选一条似乎可走的路再走……其二便是穷途了,听说阮籍先生也大哭而回,我却也像在歧路上的办法一样,还是跨进去,在刺丛里姑且走走。但我也并未遇到全是荆棘,毫无可走的地方过。"(《两地书》第一集)

鲁迅是这样顽强地,有信心地,而又极其踏踏实实地走着的。他一边走着,一边也为未来的中国在扫除着道路。他的工作乃是伟大的"做泥工"的工作。他重又提起笔了。他一发而不可收了。他抱着他十多年前的启蒙主义,文学必须是为人生,而且要改良人生。他把文艺看作国民精神所发的火光,同时又是引导国民精神前途的灯火。他认为"为艺术而艺术"不过是"消闲"的新式的别号。他不满意于当时有一个批评者把他称为"文体家"。事实上他也绝对不是!他的呐喊,他的"救救孩子"的呼声是震动了当时的中国的。他的小说也好,杂文也好,都给当时的周围的寒冷空气带来了火与热。他把希望放在年青的一代。他总是和他们站在一起,爱护他们,教育他们。因为他是从旧中国的黑土里生长起来的,他的解剖刀乃深入于其黑暗处。正因为其爱之深,望之切,故其批判弱点很尖锐,其言沉痛而有力。他是那样熟悉落后的中国与中国人。他说中国太难改变,即是搬动一张桌子,改装一个火炉,几乎也要血;而且即使有了血,也未必一定能搬动,能改装。然而他又相信着总有很大的鞭子将要打到中国的背上,而中国将要动起来(《娜拉走后怎样》)。在今天看来,这已经成了预言。思想上的先驱者往往同时也就是预言的诗人。与古老的中国的恶势力搏斗,失败的一面总是急性的改革者。而他在那时就已经有了正确的战略。他一方面反中庸,反"费厄泼赖",反不打落水狗,一方面又提倡韧性的战斗,提倡壕堑战。当他与当时进步的年青的一代站在一起,当他的战斗不断地进行下去,他就成为更积极的更有威力的战斗者了。任何战士,总是从行动中坚强了自己,从与群众结合中壮大了自己的。他有"在可诅咒的地方击退了可诅咒的时代"的信心。而他的每一次攻打都不是白费。就是当他的投枪瞄准向当时的陈西滢之流,虽说他显露出他自己的知识分子的脾气,即他自己后来所说的"时时说些自己的事情",他的战斗本身却有着很大的正面的意义。这一点瞿秋白同志解释得很好:他揭发出来了社会上的某种典型,蒙着"绅士"、"学者"、"正人君子"之皮的统治者的走狗。这一类的先生们从此就再也不大能够吓唬青年了。当他一九二六年离开北平,和女师大的同学们谈话,他已经说出这样明确的、完全是新的精神的话了:

"希望是附丽于存在的,有存在,便有希望,有希望,便有光明。如果历史家的话不是诳话,则世界上的事物可还没有因为黑暗而长存的先例。黑暗只能附丽于将就灭亡的事物,一灭亡,黑暗也就一同灭亡了。它不永久。然而将来是永远要有的。并且总要光明起来;只要不做黑暗的附着物,为光明而灭亡,则我们一定要有悠久的将来,并且一定是光明的将来。"(培良:《记谈话》)

在这以后,虽说又经历了中国第一次大革命的失败,新的血,更多的血吓得他"目瞪口呆"了一下,很快地他就从进化论走到了阶级论。他认识到进步与反动不能以青年与老人来分,只有以阶级来分。而且只有在无产阶级身上才看得出中国的希望。他以后的战斗更明显地是无产阶级的事业的一部分,用不着说明了。

"路漫漫其修远兮,吾将上下而求索。"再不是屈原,这个新中国的伟大的诗人是由寻路而得路了。

他的兄弟周作人却是走着另外一条完全不同的路。虽说最初也是从民族主义民主主义出发,他却越走越入歧途,以至于最后成了日本法西斯的工具。在一九二五年的《元旦试笔》中,周作人自述了他的思想变迁的大概。他说他最初是尊王攘夷的思想,后来变为排满与复古,持民族主义计有十年之久,到了民国元年他才软化。"五四"时代他又梦想世界主义,后来修改为亚洲主义。到了写"试笔"的那年元旦,他却又觉得民国根本还未稳固,还得从民族主义做起。他那前十年的民族主义,因为手边缺乏材料无从考察,只知道他曾经介绍了一些弱小民族的文学作品。五四运动当中,他自然也在文学方面有一些积极的活动。然而在五四运动的高潮过去了以后,我们却可以看得见他的民族主义民主主义到底是怎样的了。对于民族,老实说,他那时就已经是一个并不热情,并不忠贞的恋爱者。他的拥抱是那样无力,而且渐渐地他是完全抛开了它。他的第一个文集《自己的园地》就鲜明地宣布了他的个人主义,趣味主义。民族主义也好,世界主义也好,那是可以变来变去的,而且个人主义,趣味主义,却从此贯穿下来,成为他的思想的本质。他为什么要从事文学活动呢?对文学抱着一种什么主张呢?听他自己说吧:"我并非厌薄别种活动而不屑为——我平常承认各种活动于生活都是必要;实在小半由于没有这样才能,大半由于缺少这样的趣味,所以不得不在这中间定一个去就。"他认为这是尊重个性的正当办法。如有蔑视这些的社会,那便是白痴的,只有形体而没有精神生活的社会,没有管它的必要。他认为无论用什么名义强迫人去侍奉社会,都不行。因此,在艺术见解上他说,"为艺术而艺术"固然不很妥当,而"为人生而艺术"以艺术附属于人生,将艺术当作改造生活的工具而非终极,也是把艺术与人生分开,也不对。他强调艺术有它自己的目的,那就是表现个人的情思。他是反复地这样主张着的。或者说:"为艺术派以个人为艺术的工匠,为人生派以艺术为人生的仆役;现在却以个人为主人,表现情思而成艺术,即为其生活之一部,初不为福利他人而作,而他人接触这艺术,得到一种共鸣与感兴,使其精神生活充实而丰富。"(《自己的园地》)或者说:"文艺以自己表现为主体,以感染他人为作用。"(《文艺上的宽容》)或者说:"有益社会并非著者的义务,只因为他是这样想,要这样说,这才是一切文艺存在的根据。"(《自己的园地·序》)他概括他这种见解为这样几句话:艺术是独立的,又原来是人性的;是人生的,但不是为人生的;是个人的,亦即为人类的。他反对艺术上的功利主义。他认为功利的批评过于重视艺术的社会意义,忽略原来的文艺性质,这种批评家虽声言叫文学家做指导社会的先驱者,实际上容易驱使他们去做侍奉民众的乐人(《诗的效用》)。他反对艺术上的多数主义。他认为一个人的苦乐与千人的苦乐,其差别只是量的问题,不是质的问题。个人所感到的愉快或苦闷,只要是纯真迫切的,便是普遍的感情,即使超越群众的一时的感受以外,也终不损其为普遍(《文艺的统一》)。在文艺批评上他反对有客观的真理而赞成法朗士的印象主义的批评。他认为君师的统一思想,定于一尊,固然应该反对;民众的统一思想,定于一尊,也应该反对(《文艺批评杂话》,《诗的效用》)。

不管他说得如何自信,仿佛在为人生与为艺术之间真还可以有他这样一种骑墙派,我们今天很容易看出,这仍然不过是"为艺术而艺术"的流派之一种而已。而他自己就实行着这种主张。在《自己的园地》的序上,他说他写作的动机是:"我平常喜欢寻求友人谈话,现在也就寻求想象的友人请他听我的无聊的闲谈。""我只想表现凡庸的自己的一部分,此外并无别的目的。""我因寂寞,在文学上寻求慰安。"在《雨天的书·自序一》里,他说他为什么写出那些文章呢?是因为那年冬天特别多雨,在那种天气非常阴沉,使人十分气闷的时候,他常空想"如在江村小屋,靠玻璃窗,烘着白炭火钵,喝清茶,同友人谈闲话,那是颇为愉快的事",而这种空想不能实现,所以就写文章。后来天虽不下雨了,"但是在这晴雪明朗的时候,人们心里也会有雨天,而且阴沉的期间或者更长久些",因此他的文章就常有续写的机会。在《雨天的书·自序二》里,他很不满意他自己的文章有道德的色彩,而总做不出为文章的文章,并且很叹息中国这个国家,当时那个时代,使他难于做出平和冲淡的文章,而祈祷他的心境不要再粗糙下去,荒芜下去。因为他是极慕平淡自然的田园诗的境界的。

这就是为什么他的散文总喜欢谈一些"苍蝇","故乡的野菜","穷裤","香园"的缘故。这就是为什么他删去了《真谈虎集》,即写了一些骂陈西滢等人的文章而又不愿收为文集的缘故。这就是为什么他后来标出"载道派","言志派"的名称来反对左翼的文学,反而与现代评论派精神相通,行动联合的缘故。而且这也说明了就是在还没有被日本人利用为文化傀儡以前,甚至就是在五四运动的高潮刚过去以后,他已经是一个不大忠实的民族主义者民主主义者了。

他坐在他的苦雨斋里寻路。他早已经寻到了他的路了,在喝苦茶中,在生活之艺术即酒要一口一口地啜中,在一些书籍中,在一个极端脱离群众的小圈子中。他没有大的苦闷,他是冷静而且满足的。早在一九二四年,在《一年的长进》里,他就说:"这一年里我唯一的长进是知道自己之无所知。"然而他又说:"自知无所知,却是我们第一个真知也。"一九二五年,在《元旦试笔》中,他又说:"古人云,四十而不惑,这是古人学道有得的地方,我们不能如此。就我个人说来,乃是三十而立(这是说立起什么主张来),四十而惑,五十而志于学吧。"一九三二年,他更做了《知堂说》,引用了孔子荀子的话:"知之为知之,不知为不知,是知也。""言而当,知也;默而当,亦知也。"而且取别号为"知堂"。而他这点自以为知的"知",其实不过一个非常可怜的陈腐的怀疑派思想而已。他的怀疑派思想说得最明白的是一九二九年的《伟大的捕风》。他开头就说他最喜欢《旧约》里的"传道书",而且接着就引用那个传道者的话:"虚空的虚空。已有的事后必再有,已行的事后必再行。日光之下并无新事。"中间引用吕滂的见解,觉得民族的精神遗传之可怕。虽说后来他说他和传道者的意见还是有些分歧,"对于虚空的办法其实还只有虚空之追迹,而对于狂妄与愚昧之察明乃是这虚无的世间的第一有趣味的事","积极的人可以当一种重大的工作,在消极的也不失为一种有趣味的消遣",很明显地他自己是属于后一种。他的"伟大的捕风"喜欢用在落后的中国的关于性的迷信方面,对于更大的事情,更多的事情,他实在还是所知很少,兴趣也很少的。唯有肯定人生是实在的,不是虚空,而且肯定人类是进步的,不是历史循环,然后我们的信心是坚定的,我们的勇气是不断增长的,我们的工作是有力而又有效果的。不然,像周作人这种建筑在怀疑与悲观的基础之上的对于人生的肯定,那只要走出书斋之门,到实际里去碰了几次钉子,就会把怀疑与悲观的外衣裹得更紧,变成一个"套子里的人"的。鲁迅在这点和他刚刚相反。鲁迅还没有走到无产阶级的队伍里以前,他早就这样认定:"现在的地上应该是执着现在,执着地上的人所居住的。"(《杂感》)而且:"我并不说古来如此,现在遂无可为,劝人们对于过去生敬畏心,以为它已经铸定我们的运命,LeBon(吕滂)先生说,死人之力比生人大,诚然也有一理的,然而人类究竟进化着。"所以,周作人读史是读得怀疑起来,悲观起来,而鲁迅却是:"总之:读史,就可以觉悟中国改革之不可缓了。"(《这个与那个》)周作人就是这样渐渐地以至于完全地对于民族丧失了信心。一九二七年大革命失败以后,他更消极到写"闭户读书论",谈"草木虫鱼"。虽说这有着一种对当时反动统治的讽刺意味,那已经是何等无力的讽刺!而后来,恐怕连这一点讽刺之意也就自己忘掉,以为这种闭户读书,抄书为文,就是他的胜业了。他在《燕知草跋》中公开说当时的中国似乎正是明末的样子,而他也似乎就以明末的读书人自居。国并未亡,而他已经有了亡国士大夫的情绪。七七事变后,他留在北平为敌人所利用,这难道是一件偶然的事情吗?在这以后,上海的一个什么刊物上还登出过他的一封北平寄出来的信。他希望大家把他看作苏武,不要看作李陵。但是,他将怎样回答呢,假若我们问他,"苏武是汉朝派到匈奴去的,你是中国派你到日本人那边去的吗?而且,苏武并没有作匈奴的官呀!"

这就是鲁迅和周作人的不同的道路。从这,不是明显地可以看出贯穿在他们早期思想中的两种不同的因素,一个是为集体的战斗精神和一个是从个人出发的趣味主义吗;一个是以集体为主,故是勇猛的战士,故是清醒的现实主义者,故能从失望中看出希望,故在艺术上是革命的功利主义者,故被有些人认为偏激,故即使谈小事物(如《看镜有感》)也有大见解,而其结果由寻路到得路,从民族主义民主主义走到了共产主义。一个是以从个人出发为主,故是掩藏在高雅之极的外衣里的闲谈家,故小处聪明而大处胡涂,故从积极而怀疑而悲观,故在艺术上实质是一个为艺术派,故自认为是中庸主义者或有绅士气,故喜欢谈小事物,其中又多半只见趣味,而其结果从寻路到迷路,从民族主义民主主义走到了日本法西斯的手掌里,成为民族的罪人。这两种道路的形成虽还有其他具体的条件,而主要的轨迹不是已经可以从上面那样一个概略的叙述就可以描画出来吗?

比较欧洲的国家，中国的道路是一条特殊的道路。它要在几十年中走完欧洲几世纪的旅程。所以中国人的觉醒不能停滞于个人的觉醒或者个性解放。而且实质上中国人的个人的觉醒与民族的觉醒，阶级的觉醒，中国人的个性解放与民族解放，阶级解放，乃是不可分开的。一同经历了辛亥革命与五四运动的两个兄弟后来有如此不同的分歧，这个大的历史条件是很重要的。这就是为什么鲁迅是一个执着的民族主义者，民主主义者，其结果就不但冲破了封建的旧礼教，而且也从资产阶级的个性主义走了出来，成为共产主义者；这就是为什么周作人是一个道地的个性主义者，其结果就只有对旧社会妥协，屈服，以至于最后成为日本法西斯的工具。他曾经引用人家说蔼理斯的话，说蔼理斯里面有一个叛徒与隐士，他希望他的趣味之文里也还有叛徒活着。但在现代的中国，叛徒与隐士就不可得兼，而且说得更透彻一点，就不可能有什么隐士。所谓田园诗的境界，所谓表现个人的情思，这些在过去似乎都是颇为有诗意的，在现在，则实在是应该批判的陈腐事物了。个人与集体不但是一个量的问题，而且是一个质的问题。今天的文学家，必须把自己的文学事业和人民群众的解放事业结合起来，不应单纯地歌咏自然风景或者个人哀乐。周作人过去的那种艺术见解，那种生活趣味，如我们在上面所叙述的，是不是颇为适合某些小资产阶级的知识分子呢？是不是还会有人一方面从理智上能够批判他，一方面在感情上还感到有些被牵引呢？

事实告诉我们，从那种颇为"幽雅"的消极的个人主义，趣味主义出发，一个知识分子可能堕落到什么地步。正如下坡的石头，不滚落到最低的地方不会停止。相反地一个执着的为集体的战斗者他总会和集体一同前进，而因为他所隶属的集体有着悠久的将来，光明的将来，他也就有了他的不朽了。

一九四二年十月十七日为鲁迅先生逝世六周年纪念作

谈中国新文艺运动（节选）

蒋梦麟

鲁迅兄弟

讲到周豫才先生，这个绍兴土老儿，与近代中国文坛关系很大，他为中国文艺创造了一种特殊的风格。众所周知的鲁迅，就是周豫才先生，名树人。他本来是一个预备学幕友（绍兴师爷）的人，后来弃了绍兴人世传的旧业，改习水师，又弃水师赴日本学医。最后到北京教育部当金事，并在北京大学教几点钟课。他住在绍兴会馆，收入不多，因为穷，就写点文章，以稿费补助衣食费用的不足。他很健谈，但一口绍兴官话，除了同乡外，旁的人听了有点费力。碰到谈得投机的，他便无话不谈。一副绍兴师爷的态度，那深刻而锋利的谈话，极尽刻薄、幽默与风趣之能事。我所知道他的早年作品，如《狂人日记》（民国七年）、《阿Q正传》（民国十年），都只为了好玩，舞文弄墨，对旧礼教和社会现状挖苦讽刺一番，以逞一己之快。这种文学，在当时是受人欢迎的，因为当时的人们多半不满于现实，心中苦闷，他便代表大众以文字发泄出来了。

鲁迅有个兄弟叫周作人，号岂明，也在北京大学当教授，他的写作风格很轻松，对人生看得很淡泊，有些所谓道家气味，他曾在日本研究希腊文，可用希腊文读书。两兄弟彼此训练不同，意见也相左。哥哥常在弟弟家里闹架,弟弟讨了个日本太太,跟鲁迅格格不入,闹得更厉害,由此可见他们家庭的一般情形了。

提到鲁迅的笔法锋利与深刻,我们可以他的《狂人日记》为例。多年前我读过这书,至今还记得书中那狂人看见间壁邻舍赵家的一只狗,竟认为那只狗不怀好意,不然为什么看他几眼?他这种描写,使我感到自己也和那狂人一样,想像着那只狗的眼睛,便觉得可怕。这就是鲁迅文字写得深刻的地方。

绍兴师爷与《阿Q正传》

现在让我把《阿Q正传》写作的背景谈一谈。

当辛亥(民国前一年)革命的时候,革命军到了绍兴,当地的土豪劣绅,摇身一变,就成了革命党人,作了革命党的新官吏。这班新官吏,比满清官吏更坏,加倍鱼肉乡民,阿Q就在这种新的统治之下牺牲了生命。

阿Q代表无知乡民,被人欺侮,受官吏压迫。在广大的农村里,成了全国被压迫者代表人物。鲁迅把他描写出来,成为自然主义和写实主义的一派文艺。对于乡村现状,作锋利和深刻的批评。其中却包含了不少挖苦词句,和幽默口吻,这也是吸引读者的一个诀窍。

作者幼时常听绍兴师爷们谈天或讲故事,其锋利、深刻、幽默、挖苦,正与《阿Q正传》相似。若把那些片段的故事凑合组织起来,也会成为类似《阿Q正传》的作品。

酒也是一个重要的因素。绍兴黄酒,味醇而性和,人多喜爱。现在我们在台湾所喝的黄酒,就是仿造绍兴酒的。阿Q有时喝了几杯黄酒,胆就壮了,话也敢多说了。有时却在这种情况之下闯了祸,酒醒后,一切仍归幻灭。

"刑名钱谷酒,会稽之美。"这是越谚所称道的。刑名讲刑法,钱谷讲民法,统称为绍兴师爷。宋南渡时把中央的图书律令,搬到绍兴。前清末造,我们在绍兴的大宅子门前常见有"南渡世家"匾额,大概与宋室南渡有关系。绍兴人就把南渡的文物当吃饭家伙,享受了七百多年的专利,使全国官署没有一处无绍兴人,所谓"无绍不成衙",因为熟谙法令律例故知追求事实,辨别是非;亦善于歪曲事实,使是非混淆。因此养成了一种尖锐锋利的目光,精密深刻的头脑,舞文弄笔的习惯。相沿而成一种锋利、深刻、含幽默、好挖苦的士风,便产生了一部《阿Q正传》。

至于徐伯荪先生,就是革命前辈徐锡麟先生,也就是在安庆刺杀巡抚恩铭,后来被挖出心肝致祭恩铭的人。他的事业在革命政治方面,与文艺无关,所以我在这里不谈了。

(载1961年5月4日台湾中国文艺家协会出版《中国文艺复兴运动》)

动荡时代人生路的追寻与困惑
——周作人、鲁迅人生哲学的比较

⊙ 钱理群

在周氏兄弟的作品里,经常出现"路"的意象。周作人一篇著名的散文,题目就叫"寻路的人"。他宣布:

> 我是寻路的人。我日日走着路寻路,终于还未知道这路的方向。

鲁迅《过客》里的主人公,也是"从我能记得的时候起,我就在这么走,要走到一个地方去",他终于"向野地里跄踉地闯进去,夜色跟在他后面……"

在"路"的寻找中,凝聚着周氏兄弟对宇宙、人生、社会、民族与自我,对于过去、现在与未来的思考;而"路"的不同选择,则显示出他们人生哲学的相互渗透与对立。

一

1921年大病中的周作人写了一首诗,题为《过去的生命》,交给前来看望的鲁迅;鲁迅"便低声的慢慢的读"了起来——

> 这过去我的三个月的生命,哪里去了?
> 没有了,永远的走过去了!
> 我亲自听见他沉沉的缓缓的,一步一步的,

> 在我床头走过去了。
> 我坐起来,拿了一枝笔,在纸上乱点,
> 想将他按在纸上,留下一些痕迹,——
> 但是一行也不能写。
> 一行也不能写。
> 我仍是睡在床上,
> 亲自听见他沉沉的缓缓的,一步一步的,
> 在我床头走过去了。

在朗读中,无论是鲁迅,还是周作人,都"仿佛真觉得东西在走过去了的样子",直到晚年,周作人仍觉得"这情形还是宛然如在目前"①。应该说,周作人这首诗里所表现的在"生命流动感"中蕴含着的历史前进步伐的沉重,不可驻留、无可追回的怅然……都引发了周氏兄弟心灵的共振。

鲁迅与周作人共同确认:万事万物都是无穷发展历史中的一个环节,发展有阶段——过去,现在,未来,却永远没有终点。他们一致否定了一切"凝固"的"止于至善"的主观幻想——

> 倘使世上真有什么"止于至善",这人间世便同时变了凝固的东西了。
> ——鲁迅:《而已集·黄花节的杂感》

> 至于成熟那自然是好事,不过,不可强求,也似乎不是很可羡慕的东西——成熟就是止境,至少也离止境不远。
> ——周作人:《艺术与生活·自序一》

他们也共同否定了关于"完美"的社会、"黄金世界"的虚假的"理想主义"——

> 我疑心将来的黄金世界里,也会有将叛徒处死刑。
> 鲁迅:《两地书·致许广平(四)》

---

① 周作人:《一三五 在病院中》,引自《知堂回想录》,第 314 页,香港,香港三育图书文具公司,1974 年版。

>我并非绝对不信进步之说,但不相信能够急速而且完全地进步;我觉得世界无论变到那个样子,争斗、杀伤、私通、离婚这些事总是不会绝迹的。
>
>——周作人:《雨天的书·与友人论性道德书》

更重要的是,他们达到了对于自己所处的时代以及"自我"的过渡性质的清醒把握——

>我不过一个影,要别你而沉没在黑暗里了。然而黑暗又会吞并我,然而光明又会使我消失。
>
>——鲁迅:《野草·影的告别》

>我们是永远在于过渡时代。在无论何时,现在只是一个交点,为过去与未来相遇之处……
>
>不久就要有人从后面来,追上我们。我们所有的技巧,便是怎样的将那光明固定的炬火递在他的手内,我们自己就隐没到黑暗里去。
>
>——周作人译蔼理斯:《性的心理研究·第二卷跋》,引自周作人:《雨天的书·蔼理斯的话》

打破了对于"过去"与"未来"的粉红色的梦,使周氏兄弟清醒地面对现实,牢牢地把握"现在";破除了对于"自我"及"时代"的迷信,充分地认识"自我"及"时代"的局限,使周氏兄弟获得了精神上的超越。

二

但这共同(渗透)仅是表面层次的;深入下去,就出现了周氏兄弟选择上的分歧。

周作人高度赞扬蔼理斯《性的心理研究·第二卷跋》中的上述引文,以为"是一种很好的人生观"[①],并对其作了这样的解释与发挥:"蔼理斯只看见夜变成晨光,晨光变成夜,世事长此转变,不是轮回,却也不

---

① 周作人:《蔼里斯的话》,载1924年2月27日《晨报副刊》。

见得就是天国近了。"①这就是说,既不是后退,也不具有前进的性质,历史运动实质是中性的,完全类似于"夜变成晨光,晨光变成夜"的自然现象。人们很容易发现,在周作人的历史观中,"过去"、"现在"与"未来"是一个纯粹客观的自然的时间概念,并不包含任何价值判断;在周作人的字典里是没有"新"、"旧"、"是"、"非"之分的,周作人十分欣赏"日光之下并无新事"这句西方格言;这里固然包含着新、旧互相渗透的朴素辩证法思想因素,但因此而否认新与旧的质的界限,就走向了历史的谬误。周作人曾在一篇评论文章里,表示了他对于一种艺术境界的向往:

> 好像是在黄昏天气,在这时候朦胧暮色之中,一切生物无生物都消失在里面,都觉得互相亲近,互相和解。②

这实际上也是周作人的人生追求。这种相对主义的历史观发展到极端,也就自然否定了客观真理的存在及对客观真理的追求。周作人曾经嘲笑批评家们"相信世间有一种超绝的客观的真理"③,是一种历史的虚妄。

早在 30 年代,批评家们就已经指出周作人的历史观中的历史循环论的色彩。许杰在他很有影响的《周作人论》里,站在左翼立场指责周作人"堕入机械循环论的谬误";政治倾向迥然不同于许杰的苏雪林也指出周作人"有一个很特别的历史观念,即所谓历史轮回观"④。正像苏雪林所说,周作人有一些"常用的名词",是最能够显示他的历史观的。⑤周作人曾经说过:

> 我很喜欢佛教里的两个字,曰业曰缘,觉得颇能说明人世间的许多事情,仿佛与遗传及环境相似,却更带一点儿诗意。⑥

在他的著作里,一再地使用"业"的概念,表示自己时时"痛切地感到"这"'业'——种性之可怕"。⑦"五四"时期,周作人又深受法国社会

---

① 周作人:《蔼里斯的时代》,载 1935 年 1 月 20 日《大公报》。
② 周作人:《桃园跋》,引自《永日集》,上海,北新书局,1929 年版。
③ 周作人:《文艺批评杂话》,引自《谈龙集》,上海,开明书店,1927 年版。
④⑤ 苏雪林:《周作人先生研究》,载 1934 年 12 月《青年界》第 6 卷第 5 号。
⑥ 周作人:《结缘豆》,载 1936 年 10 月《谈风》。
⑦ 周作人:《代快邮》,载 1925 年 8 月《语丝》第 39 期。

学家吕滂(Le Bon)及易卜生的影响,深信"人世的事都是死鬼作主",产生"僵尸"复活、故鬼"重来"的恐惧。① 应该实事求是地说,周作人这类命题对揭露封建传统思想与习惯势力对后来人的束缚及对革命营垒的侵蚀,以引起警戒,具有一种历史的深刻性,是周作人思想遗产中最具有生命力的部分。问题在于,周作人将其推演到极端,得出如下结论:"已有的事后必再有,已行的事后必再行,此人生之所以为虚空之虚空也欤"②,这样他就必然地陷入了历史循环论的虚无主义。以此观察中国社会变革与国民性的改造,结论也是悲观的。周作人不止一次承认自己"对于中国国民性根本地有点怀疑"③,"我读了中国历史对于中国民族和我自己先就失了九成以上的信仰和希望"④。

鲁迅对于中国传统力量的可怕及中国国民性之难变,有着最充分的估计,其批评的尖锐与激烈比周作人有过之无不及,他的某些论断如"祖母的模样,就预示着那娃儿的将来"⑤,也明显地具有循环论的色彩。周氏兄弟对中国社会历史的观察在这里存在着深刻的内在的一致。但鲁迅同时有历史进化论与变革论与之抗衡:"我并不说古来如此,现在遂无可为,劝人们对于'过去'生敬畏心,以为它已经铸定了我们的运命。"⑥鲁迅也引用吕滂"死人之力比生人大"的观点,以为"诚然也有一理",但鲁迅接着指出:"然而人类究竟进化着。"⑦鲁迅最后的归结点是:"中国改革之不可缓。"⑧在鲁迅看来,历史运动是一个新陈代谢的前进运动。"未来"与"过去"的交替,并非中性的;一般说来,"未来"是代表历史前进方向的、历史运动中的新的肯定因素,"过去"虽然在历史上曾经起过积极作用,但随着历史的前进,已转化为历史运动中旧的否定因素。因此,鲁迅坚信,在人类进化的长途中,"后起的生命,总比以前的更有意

---

① 周作人:《与友人论国民文学书》,载 1925 年 7 月《语丝》第 34 期。
② 周作人:《伟大的捕风》,引自《看云集》,第 690—692 页,上海,开明书店,1932 年版。
③ 周作人:《代快邮》,载 1925 年 8 月《语丝》第 39 期。
④ 周作人:《历史》,载 1928 年 9 月《语丝》第 38 期。
⑤⑥⑦⑧ 《这个与那个》,引自《鲁迅全集》第 3 卷,第 138—144 页,北京,人民文学出版社,1991 年版。

义,更近完全,因此也更有价值"①。在鲁迅的历史观中,历史前进道路必定是曲折的,随时可能出现局部倒退与回复;但他确认"生命的路是进步的",因而必然是"乐天"的。② 尽管鲁迅的历史观中含有悲观主义的成分,但他在根底上仍然是历史的乐观主义者,与彻底的历史悲观者的周作人,代表着中国现代知识分子在复杂万端的、充满前进与倒退的历史运动中的不同选择;他们的分歧更突出地表现在实践行为的选择上。

三

在周作人译述的蔼理斯的历史观中,把历史运动描绘为一种自然的"顺程",这是很值得注意的。在蔼理斯(影响及于周作人)的观念中,"过去"与"未来"的交替,如同"落日"与"晨光"的交替一样,不但是一种中性的自然现象,而且是自然发生的过程。这就是说,它首先是与人的主观干预无关的;干预也好,不干预也好,都不会对这一自然发生过程产生什么影响与作用;后者从根底上是排斥人的主观能动作用的。更彻底地说,"过去"与"未来"的自然交替,也不需要经过事物内部"过去"的因素与"未来"的因素的矛盾与斗争。在蔼理斯(以及周作人)虚构的这样一个历史"自然顺程"运动面前,人唯一可采取的明智态度就是"顺应自然"。废名曾经用"渐近自然"四字来概括周作人;③如果我们承认废名的概括有一定道理,那么,"顺应自然"的人生观应该是周作人"渐近自然"的核心部分。所谓"顺应自然",首先是既不要"热心的想攀住过去",也不要"热心的想攫得他们所想象的未来","对于二者都不能有什么争向"。④ 概言之,应该是无信仰(既不信仰"过去",也不信仰"未来"),中立的,采取闲静的观照态度,而无须参预:

是好是闲静地招呼那熹微的晨光,不必忙乱的奔向前去,也不

---

① 《我们现在怎样做父亲》,引自《鲁迅全集》第 1 卷,第 129—140 页,北京,人民文学出版社,1991 年版。
② 《随感录·六六·生命的路》,引自《鲁迅全集》第 1 卷,第 368、369 页,北京,人民文学出版社,1991 年版。
③ 废名:《知堂先生》,载 1934 年 10 月《人世间》第 13 期。
④ 周作人:《蔼理斯的话》,载 1924 年 2 月 27 日《晨报副刊》。

要对于落日忘记感谢那曾为晨光之垂死的光明。①

对于必然发生的"后来者"与"自我"的交替,也应该采取听其自然的态度,既无须阻挡,也没有为其开辟道路的义务;从根本上说,"自我"与"后来者"只有时间上的差异,"自我"对"后来者",既无权利,也无义务。这就是周作人的人生选择:它的"正题"是顺应自然,冷静观照;"反题"是无信仰,不参预,绝义务。

这与鲁迅的"历史中间物"意识是根本对立的,这是最能显示周氏兄弟之间的真正分歧的。鲁迅的中间物意识,一方面把"自我"置于无限的时空中,最充分地认识与把握"自我"生命的短暂性、局限性与过渡性;另一面又自觉地干预社会历史变革,无论对于"过去"还是"未来",都承担着几乎是超负荷的历史责任:它既与作为"旧营垒"的"过去"对立,"反戈一击",制之于死命,②又清醒于"自己"与"过去"割不断的历史联系,"陪着做一世的牺牲"③;既甘愿为"未来"做出牺牲,"肩住黑暗的闸门",放后来者"到宽阔光明的地方去"④,又明确意识到"未来"世界里没有自己的位置,"自我""应该和光阴偕逝"⑤。这种超负荷的干预与牺牲,使鲁迅的人生选择具有一种历史的悲壮性,形成了鲁迅式的特殊精神矛盾与痛苦。而周作人,是自觉地采取冷静的观照态度的:对于"过去"——那几千年的封建传统,他没有鲁迅那样的"非扑死它不可"的强烈义愤,没有批判与改造的急迫感,更不会如鲁迅那样感到自己与传统的联系而产生深刻的痛苦;他是用一种欣赏的态度,心平气和地"评点"传统,赞赏自己心以为然的东西,又议论自己不以为然的部分。对于"未来",周作人本来就抱有一种怀疑,他以"冷漠"把"未来"推到一定的距离之外,当然也就不会有鲁迅那样的对于未来的企望,焦躁,不安

---

① 周作人:《蔼理斯的话》,载 1924 年 2 月 27 日《晨报副刊》。
②⑤ 《写在〈坟〉后面》,引自《鲁迅全集》第 1 卷,第 282—287 页,北京,人民文学出版社,1991 年版。
③ 《随感录·四十》,引自《鲁迅全集》第 1 卷,第 321—323 页,北京,人民文学出版社,1991 年版。
④ 《我们怎样做父亲》,引自《鲁迅全集》第 1 卷,第 129—140 页,北京,人民文学出版社,1991 年版。

……这一类心灵的熬煎。这样,周作人就在一定程度上避免了中国现代知识分子所特有的灵魂不安定的命运,获得了他所渴望的心理的相对平衡和良好的自我感觉。——但他同时也就失去了以鲁迅为代表的中国现代知识分子心灵世界所特有的深刻性,而趋于平庸化。

问题更在于,周作人式的"顺应自然"的冷静观照态度是以历史的"自然顺程"运动为前提的;而这恰恰是一个虚妄的、主观臆造的命题。这意味着周作人的人生选择是建立在沙滩上的,周作人人生道路的悲喜剧正由此而产生。周作人所生活的时代,是一个历史的大过渡、大变革的时代;"过去"与"未来"的交替,封建的落后的旧中国向社会主义的现代新中国的转变,是一个充满了空前尖锐、激烈、复杂斗争的历史过程。在"新"与"旧"、"前进"与"倒退"、"革命"与"反革命"的生死搏斗中,周作人根本不可能中立,也不可能不介入:他的主观选择与实际实现之间,必然出现巨大的偏差。

周作人在本世纪初大声疾呼"驱儒学于国门之外"时,他就已经站到了"过去"——封建旧制度、旧文化的对立面。而当周作人转而"闭门读书"以后,他是否就真正"中立"、"不介入"了呢?请看周作人的自白:"我知道自己是很旧的人,有好些中国的艺术及思想上的传统占据着我的心"①。当他在理智上追求所谓"不介入"的超然境界时,他的本能却驱使他倾向"过去";特别是他怀着"古老的忧惧"——害怕"未来"的社会变革会破坏自己固有的生活方式与安宁——去反观"过去"时,"过去"就失去了原有的客观性,成为经过主观"加减"的"净化"了的(也是理想化的)存在;用周作人自己的话来说,"即是昨夜的事情也要比今日有趣……实在是因为这些过去才经得起我们慢慢地抚摩赏玩,就是要加减一两笔也不要紧"②。这是悄悄发生的感情的潜意识的转移,但却是更本质的变化。当周作人宣布他躲进苦雨斋时,实际已经介入了"过去"与"未来"、"旧"与"新"的斗争——他已经牢牢地坐在"过去"的旧

---

① 周作人:《〈扬鞭集〉序》,载1926年6月《语丝》第82期。
② 周作人:《〈陶庵梦忆〉序》,载1926年12月《语丝》第110期。

营垒里了。

四

但也不能认为周作人的人生道路是绝对消极的。至少说周作人自己就不承认这一点。他曾经表示十分钦佩诸葛亮"不可为而为之"的精神,他说,这"确是儒家的精神,但也何尝不是现代之生活的艺术呢?"①这使我们想起鲁迅在许广平的印象里也是"以悲观作不悲观,以无可为作可为,向前的走去"②的。周作人还表示:

> 知道他是虚空,而又偏去追迹,去察明,那么这是很有意义的,这实在可以当得起说是伟大的捕风。③

这与鲁迅所说的"明知道前路是坟而偏要走,就是反抗绝望"④,似乎也有某些相通之处。如前所述,周氏兄弟在清醒地把握了时代与自我的局限,充分地认识了现实的黑暗以后,都明确地主张,要积极地把握"现在",执著于"现实"。问题是:如何把握(利用)短暂的"现在"?在"现实"中执著于什么?一句话,如何在有限的生命中实现最大限度的自我价值?——鲁迅与周作人的分歧正发生在这里。

鲁迅选择了一条"与黑暗捣乱"的道路。他对许广平说:"你的反抗,是希望光明的到来罢?……我的反抗,不过是与黑暗捣乱而已"⑤。他一再声明:

> 我的戒酒,吃鱼肝油,以望延长我的生命,倒不尽是为了我的爱人,大半乃是为了我的敌人,要使他的好世界上多留一些缺陷。⑥

鲁迅企望在与敌人的生死搏斗中,体验憎的极致与爱的极致,达到

---

① 周作人:《苦茶随笔·小引》,引自《苦雨斋序跋文》,天马版,1934 年版。
② 《两地书·五》,引自《鲁迅全集》第 11 卷,第 23 页,北京,人民文学出版社,1991 年版。
③ 周作人:《伟大的捕风》,引自《看云集》,第 690—692 页,上海,开明书店,1932 年版。
④ 《致赵其文》(1925 年 4 月 11 日),引自《鲁迅全集》第 11 卷,第 439、440 页,北京,人民文学出版社,1991 年版。
⑤ 《两地书·二四》,引自《鲁迅全集》第 11 卷,第 78—80 页,北京,人民文学出版社,1991 年版。
⑥ 《坟·题记》,引自《鲁迅全集》第 11 卷,第 4 页,北京,人民文学出版社,1991 年版。

生命飞扬的极致。鲁迅神往于那样的生活:"站在沙漠上,看看飞沙走石……乐则大笑,悲则大叫,愤则大骂","即使被沙砾打得遍身粗糙,头破血流"①,也会感到生命的自由,那自有一种特殊的美与价值。因此,鲁迅说:我爱这样的"粗暴的魂灵","因为这是人的魂灵"。②

鲁迅从不把"自我"看作是孤立的个体,他把它还原到历史发展的链条中去,从个体发展与群体发展(民族、国家、社会、人类)的相互联结上寻找"自我"的位置,由此而产生了"历史中间物"意识,他选择了一条"牺牲自我与发展自我矛盾对立统一"的人生道路。这条道路给他带来了巨大而真实的欢乐,也伴随着同样巨大而真实的痛苦。

周作人也有过鲁迅式的、充满凌厉之气的战斗的人生,周作人也有过鲁迅式的粗暴的魂灵;而且他并非不神往于这样的人生。请注意他的如下评论:"在现代乱世青年只有两条出路,强的冲上前去,做个人类进化的'见证',弱的退下来,叹息诅咒,以终天年"③,"哥萨克勇士,北方之强也。此等人对于人生细细尝味,如啜苦酒,一点都不含胡,其艰苦卓绝盖不可及,但是我们凡人也就无从追踪了"④。这至少说明周作人是懂得战斗人生的价值与意义的;那是一种生命的强者的人生道路,对一贯主张人性自由发展、崇尚原始生命力的周作人,不可能没有吸引力。

但周作人终于从这条路上退了下来;他以忏悔者的口吻说道:"我只希望,祈祷,我的心境不要再粗糙下去,荒芜下去……"⑤他说他是凡人,是弱者,只能作另一种选择。在《寻路的人》里,周作人这样写道——

> 在悲哀中挣扎着正是自然之路。这是与一切生物共同的路,不过我们意识着罢了。路的终点是死,我们便挣扎着往那里去……我们谁不坐在敞车上走着呢?有的以为是往天国去,正在歌哭;有的以为是下地狱去,正在悲哭;有的醉了,睡了。我们——只想缓缓的

---

① 《华盖记·题记》,引自《鲁迅全集》第3卷,第4页,北京,人民文学出版社,1991年版。
② 《一觉》,引自《鲁迅全集》第2卷,第223页,人民文学出版社,1991年版。
③ 周作人:《大黑狼的故事》,引自《永日集》,上海,北新书局,1929年版。
④ 周作人:《麻醉礼赞》,载1929年12月5日《益世报》。
⑤ 周作人:《雨天的书·自序二》,载1925年11月《语丝》第55期。

走着,看沿途景色,听人家谈论,尽量的享受这些应得的苦和乐……

这是一条个人本位主义的享乐(游戏)人生的道路。以后,周作人又把这条道路作了更富于哲理与诗意的描述:"'忙里偷闲,苦中作乐',在不完全的现世享乐一点美与和谐,在刹那间体会永久……"①

这既是对于现实人生——现实生活的"忙"与"苦"、人生的"不完全"与"短暂"——的正视(这与鲁迅确有相通之处),又是逃避——用周作人自己的话来说,"现在中国情形又似乎正是明季的样子,手拿不动竹竿的文人只好避难到艺术世界里去"②;周作人则是将"生活"也"艺术"化了。③ 在周作人生活在充满民族危难、社会动乱的时代,作这样的"生活的艺术"的追求,不仅不合时宜,而且必然导致知识分子精神的贫困;周作人自身历史的发展即证明了这是一条精神的死胡同。但"生活的艺术"这一命题本身是包含着建筑在现代物质文明与精神文明基础上的生活现代化的要求的,因此,它必然孕含着属于未来的因素;在以后的时代里,在另一种历史条件下,当中国人民重新选择自己的生活方式时,也许重又会注意到周作人的"生活的艺术"——当然,这需要另一种眼光,进行新的改造,这是自不待言的。

五

周作人提出的"在刹那间体会永久"这一人生命题本身,即是以"死亡"作为前提与背景的。因此,人们自然会问:周作人是如何看待"死亡"的呢?

周作人在《死之默想》里作出了回答——

> 大约我们还只好在这被容许的时光中,就这平凡的境地中,寻得些须的安闲悦乐,即是无上幸福:至于"死后,如何?"的问题,乃是神秘派诗人的领域,我们平凡人对于成仙做鬼都不关心,于此自然就没有什么兴趣了。

---

① 周作人:《喝茶》,载1924年12月《语丝》第7期。
② 周作人:《〈燕知草〉跋》,引自《永日集》,上海,北新书局,1929年版。
③ 关于周作人的《生活之艺术化》,详见钱理群《民俗学研究及对国民性的考察》有关部分。

在文章的另一处，他又说——

　　关于死的问题，我无事时也曾默想过，（但不坐在树下，大抵是在车上，）可是想不出什么来——这或者因为我是个"乐天的诗人"的缘故吧。……我不很能够感到死之神秘，所以不觉得有思索十日十夜之必要，于形而上的方面也就不能有所饶舌了。①

周作人实际上是回避了"死亡"这一类"形而上"的问题：他把它推给了20世纪"神秘派诗人"。

当然不能简单地表面地看待周作人的上述自白，以为他真的对"形而上"的思考没有兴趣。在"五四"时期，正是周作人坚持于要求"有限的平凡的存在"（他称之为"平民精神"）之外，还必须有"无限的超越的发展"（即所谓"贵族精神"）。在周作人偶尔发出的关于自我的"无所归依"以及人类存在的"荒谬万分"的感叹中，②确也涉及到本世纪关于形而上人生意义思考中的一些根本性问题。但是，也不可否认这一事实，即对形而上层次人生意义的刨根问底的探寻，必然伴随酷烈的精神痛苦与自我灵魂的拷打与煎熬，而这一切正是追求心理平衡、生活安宁的周作人所不愿承受的。③ 因此，尽管周作人以他的敏感与才华，已经抓住了20世纪所提出的形而上层次的人生意义问题，包括"死亡"的命题，但他却缺乏足够的胆力将其深入下去。由此造成周作人思想浅尝即止的肤浅性与片面性，缺乏震撼人心的内在力量。这是周作人为他企鹅式的生活道路所付出的沉重代价。

真正有力量升入形而上人生意义探寻的思想家，是鲁迅。

在鲁迅的《野草》里响彻着这样痛苦而焦灼的询问——

　　"你是怎么称呼的？""你是从哪里来的呢？""你到哪里

---

① 周作人：《死之默想》，载1924年12月《语丝》第6期。
② 周作人：《山中杂信（一）》、《论居丧·附记》，分别载1921年6、7、8、9月《晨报副镌》；未刊。
③ 废名（冯文炳）对周作人有一个相当深刻的观察，他发现，周作人不但"对于自己外的一切"持"宽容"态度，而"对于自己"更是"这样的宽容"（《知堂先生》）。对于内心的矛盾，周作人也总是尽可能"宽容"地加以"消解"，这与老是与自己"过不去"、不惜将自我内心矛盾推向极端、充分激化，以至达到痛苦的极致的鲁迅，是截然相反的。

去?"——回答只是一个"我不知道"。(《过客》)

你生存的立足点在哪里?"黑暗"中么?"黑暗又会吞并我";"光明"中么?"光明又会使我消失";"彷徨于明暗之间"么?"然而我不愿"——终于"彷徨于无地"!(《影的告别》)

你将怎样生存?搏斗?"但暗夜又在哪里呢?"(《希望》)——"在无物之阵中老衰,寿终","终于不是战士"!(《这样的战士》)

你生存着为谁?——"我的青春"早已"耗尽","身外的青春也都逝去,世上的青年也多衰老","没有星,没有月光,以至笑的渺茫和爱的翔舞"……(《希望》)

对于"人"自身生存的思考、质疑竟至如此严峻,又如此彻底,充满如许浓重的孤独、悲凉、荒诞,以至绝望的色彩;但生存的力量也就来自这震撼人心的"彻底",在思考的结论达到"绝望"的极致(连"绝望"本身也是"虚妄")之后,就挣扎出一种抗战、奋进的力量。《过客》里,在一连串的"我不知道"以后,最后的归结点是:"从我还能记得的时候起,我就这么走,要走到一个地方去,这地方就在前面";《影的告别》尽管"彷徨于无地",但仍然要"独自运行",哪怕"我被黑暗沉没,那世界全属于我自己";《这样的战士》哪怕面对着"无物之阵",他仍然"举起了投枪"!

然而,《过客》同样无情地昭示人们:"过客"奋然前行的终点毕竟也还是"坟"。一切人生选择都逃脱不了"死"的归宿。于是,对于"死亡"的思考成为贯串《野草》每一篇的基本母题。《题辞》里鲁迅写道:

过去的生命已经死亡。我对这死亡有大欢喜,因为我借此知道它曾经存活。死亡的生命已经朽腐。我对于这朽腐有大欢喜,因为我知道它并非空虚。

这是鲁迅才有的独特思路;他从"死亡"中感受到生命的存在("它曾经存活")与充实("它并非空虚")。"为我自己,为友与仇,人与兽,爱者与不爱者,我希望这野草的死亡与朽腐,火速到来,"鲁迅更从旧的生命火速死亡中,呼唤着新的生命的诞生(包括"自我"生命)。但在《死后》里,鲁迅却又揭示出,"人"不但不能把握自己的"生",被动地"抛入世界";"人"同样不能主宰自己的"死":"这是那里,我怎么到这里来,怎么死的,这些事我全不明白,总之,待到我自己知道已经死掉的时候,就已经死在那里了。""人"终于明白:自己不但没有"任意生存的权利",更没有"任意死掉的权利","死亡"并不是生之痛苦与荒谬的结束,却是这一切的继续;"完全失败,乌呼哀哉了"！这才是真正的"死的恐怖"。在鲁迅这里,"死亡"与"生存"是如此紧密地联结在一起,它既召唤着生的意志,又继续着生的苦痛、烦恼与荒谬。

但《野草·题辞》依然反复吟唱——

　　我坦然,欣然。我将大笑,我将歌唱。

鲁迅最后的归结点,仍是生之激情与欢乐。这是在孤独、悲凉、惶惑、荒诞、绝望……的冰水浸泡之后,经过"死"的冰谷的冻灭以后,仍然保留下来的火种,它就是真正强有力的,并且"不朽"。

如此巨大而真实、深刻的生之激情与欢乐,是不敢触动苦难与死亡,仅仅"偷"得片刻享乐的周作人,绝对不可能感受与享用的。而这恰恰是鲁迅人生哲理中真正属于未来的东西。

然而,不可否认的是,读完了《野草》,我们仍然有某种遗憾之感:鲁迅并未能将关于人的生存意义的形而上的思考充分的展开;毋宁说他只是提出了一些题目,向读者略略透露了他的思考中的某些闪光之点。鲁迅自己说过,我的思想"太黑暗了","发表一点,酷爱温暖的人物已经觉得冷酷了,如果全露出我的血肉来,末路正不知要到怎样"。① 在我看来,正是关于"人"的生存意义的形而上的思考构成了鲁迅所说的他思想中"最黑暗"的部分,但这也正是他真正的"血肉"。鲁迅"未尝将心里的话照样说尽"②,这是无法弥补的历史的遗憾;鲁迅自己说,这是因为"在寻求中""怕我未熟的果实偏偏毒死了偏爱我的果实的人",③但我以为,也许更为重要的是,鲁迅的思考本身即是超时代的:现代中国现实的政治问题过分突出,基本的温饱、生存问题尚且长期不能解决,诸如

---

① ② ③ 《写在〈坟〉后面》,引自《鲁迅全集》第 1 卷,第 282—287 页,北京,人民文学出版社,1991 年版。

"生存意义"这类形而上的问题更远远没有提到历史的议程。鲁迅的思考实现了时代的超越,这是他的同时代人所不可企及之处;但他仍不能避免时代的限制:他终于未能将他的思考进行到底,也未能说出他想说的一切。

我们活在这样的地方,我们活在这样的时代!①

(载《周作人论》,上海人民出版社,1991年版)

---

① 《且介亭杂文·附记》,引自《鲁迅全集》第 6 卷,第 213 页,北京人民文学出版社,1991 年版。

苦梦
——鲁迅、周作人世界之一瞥

⊙ 孙郁

一

理解鲁迅难,懂得周作人,亦非易事。细读两人的全部文章,常使我感到难言的沉重。这不仅是那些文字所释放的信息给人以复杂的感应,更主要的,是他们所处的环境,常常使他们处于尴尬的,甚至绝望的境地。我一直觉得,两人身上有着殊途同归的一面。这感觉似乎不着边际,亦有悖于半个余世纪以来人们的评价。但事实是,鲁迅也好,周作人也好,均是常态的中国人生的叛逆,不过一个趋于挣扎,搏击,另一个空手道般地隐于苦难的大泽,其形态虽不同,根柢大致拴在一个基点上。懂得鲁迅的,莫过于周作人;同样,深解周作人的,乃是同胞长兄。因为彼此太不了解,又深谙对方之短,不相容,便十分自然。我一直认为,倘若不是羽太信子的存在,二周的分手,也是迟早的事情。我们顺着两人文章的脉络梳理一下,便可知道二水分流的必然了。

周作人一向是反对压制个性的,他始终主张多样性,主张宽容,把自由当成社会发展的目标。这善良的主张多少有点乌托邦,像朝雾般朦胧好看。他实际上,也是这样默默履行着自己的信念。这一信念的基础,来自于对中国现存秩序的绝望。但他的价值理想,是雕刻的花朵,看起来很好，实则无香味，总觉得像书斋的奇想，一到现实，便要碰壁。读他在西山养病时写的那组文章，便可感到幻灭的哀叹。真正纯粹的宽容和个性主义，在一个专制的社会，是难以生存的，所以，最后走向自身，回到内心，闭门读书，便是这一价值理想的归宿。因此说，这种以静制动的生存方式，改良社会，甚难。周作人开的药，便没有实效。但这确是中国社会应达到的目标，虽然缥缈，可其文化方面的隐喻，便非三言两语可以引述出来。我觉得至少在人生境界上，他高于同代的许多人。可惜他生在忧患甚深的中国，在一个没有健全理性的世界里，他的思路，要么毁灭，要么隐退于冷寂中，出路，是没有的。不管他的声音何等的优雅，在骨子里，还是脆弱的。

鲁迅是主张战斗的，有以恶报恶的独行精神。这恰好与二弟形成反差。就思想的出发点而言，他们均基于一种人道的和个性的立场上。读"五四"前后兄弟两人的文字，思想大致是相同的。问题是，在通往改造国民性之路的走法，两人相差太大。鲁迅是反对任何的妥协和宽容的，至少在对恶势力的态度上，他的手段与尼采乃至俄苏文化精神，多有相近的一面。这里有文化背景的因素，最主要的，恐怕还是认知的差异。鲁迅内心有着太多的痛苦，他知道以温情的方式对待苦难乃是笑谈。所以当周作人大谈宽恕和"新村理想"时，他并不以此为然。他何尝不懂得宽容与不偏不倚的好处？但他却深切地感到，除了反抗与呐喊，消沉地退到书斋，是自欺的骗术。他宁可走一条自毁的险路，在呼号中体现生命的价值，但也不愿恬静地躲在书房中，以麻木与自娱来消磨时光，这一选择，常人是做不到的。至少像我们这些读书人，就难以有这种决然的态度。那种自谑般的心灵角斗，不仅古中国历史上少有，而且当代文人中，也很鲜见。鲁迅是奇人，他视角里的世界，布满了黑暗与绝望，他很少理想主义地向你预约什么，承诺什么。他仿佛一个茫然而自信的过客，在深山大泽中不息地穿行，不知道去哪里，然而只有走，断然地拒绝了一切停息的诱惑。这种看似病态，而实则充满了片面的深刻的人生选择，它本身所折射出的生存隐喻，是十分深厚的。这仿佛卡夫卡，加缪般的具有形而上的寓意。我们在这个绝望的灵魂那儿，体味的不仅是人生的,更主要是哲学的预言。人类遇到苦难以后,任何人都难以逃离这一预言,虽然人们对苦难的领略,有深浅之别。

而周作人的默无声息的沉思中,不也迸放着这种苦涩的预言么？读他的文章,便想起寺庙中的僧侣,悠然平和之中,何尝没有大悲苦于斯？不过没有跳入尘世,与俗界周旋而已。入世苦,逃世也苦,这是人生的无奈。我觉得周作人对人生幸福的怀疑,其程度,并不亚于鲁迅。1923年7月,他与哥哥分手后,曾写过《寻路的人》一文,读起来,便很有难言的苦涩:

> 我是寻路的人。我日日走着路寻路,终于还未知道这路的方向。
>
> 现在才知道了,在悲哀中挣扎着正是自然之路,这是与一切生物共同的路,不过我们意识着罢了。
>
> 路的终点是死,我们便挣扎着往那里去,也便是到那里以前不得不挣扎着。

但说起来去挣扎着,实际上并不敢像鲁迅那样决然地前行着。所以文字中有时又不免多一点遁世的逍遥。《雨天的书》的自序云:

> 今年冬天特别的多雨,因为是冬天了,究竟不好意思倾盆的下,只是蜘蛛丝似的一缕缕的洒下来。雨虽然细得望去都看不见,天色却非常阴沉,使人十分气闷。在这样的时候,常引起一种空想,觉得如在江村小屋里,靠玻璃窗,燃着白炭火钵,喝清茶,同友人谈闲话,那是颇愉快的事。不过这些空想当然没有实现的希望,再看天色,也就愈觉得阴沉。

周作人的语言看似平淡,但毕竟还可品出其中隐含的无奈与自娱。那时候他已与鲁迅分手几个月了,内心的创伤,也不必言说。家事国事系于一身,除了无奈中的自娱,似乎并无更好的选择。这是真正的大悲哀。但我以为他的写作状态,毫无俗态,至少那种不愠不躁的境界,倘不是高雅的修炼,殊难做到。所以,我很佩服他的这种状态,这是普通中国人做不到的。浅薄的人做这种文章,易流于俗,而他确是达到了一种境界。把苦涩的变成甜意,将阴郁转变为明快,不是高人,很难为之。明代文人的小品,有一种这样的调子,但决无周作人那样冲淡。这是只有在西方文明与东方文化中沐浴数十年才会有的大境界。这恰好和鲁迅的风骨相互映照,耸立着两座奇异的峰峦。现代文人直面苦难时,都会遇到这两人的难题。他们无意之间,为后人应付人生困境,留下了两道无法超越的精神范式。

二

1920年底到1921年9月,周作人大病一场,这对他的精神,是一个不小的打击。病中的人,往往在与尘世稍隔的一瞬,悟到一些什么,想起一些什么。像他这样一种内向、敏感而又多学识的人,在那十个月的苦寂中,所获所得,是超过常人的。我翻看他在西山养病时写的小品,很惊异于他的大彻后的清雅肃寂。那是怎样哀怜隐痛的人间情怀。以往厉言正色的论述一时隐去了,乐观的理性勾勒也无迹可寻。在他那儿,猛然间冒出那么多感伤而冷静的咏叹。仿佛一时间得到了仙风道骨,谈吐之间,多佛道之气。我似乎一下子看到了他精神的原色,《山中杂信》如同天上来文,清悠悠的文体里,散着妙理奇言。此前人们还没有看到他写过这样冲淡的文字,既无理趣的演义,又不是无边际的歌吟。那是从骨子深处流出的人间真言,迷茫与感伤,哀叹与悲怜,均于此间散发着,流动着。

这很类似于鲁迅在补树书屋那里抄古碑文的心境。虽无鲁迅那样黑暗的绝望,但悲观的程度,是不相上下吧。有趣的是,住院和休养的半年多时间里,他大量地读起佛经,对释氏的情趣忽地增长起来。查《鲁迅日记》,有下述记载:

  午后往山本医院视二弟,取回《佛本行经》二本。(1921年4月2日)

  午后往山本医院视二弟,带回《出曜经》一部六本。(1921年4月12日)

  下午往山本医院视二弟,持回《起世经》二本,《四阿含暮抄解》一本。(1921年4月27日)

午后往山本医院视二弟，持回《楼炭经》一部。（1921年4月30日）

午后往山本医院视二弟，持回《当来变经》一册。（1921年5月10日）

下午往卧佛寺购佛书三种，二弟所要。（1921年6月14日）

下午至卧佛寺为二弟购佛经三种，又自购楞伽经论等四种共八册……（1921年6月18日）

上午往山本医院为潘企莘译。往卧佛寺为二弟购《梵网经疏》、《立志阿毘昙论》各一部。（1921年6月22日）

午后往山本医院。晚得二弟信并《大乘论》二部。（1921年6月27日）

此前，周作人是接触过佛经的。刚至北京时，鲁迅书房里，也堆着大量的这些书籍。此时他忽地潜心阅读经书，固然有消遣的一面，但内心有苦，是确实的。《山中杂信》中，便有佛的声音，隐隐地，像慢慢的闷雷，在文字的背后响动着：

伏园兄：

我已于本月初退院，搬到山里来了。香山不很高大，仿佛只是故乡城内的卧龙山模样，但在北京近郊，已经要算是很好的山了。碧云寺在山腹上，地位颇好，只是我还不曾到外边去看过，因为须等医生再来诊察一次之后，才能决定可以怎样行动，而且又是连日下雨，连院子里都不能行走，终日只是起卧屋内罢了。天雨接连下了两天，天气也就颇冷了。般若堂里住着几个和尚们，买了许多香椿干，摊在芦席上晾着，这两天的雨不但使他不能干燥，反使他更加潮湿。每从玻璃窗望去，看见廊下摊着湿漉漉的深绿的香椿干，总觉得对于这班和尚们心里很是抱歉似的，——虽然下雨并不是我的缘故。

般若堂里早晚都有和尚做功课，但我觉得并不烦扰，而且于我似乎还有一种清醒的力量。清早和黄昏时候的清澈磬声，仿佛催促我们无所信仰、无所归依的人，拣定一条道路精进向前。我近来的思想动摇与混乱，可谓已至其极了，托尔斯泰的无我爱与尼采的超人，共产主义与善种学，耶佛孔老的教训与科学的例证，我都一样的喜欢尊重，却又不能调和统一起来，造成一条可以行的大路，我只将这各种思想，凌乱的堆在头里，真是乡间的杂货一料店了。——或者世间本来没有思想上的"国道"，也未可知。这件事我常常想到，如今听他们做功课，更使我受了激刺。同他们比较起来，好像上海许多有国籍的西商中间，夹着一个"无领事管束"的西人。至于无领事管束，究竟是好是坏，我还想不明白。不知你以为如何？

寺内的空气并不比外间更为和平。我来的前一天，般若堂里的一个和尚，被方丈差人抓去，说他偷寺内的法物，先打了一顿，然后捆送到城内什么衙门去了。究竟偷东西没有，是别一个问题，但吊打恐总非佛家所宜。大约现在佛徒的戒律，也同"儒业"的三纲五常一样，早已成为具文了。自己即使犯了永为弃物的波罗夷罪，并无妨碍，只要有权力，便可以处置别人，正如护持名教的人却打他的老父，世间也一点都不以为奇。我们厨房的间壁，住着两个卖汽水的人，也时常吵架。掌柜的回家去了，只剩了两个少年的伙计，连日又下雨，不能出去摆摊，所以更容易争闹起来。前天晚上，他们都不愿意烧饭，互相推诿，始而相骂，终于各执灶上的铁通条，打仗两次。我听他们叱咤的声音，令我想起《三国志》及《劫后英雄略》等书里所记的英雄战斗或比武时的威势，可是后来战罢，他们两个人一点都不受伤，更是不可思议了。从这两件事看来，你大约可以知道这山上的战氛罢。

因为病在右肋，执笔不大方便，这封信也是分四次写成的。以后再谈罢。

文字是美的，调子也是缓缓的。我在这儿感到了一股冷气。离他倡导"新村"精神还不到两年，思想便发生这样大的变化，是有"谜"在其中的。或是生活发生了危机，或是信念有了变化，或是二者兼有之，不得而知。人生是奇怪的。乐观主义的倡导者，往往心里并不乐观。因为精神残缺之故，便要以另一方法代偿之，而心底的深处，依然是残缺的。鲁迅大概也有这类的体验。所谓"始于呐喊,终于彷徨",根柢大概还是多彷徨的吧。总之,兄弟二人,那时确实遇到了心理障碍,心境之苦,非为外人所道。1921年5月27日,鲁迅在经历了半年护理弟弟的辛苦后,决定把他送到西山疗养。那日的日记云:"二十七日,晴。清晨携工往西山碧云寺为二弟整理所租屋,午后回,经海甸停饮,大醉。"想一想那时他一人独自饮酒的情形,便可见出鲁迅的悲哀之深。二弟的苦状其实亦在深深地折磨着他,似乎用不着彼此的抚慰。在可怜的世间,大家同样是可叹的过客。世上本没有路,远方的不过是影的召唤。周氏兄弟差不多被推向了同样的绝壁上。当两人相视而坐,无语交流的时候,人间的一切苦乐,便同时在沉默中化为虚无了。

几乎很少有人会体会到两人的无奈。这是精神的无根漂泊的怅然的日子。正像一朵云,不知道会被随时吹到什么地方。在《昼梦》中,周作人叹道:

我是怯弱的人,常感到人间的悲哀与惊恐。

严冬的早晨,在小胡同里走着,遇见一个十四五岁的小姑娘,充血的脸庞隐过了自然的红晕,黑眼睛还留着处女的光辉,但是正如冰里的花片,过于清寒了,——这悲哀的景象已经几乎近于神圣了。

胡同口外站着候座的车夫,粗麻布似的手巾从头上包到下颔,灰尘的脸的中间,两只眼现出不测的深渊,仿佛又是冷灰底下的炭火,看不见地逼人,我的心似乎炙的寒颤了。

我曾试我的叫喊,却只有返响回来,告诉我的声音的可痛地微弱。

我往何处去祈求呢? 只有未知之人与未知之神了。

要去信托未知之人与未知之神,我的信心却又太薄弱一点了。

这是弱者的声音,调子几乎没有什么亮色了。鲁迅也绝望过,哀叹过,但仿佛并不一意滑向消沉,他的文字,往往还透着生命的昂扬之力,是深沉的自省与内创,一种不甘沉寂的突奔常常在那里流动着。《野草》写过客的孤苦,并不像周作人软弱地沉下去、沉下去,而是与绝望抗争的奔走。周围的荒凉由于过客无畏的前行而泛起生命的不息的光泽。你可

以从中领略到灰色与死灭,但绝无宁静的消沉和无力的感叹。试看《影的告别》,鲁迅这样描述他的心境:

> 有我所不乐意的在天堂里,我不愿去;有我所不乐意的在地狱里,我不愿去;有我所不乐意的在你们将来的黄金世界里,我不愿去。
>
> 然而你就是我所不乐意的。
> 朋友,我不想跟随你了,我不愿住。
> 我不愿意!
> 呜乎呜乎,我不愿意,我不如彷徨于无地。
>
> 我不过一个影,要别你而沉没在黑暗里了。然而黑暗又会吞并我,然而光明又会使我消失。
> 然而我不愿彷徨于明暗之间,我不如在黑暗里沉没。

在悖论中的鲁迅,无数次重复着自己的生命内觉,这内觉越来越向上升腾着,我读出了其中的形而上的意味。《野草》是哲学的,那上面写着一个生命的谶语,那是自老庄以来的中国文化,从未滚动过的声音。读这类的文字,我便想起周作人的声音。读这类的文字,我便想起周作人的消沉期的咏叹。坦率讲,他在人性的深上,是不及鲁迅的。但周作人的苦恼意识中,还常常有健全理性的支撑,一种雅态的涂饰。而鲁迅则撕碎了一切理性之网,进入了完全无序的混沌里。这种混沌又不类西方非理性主义的玄奥的低语,而恰恰是生命之流原色的流淌。犹如地火突地喷吐出来,无规则、无情面地流动。但它压迫着你,使你从这血色的世界里,感受到伟大的热力。周作人,永远也没有这样的热力,他仿佛一道清风,除了给你的爽快外,便不再有什么,虽然它永远散着诱人的情致。

懂得了人生的苦,这便是周氏兄弟创作中的一种文化的自觉。一切乌托邦的预约,在他们那里失去了颜色。读周氏兄弟的文字,不能不注意那种对付苦的态度。他们的全部人生哲学,差不多都写在咀嚼苦难的历程里。只有看懂了这些作品,你才会懂得,"五四"过后,何以只有周氏兄弟等少数作家,如此长久地被人们谈起。那些浅薄地叫喊痛苦与不幸的文人,在他们面前,确是要失去亮度的。

三

　　四十岁,按当代人的目光,还不属真正意义的中年,至少还拖着青年时代的影子。但周氏兄弟,却已把自己当成老年了。他们那么敏感于自己的生命的流逝,对体内的青春的永诀,似乎格外看重。但他们"五四"以后从未以一个青年人的口吻,或者是带着青年的激情写作过。最初的散文的创作,在我看来,蒙上了太厚的中老年式的感觉,但又不像传统老人那么古拙、迂执。这很奇特,从年龄的角度,来分析两人的时空感,或许可以找到一个问题的提示。我认为暮色的雄厚与悲壮,在他两人身上,表现得是格外突出的。此无它,不仅是对已逝的生命的眷恋,主要的,乃是对生命价值的苍凉的体味。这种生命的自我觉态,使他们的世界的背后,一直散发着人的最真切的气息。迷茫的、自信的、哀伤的……这个灵与肉的碰撞,昭示着他们精神的深与情欲的深。

　　周作人在《过去的生命》中写生命的流逝声,是真切而哀伤的:
　　　　这过去的我的三个月的生命,哪里去了?
　　　　没有了,永远的走过去了!
　　　　我亲自听见他沉沉的缓缓的一步一步的,
　　　　在我的床头走过去了。
　　　　我坐起来,拿了一枝笔,在纸上乱点,
　　　　想将他按在纸上,留下一些痕迹,——
　　　　但是一行也不能写。
　　　　我仍是睡在床上,
　　　　亲自听见他沉沉的他缓缓的,一步一步的,
　　　　在我的床头走过去了。

这是周作人在病中写下的句子,毫无三十年代以后那种雅态,它是作者原我的坦露,也无遮掩气。这是写给自己的,是生命对生命自身的低语。人大概只有在病中,才会有这类刻骨的感受。聆听着岁月在身边滑过,意识到春要过去,夏要过去,晚秋与深冬也要过去,内心深处,会有更深

的失落感吧？这一点,鲁迅的体悟,要更为深切。《野草·希望》写道:

"我大概老了。我的头发已经苍白,不是很明白的事么？我的手颤抖着,不是很明白的事么？那么,我的魂灵的手一定也颤抖着,头发也一定苍白了。

然而这是许多年前的事了。

这以前,我的心也曾充满过血腥的歌声:血和铁,火焰和毒,恢复和报仇。而忽而这些都空虚了,但有时故意地填以没奈何的自欺的希望。希望,希望,用这希望的盾,抗拒那空虚中的暗夜的袭来,虽然盾后面也依然是空虚中的暗夜。然而就是如此,陆续地耗尽了我的青春。

我早先岂不知我的青春已经逝去了？但以为身外的青春固在:星,月光,僵坠的蝴蝶,暗中的花,猫头鹰的不祥之言,杜鹃的啼血,笑的渺茫,爱的翔舞……虽然是悲凉飘渺的青春罢,然而究竟是青春。

然而现在何以如此寂寞？难道连身外的青春也都逝去,世上的青年也多衰老了么？

我只得由我来肉搏这空虚中的暗夜了。

衰老感,以及对体外世界的复杂的态度,构成了鲁迅世界异样的声调。但鲁迅对生命的内省,总有一种刺耳的声音,似乎涌动着不甘于失败的勇气。这大概是周作人所不具有的。意识到了自己的有限性,不可重复性,那感觉便带着无奈的苦涩。人在静思冥想的时候,或许多少有点这类的怅惘,感伤也并不是顾影自怜的做作。我以为问题是如何对待己身,怎样直面生活,这才是其中最重要的吧。

意识到自己不再年轻,于是便有了对下一代人的爱怜,对青春的企羡。也便有了父爱意识。周氏兄弟,他们的父爱感一直在作品中迸射着。读鲁迅《我们现在怎样做父亲》、《灯下漫笔》、《我之节烈观》,周作人《荆棘》、《小孩》、《儿童的文学》等,都可以看到这一点。但都不是教训的口吻,而是站在生命价值的角度,以生命对生命的同情,爱抚,来拓展艰难的人生之路。周氏兄弟似乎有着一种与天下弱小者同呼吸的使命,这不仅在他们的学术研究中,更体现在创作里。鲁迅的肃杀,周作人的沉静,似乎都有这种东西。

常人是不会那么敏感地去倾听自己的生命的流逝声的。用简单的自恋来解释它,或许并不合适。他们的奇特性在于,其思维之网,均超过了正常人的感觉阈限,智者们从不会简单地沉浸于世俗的欢娱里,那种竦身一摇,跳将出来反观众生的冷然态度,便是视野超常的根本缘由。周氏兄弟是昏睡的夜的少有的清醒者。周围是广大的黑暗的世界。他们知道自己处于何处,但却无奈于路的选择。看两人的作品,常常便使人感到"梦醒后无路可走的悲哀"。于是便以老年人的口吻,叙述着苍凉的世间的故事,绝望与哀痛,长久地萦绕在他们的世界里。在这两个不安的灵魂里,我读到了现代人最为深重的生存困境。

四

因为心里太寂寞,于是便从艺术里寻找解脱的方式。两人似乎都说过这类的话。周作人在《自己的园地·序》中说:

……我已明知我过去的蔷薇色的梦都是虚幻,但我还在寻求——这是人生的弱点——想象的友人,能够理解庸人之心的读者。我并不想这些文章会于别人有什么用处,或者可以给予多少怡悦;我只想表现凡庸的自己的一部分,此外并无别的目的。……

我因寂寞,在文学上寻求安慰;夹杂读书,胡乱作文,不值学人之一笑,但在自己总得了相当的效果了。或者国内有和我心情相同的人,便将这本杂集呈献与他;倘若没有,也就罢了。——反正寂寞之上没有更上的寂寞了。

鲁迅在《呐喊》的自序中也写道:

只是我自己的寂寞是不可不驱除的,因为这于我太痛苦。我于是用了种种法,来麻醉自己的灵魂,使我沉入于国民中,使我回到古代去……

我想,他们许是感到寂寞了,但是说:

"假如一间铁屋子,是绝无窗户而万难破毁的,里面有许多熟睡的人们，不久都要闷死了，然而是从昏睡入死灭，并不感到就死的悲哀。现在你大嚷起来，惊起了较为清醒的几个人，使这不幸的少数者来受无可挽救的临终的苦楚，你倒以为对得起他们么？"

"然而几个人既然起来，你不能说决没有毁坏这铁屋的希望。"

是的，我虽然自有我的确信，然而说到希望，却是不能抹杀的，因为希望是在于将来，决不能以我之必无的证明，来折服了他之所谓可有……

在我自己，本以为现在是已经并非一个切迫而不能已于言的人了，但或者也还未能忘怀于当日自己的寂寞的悲哀罢，所以有时候仍不免呐喊几声，聊以慰藉那在寂寞里奔驰的猛士，使他不惮于前驱。

在苦闷中抒写着己身的爱憎，这在两人身上有着相同的体验。但这苦闷不是简单的恩怨，事功的有无，而恰恰是对生存意义的怀疑，以及对象世界的否认。两人差不多不由同时地对理性的意义产生了诘问，那种拷问，读起来，确有森然的感觉。例如鲁迅，谈中国的生存环境，和历史文化，便说是"吃人"。而周作人则叹道：中国的历史都是僵尸一样的东西。三十年代以前，周作人差不多在思想的脉络上，延续了许多鲁迅的思路，有的干脆如出一辙。周围的世界找不到亮色，于是便在写作中张扬自我的个性。然而在他们的小说，散文中，几乎处处渗透着无奈，文章有时被浓浓的冷雾包围着。先前他们相信文艺是可以改良人生的，至少在"五四"时期，两人有过这类思想，但"五四"高潮过后，一个相信文章的效益不及"火与剑"（鲁迅在《两地书》中向许广平谈及），一个则开始躲到苦雨斋中品茶自娱起来。周作人在倡导《人的文学》时，是何等的慷慨激昂，而二十年代末，却一下子成了"老人"，热情一点点消失了。但他们依然没有放弃写作，在痛苦最深的时候，两人的创作量反而更大，更高产起来。在鲁迅那里，译书与写作，有时甚至达到自谑的程度，他把生命的血与泪，全部地涂于艺术的空间里。心灵的战栗，无序的低语，反抗绝望的吼叫，差不多都折射于其间。在鲁迅的作品中，几乎看不到暖色，四周是无边的黑暗，人的苦难占据了小说的空间，给人强烈的压迫感。狂人的眼光,祥林嫂的绝望,孔乙己的潦倒,阿Q的死亡,那是一个太灰色的王国,鲁迅将人类最可怕的一幕,展示给了我们。而周作人呢,却将这黑暗深深地隐到心灵的深处,将苦酒吞入肚中。但在他的散文里,哪怕是典雅温和的作品下,你依然可体味到一种难言的哀怨。二十年代的周作人,在散文的园地里,不断地释放着淡淡的哀愁,虽然不及鲁迅那样强大的张力,但不同寻常的忧郁,也使他的文字体现了生命的深邃。那是催人深省的艺术之光,他的生命存在形式,便那样真切而形象地印在这些作品里,使我们这些后人,知道还曾有过这类灵魂的存在。周氏兄弟在创作风格中所体现的风范,对一切遇到人类生存困境的人们,或许都是一个有趣的提示。

我深深地感到,鲁迅的苦闷,在创作中并未得到逃脱。除了宣泄之外,他得到的,却是更深重的苦难与绝望。周作人则渐渐远离着历史的黑洞,虽然也不时释放着不安与惊异,但他却在刹那的瞬间,勾勒出诱人的、恬静的乐园,使人于此中体味永恒的美味。这或许是两人根本的区别吧?周作人明知前面的路是万丈深渊,他渐渐学会了绕道而行的方式,但鲁迅却跳了下去,以异样的声音正视黑暗。鲁迅太恐怖了,你读他的《狂人日记》《孤独者》,差不多被裹在冬的寒风里。而周作人,却把一道防风的雨布遮掩过来,让你略感到一<u>丝丝</u>的逃避之感。为什么如此不同地选择直面苦难的态度?懂得了这一点,便会知道他们世界的日趋不同的因由吧?这确乎是一个谜,中国知识分子的内心的情愫,便写在这样的图式里。你无法摆脱这两种苦难的态度,中间的路,似乎是没有的,除非你是一个没有痛感的闲人。

(载《鲁迅研究月刊》1996年第8期)

・所谓兄弟・

全国解放后不久,有一次,我在教科书编审委员会突然面对面地碰到周作人。我们都不由自主地停了脚步。他苍老了,当然,我也如此。只见他颇为凄凉地说:"你曾写信劝我到上海。"

"是的,我曾经这样希望过。"我回答。

"我豢养了他们,他们却这样对待我。"

我听这话,知道他还不明白,还以为自己是八道湾的主人,而不明白其实他早已只是一名奴隶。

——周建人《鲁迅和周作人》

鲁迅逝世二十年纪念
——与周启明先生书

⊙ 曹聚仁

启明先生：

到了八道湾，看到了你的故居，也看到了鲁迅写《呐喊》、《彷徨》那几间房子，在我当然有无限的感慨；鲁迅先生，他逝世已经二十年了，那时还是小孩子的海婴，而今也已结了婚了，有了孩子了。（听说海婴的身体也不十分好。）那天，我们谈到文学家不世袭的话，也说到 A·托尔斯泰、赫胥黎和小仲马，儿子的路，总不一定和父一辈相同的。海婴并不成为文学家，倒是鲁迅遗嘱的实践者，做空头文学家，本来没有什么意义的。

你听了我已经写了《鲁迅评传》的话，一定有点讶然的。我自知并不是一个适当的人，然而像你（你是一个最适当的人）、许广平（她又那么忙）、孙伏园（他又身体不好）、许寿裳（我倒以为他所提供的材料颇有用，而今他也已老去了），这些作手都不动笔来写，而那些替鲁迅写传的，实在不够格（见解不成，文笔也不成），那只好让我来谬妄一番了。不管你看了作何感想，我总已把鲁迅从神龛中拉出来，还他一个平凡的真实的人，我相信鲁迅决不是神，而是一个有血有肉的活人。

多少人在那儿谈鲁迅，可是真正了解鲁迅的人实在太少了。法郎士说："人生而为伟大的人物，实为大不幸事；他们生前备受痛苦，及其死后，又硬被别人作弄，变成与其自身毫不相关的方式。"想不到鲁迅在遗嘱中明明说是"葬掉拉倒的"，也要和其他圣人一般，在凡间历劫的。鲁迅的作品，《阿Q正传》自是杰出的；但他自己就说，这不是让青年看的适当读物，然而，若干教科书中，不就选了这篇小说？叫青年们如何接受得了？（那些替鲁迅作品作讲义的，更是浅薄得可笑）一般人已经把"阿Q"当作口头禅了，但他们心头，总以为别人都是阿Q，只有他自己不是，鲁迅呢，却连他自己也是属于阿Q型的，岂不完全误解了吗？

我们那天谈到了鲁迅的作品，鲁迅自己推荐了《孔乙己》，因为那一篇小说写得从容不迫。一般人所推荐的《祝福》（祥林嫂便是这小说中的主人公之一），却正是"气急海颓"（绍兴土话，"从容不迫"的对面），为鲁迅自己所不喜的。我们各个人的欣赏，自可以人人不相同，但作为原作者的评价，就得尊重他自己的意见的。我那天说到我自己的爱好，我是最喜欢《在酒楼上》的（有一文艺刊物，要我推荐五十年来的我所最爱好的小说，我就推荐了这一小说），你也同意我的说法，你说，这是最富有鲁迅气氛的小说。说到这里，就该说到你是唯一的可以写鲁迅传记的人了，我如不读到你所写的《鲁迅小说中的人物》，怎么会知道这是一篇写鲁迅自己故事的小说，我也和一般人一样，以为鲁迅是用范爱农作蓝本呢！

孙伏园先生推荐林辰先生是一个写鲁迅传的适当的人，我虽未识其人，却同意孙先生的说法，因为看了他所编的《鲁迅事迹考》，他的剪裁推断都是很审慎的。不过，他考证鲁迅曾否入光复会事，和你的说法不同（许寿裳先生则两可）。他认为鲁迅乃是光复会的会员。我却赞同你的说法，鲁迅在日本时，虽和光复会的革命党人往来很多，却不曾加入光复会的。不知先生今日仍坚持此说否？（鲁迅自言，性格上和政治活动不相宜，所以不曾加入革命党的。）

知人论世，本来是不容易的。一个活人，虽说是圣人，也有好几种灵魂的，鲁迅何尝是圣人？哪有不自己矛盾之理？你在《山中杂信》中说："我近来的思想动摇与混乱，可谓已至其极了，托尔斯泰的无我爱与尼采的超人,共产主义与善种学,耶佛孔老的教训与科学的例证,我都一样的喜欢尊重,却又不能调和统一起来,造成一条可以行的大路。我只将这各种思想,凌乱的堆在头里,真是乡间的杂货店了。或者世间本来没有思想上的'国道',也未可知。"这当然是对你自己说的,但即说是对鲁迅说的,亦无不可。刘半农曾送鲁迅一副对联:"魏晋文章,托尼学说。"鲁迅认为很恰当,可见他自己也承认并未修成思想上的国道的。孙伏园和许寿裳二先生谈鲁迅往事,也是这么说的。近人都说鲁迅已经修成了思想上的国道,那就经不得胡适之的一驳了(思想上没有修成国道,似乎也无碍于鲁迅的伟大的)。

许多人谈鲁迅,都是从他的文章上来推论的,所以有时越钻牛角尖,越觉得可笑的。你那天说到鲁迅和郁达夫见了面,所以相处得很好。他和郭沫若先生,因为没见过面,所以有些闹别扭。你说,某君到了东京,见了郭先生,觉得郭先生的对人,完全和写文章不相同。这话很对。鲁迅在文章中那么尖刻毒辣,对朋友却和易得很,这是我所知道的。其实,鲁迅南行,从厦门到广州,原想和郭沫若见面,谈谈携手文化运动的事,可惜他到了广州,郭氏已随着革命军北伐,不曾见面。而提倡革命文学的创造社朋友,对准了鲁迅作总攻击,乃有后来的别扭。文人在笔头上是不饶人的,鲁迅、郭沫若虽是贤人,也是不免的。

说到鲁迅写给我的信,原有二十来封没发表了。这是因为我寄了二十四封给许广平先生,其他一部分,我想抄了副本寄给她,留下原信的。哪知没动手抄录,"八一三"的炮声已响,我匆匆上战场做记者去,便把这事搁下了。后来,太平洋战争发生,日军进了租界,就给我的至戚毁掉了,所以我的文稿中所引的鲁迅的话,有未见于鲁迅书简的,事已至此,也无法补救了。我和他见面的次数不少,也和他谈到了你,所以他的信中那么说,是有前因的。

今年,为了纪念鲁迅的逝世二十年,各地都有大规模的场面。上海的鲁迅纪念馆,已移到旧虹口公园去了;他在万国公墓中的坟,和大陆新邨的房中设备,也都集中到那一边去。这当然是好的。不过,鲁迅的遗嘱,也是一种有意义的文献,有的时候,也该了解他自己的意向的。我是不主张把鲁迅进文庙的!

你忙于写纪念鲁迅的文字,那一定有很好的意见的,我在等着看呢!

(载《鲁迅研究资料》第10辑,天津人民出版社,1982年版)

所谓兄弟

许广平

说到周作人,使我回忆起许多情况,鲁迅在休息或与人闲谈的时候,曾经这样说过:"我的小说中所写的人物,不是老大就是老四。因为我是长子,写'他'不好的时候,至多影响到自身;写老四也不要紧,横竖我的四兄弟老早就死了。但老二,老三绝不能提一句,以免别人误会。"从这里也可见鲁迅下笔时的字斟句酌,设想是多么周到了。有时茶余饭后,鲁迅曾经感叹过自己的遭遇。他很凄凉地描绘了他的心情,说:"我总以为不计较自己,总该家庭和睦了罢,在八道湾的时候,我的薪水,全行交给二太太(周作人之妇,日本人,名叫信子),连周作人的在内,每月约有六百元,然而大小病都要请日本医生来,过日子又不节约,所以总是不够用,要四处向朋友借。有时借到手连忙持回家,就看见医生的汽车从家里开出来了。我就想:'我用黄包车运来,怎敌得过用汽车带走的呢?'"据鲁迅说,那时周作人他们一有钱就往日本商店去买东西,不管是否急需,食的、用的、玩的,从腌萝卜到玩具都买一大批,所以过不几天钱就花光了。花光之后,就来诉说没有钱用了,这又得鲁迅去借债。这种剥削鲁迅的方法,犹如帝国主义者剥削中国劳动人民一样,永无止境。他们的心向着日本,要照顾日商的生意,所以无论什么东西,都由日本商店向他们"包销"。起先,每月收入较丰,因此尚可勉强供其挥霍。但是后来欠薪太厉害，情愿到半夜饿腹步行的辛苦，一家人中只有鲁迅尝到。有时竟只收到很少几块钱，要供他们这种奢侈的用度，怎么能过得去呢？没有法子，只得由鲁迅四处向朋友借债（参看《鲁迅日记》），而周作人在这种情况下，从来都不闻不问的。那时八道湾用着一个总管叫徐坤的。这个人很机灵，很能讨得周作人夫妇的欢喜，连周作人买双布底鞋子，做一件大衣，都是由徐坤从外边叫人来试样子，这就可见徐是事无巨细都一手包办的了。不但如此，徐坤的家眷，就住在比邻，那时鲁迅就看见徐坤把食用的物品从墙头送出。大家知道，鲁迅是乐于帮助别人的，但是他看不惯这种偷偷摸摸的寄生者。因为看得太多，实在觉着不顺眼了，有一次就向管家的信子说出这件事情。信子把徐坤叫来，狠狠地责骂了一顿，但是她不是责骂徐坤的偷窃行为，而是说这件事情"你为什么给他（指鲁迅）看见！"可见，徐坤的行为是得到他们默许的。

又有一回，小孩在纸糊的窗下玩火，几乎烧起来，被鲁迅发觉了，认为应该加以训诫。但这话他们听了却很不舒服，也说"为什么偏给他看见！"仿佛玩火也不要紧，只要不被鲁迅看见就好了。就一般人来说，也没有看到孩子玩火而不加以禁戒的！他们别有脏腑的行动，鲁迅哪里料想得到。也许这些日常琐事，正好为进谗的资料。而周作人视而不见（院子西边有一棵大杏树，开了花的时候，鲁迅说，周作人路过多少天也不知道已经开过花了。鲁迅因此说他"视而不见"的），惟整日捧着书本，其余一切事情都可列入浪费精力之内，不闻不问。鲁迅曾经提到过，"像周作人时常在孩子大哭于旁而能无动于衷依然看书的本领，我无论如何是做不到的！"

鲁迅从日本回国以后，自己教书供给周作人在日本学习，那时周作人夫妇已经结婚，光凭一点公费，无论如何是不够用的，所以鲁迅在《自叙传略》上说："终于，因为我的母亲和几个别的人很希望我有经济上的帮助，我便回到中国来。"这里"几个别的人"就是指周作人夫妇而言。周作人回国以后，鲁迅除了负担全家生活的绝大部分费用之外，连周作人老婆的全家，都要鲁迅接济。从日记上看到，鲁迅在每月发薪以后，就按月向东京羽太家寄款。这还不算，羽太儿子重久的不时需索和他的三次来到中国,鲁迅都有专款资助,甚至羽太第三个女儿福子的学费,也都是由鲁迅每月另行汇去的。后来鲁迅回忆起来说:"周作人的这样做,是经过考虑的,他曾经和信子吵过,信子一装死他就屈服了。他曾经说:'要天天创造新生活,则只好权其轻重,牺牲与长兄友好,换取家庭安静。'"在搬出八道湾以后,鲁迅曾经这样说:"我幸亏被八道湾赶出来了,生活才能够有点预算,比较不那么发愁了。"对照以往生活紧张的情况,在搬出八道湾以后,则可以量入为出,并且能够接济一些青年人的急迫要求,这真可以说是不幸中之大幸吧!

周作人的人生哲学,和鲁迅却绝然相反。据说当他知道徐坤的劣迹以后,曾经这样表示:如果换掉徐坤,要他自己去办理一些身边琐事(如自做衣服之类),太觉得麻烦了;要减少许多看书时间,而且自己也办不到,划不来,所以也就随他去了。这是十足的道地的封建少爷脾气:衣来伸手,饭来张口,四体不勤,好逸恶劳。这样说是不是冤枉了他呢?一点也不冤枉。有事实为证:人们只要翻开《鲁迅日记》,就可以看到鲁迅在一九一九年为了全家移居北京,就到处奔走另找房子,在多次看屋以后,最后才找到了八道湾罗姓的。紧接着便是修理房屋,办理手续。鲁迅又兼监修,又得向警署接洽、议价、收契,家具的购置、水管装置等等事务,都落在他一个人身上,房价不足,又四处奔走告贷,甚至向银行纳短期高利借款(大约除了卖绍兴祖屋所得千余元之外,全部费用约四千元之谱)。那末,这一时期,周作人干什么去了呢?原来他在这年三月间就从北京大学请假,和老婆孩子们全家到日本游玩去了,中间曾经一个人回来过一次北京,但过不几天又返回日本了。甚至新屋成交之前,鲁迅先另行租了几间房子(因为新屋修理尚未竣工),新居粉刷好了,周作人带着他的家属和其妻舅重久一批人才浩浩荡荡地回到了北京。若说周作人对新屋落成没有费一点神思,那也冤枉了他,他在这方面确曾做过两件事情,一件是他在新屋修理将近完工的时候,曾经和他的家属、妻舅乘马车同游农事试验场后,像地主老爷似的顺道看了一次他的庄园——八道湾;另一件是他去了警局一趟,领回了房契一张。这就是周作人对八道湾新居数得出来的两件大功!

说到房契,这里还有一段故事。鲁迅不自私,原来立房契的时候,不写自己的名字,而准备写周作人的户主名,倒是经过教育部一位同事的劝说,才用了周树人的名字。在卖掉绍兴祖屋的时候,周作人原来就想把这笔款分开来浪用,但被鲁迅坚持不肯,才又用来在北京买屋,以便他们家小至少有地方好住。这是鲁迅为他们设想的苦衷,却被见钱就花不作长远打算的周作人所反对。等到鲁迅被赶出八道湾以后,这时周作人又故态复萌,要把八道湾的房子再卖出去了。风声传到鲁迅耳里,鲁迅为了阻止周作人这个行动,利用他爱财独占的弱点,曾经表示:"卖掉是可以的,不过也得要分我一份。"就因为这个缘故,八道湾的房屋才没有被卖出去。这时鲁迅想起了教育部那一位同事的意见,用了周树人的名字就不是那么容易被卖掉的了。因此这事才被搁置了二十多年。待鲁迅逝世,日本帝国主义占领了北京以后,周作人做了汉奸,烜赫一时,他就私自把房契换成他自己的名字,算是他的,以便为所欲为。

　　在这里,我要提一提周作人的老婆信子其人。这是一个典型的由奴才爬上去的奴隶主。鲁迅在八道湾住的时候,初期每月工资不欠,不够时,就由他向朋友告贷。这样的人,在家庭收入方面是一个得力的人手,这时,当然是要得的。后来,由于欠薪,加以干涉到人事方面,那就妨碍了这个奴隶主的权威,"讨厌起来了"。于是便开始排挤鲁迅。她有许多令人啼笑皆非的事情,《呐喊》中《鸭的喜剧》里不是谈到爱罗先珂先生对鸭的喜欢吗?从母亲那里听到过这样一个故事,爱罗先珂来中国以后,就住在八道湾家里,和他们家人也熟识了以后,他又懂得日语,谈话没有什么不便,于是有时也就谈起妇女应该搞些家务劳动,"也屡次对仲密(周作人笔名——作者)夫人劝告,劝伊养蜂、养鸡、养猪、养牛、养骆驼"。也就类似现在所说的搞副业吧。"有一天的上午,那乡下人竟意外的带了小鸭来了,咻咻的叫着";"于是又不能不买了,一共买了四个,每个八十文"。这就养起鸭来了。喂小鸭的光荣任务,首先要找饲料,南方是容易得到的,田边上的小虫,鸭自己就会去寻食。至于在北京家内的水池,什么也不易得到,那就要烦劳徐坤去找。那徐坤却不费事,用高价买来了泥鳅喂鸭(在北京泥鳅较少,故价昂贵),算起来,买泥鳅的钱比买小鸭的钱还要多，这个副业也就可观了。在爱罗先珂先生，或者以为忠言可以入耳，又一次谈家常中谈些妇女应该如何过生活，话尚未完，信子已经怒不可遏，听不入耳，溜之大吉了。而言者因为看不见，还在那里继续不断地说下去。她对朋友尚如此地不礼貌，对家中人自然更要凶悍得多了。据鲁迅说，她刚从日本回来的时候，住在绍兴，那里没有领事馆，她还处在中国人的圈子里，撒起泼来，顶多只是装死晕倒，没有别的花招。但有一回，这一花招却被她兄弟重久在旁看见了，就说不要理她，她自己会起来的。这才把家里人长久以来被她吓得束手无策的戏法拆穿了。但到北京以后，她却不同了，因为那时日本帝国主义正在气焰嚣张的时候，北京又有日本使馆，她便倚势凌人，越发厉害，俨然以一个侵略者的面目出现了。事事请教日本人，常和日本使馆有着联系。鲁迅被赶走后，一有什么风声鹤唳，她就在门前扯起日本旗，改周宅为羽太寓，这也是周作人的奴性十足的表示，信子们唯恐日本军国主义者不侵略中国，日本人来了，对他们很有好处。从这情节看来，鲁迅的痛恨卖国与周作人后来的甘心投日，即其本人的日常接触上，亦各自分野，截然不同的了。

唐弢同志编的《鲁迅全集补遗续编》中，从周作人的日记里抄录了一九〇一年二月鲁迅题为《别诸弟》的三首旧诗，充分表达了青年时期的鲁迅对兄弟的友爱，其中有这样一首：

春风容易送韶年，一棹烟波夜驶船。
何事脊令偏傲我，时随帆影过长天！

在诗的后面并有跋言云："嗟乎，登楼陨涕，英雄未必忘家；执手消魂，兄弟竟居异地！"印证以后来鲁迅初到北京期间，和周作人通讯的频繁（据《鲁迅日记》，来往书信都有编号，前后各有三百封左右），邮寄书刊的不间断，人间友爱，兄弟之情，怡怡然异乎寻常。鲁迅曾经这样说："让别人过得舒服些，自己没有幸福不要紧，看到别人得到幸福生活也是舒服的！"真是做到了"象忧亦忧，象喜亦喜"的地步。

然而风雨终于来临了。据《鲁迅日记》记载：一九二三年七月三日，还"与二弟至东安市场"等处，但到七月十四日，却是"是夜始改在自室吃饭，自具一肴，此可记也"。紧接着七月十九日，就是"启孟自持信来，后邀欲问之，不至"，周作人亲自送来的信，是什么样子呢？在信封外面写着"鲁迅先生"，在里面斩钉截铁地要鲁迅"以后请不要到后边院子里来！"兄弟的友情终于中断了，家庭终于决裂了。就这样，鲁迅在横逆忽来的情况之下，带着疾病，到八月二日，便搬到砖塔胡同去暂住。这期间，鲁迅又带病到处看屋，另找住处，这样到九月二十四日，鲁迅大病起来了。当天日记记载："咳嗽，似中寒"，第二天日记，又是"夜服药三粒取汗"，到十月一日，则是"大发热，以阿思匹林取汗，又泻四次"，十月四日，"晚始食米汁、鱼汤"，这样一直到十一月八日，才"始废粥进饭，距始病时三十九日矣"。

就是生着这样的重病，鲁迅并没有放弃工作。因为砖塔胡同房子是租赁的，老母亲初时只来看望鲁迅，后来病倒在八道湾，也不给医治，跑回砖塔胡同来找鲁迅同去看医生，病好才回去。周作人家有厨子，大批工人，但母亲的饭要自己烧。母亲于是哭回鲁迅住处，鲁迅为着老人家要有自己的房子好安排生活，在非常不安之下，于是又在病中到处看屋，在朋友援助下，终于在一九二三年十月三十日另行买了西三条胡同的房子。翻修以后，于一九二四年五月二十五日移住新居。到六月十一日，也就是离开八道湾将近一年之后，鲁迅回去搬自己的未搬走的书籍什物。八道湾的老爷和太太们，对于鲁迅本来是要像挤牛乳似的来榨取的，但他们没有想到鲁迅不向他们屈服，不但远离了他们，并且又安置了新居，于是就悔恨交集，多方刁难。当天的《鲁迅日记》这样记载：

下午往八道湾宅取书及什器，比进西厢，启孟及其妻突出骂詈殴打，又以电话招重久及张凤举、徐耀辰来，其妻向之述我罪状，多秽语，凡捏造未圆处，则启孟救正之，然终取书、器而出。

后来鲁迅也曾经告诉我，说那次他们气势汹汹，把妻舅重久和他们的朋友找来，目的是要给他们帮凶。但是鲁迅说，这是我们周家的事情，别人不要管，张、徐二人就此走开。信子捏造鲁迅的"罪状"，连周作人自己都要"救正"，可见是经不起一驳的。当天搬书时，鲁迅向周作人说，你们说我有许多不是，在日本的时候，我因为你们每月只靠留学的一些费用不够开支,便回国做事来帮助你们,及以后的生活,这总算不错了吧。但是周作人当时把手一挥说(鲁迅学做手势):"以前的事不算!"这一次,虽然"终于取书器而出",但是不能全部拿走是可以想见的。据许寿裳先生的《亡友鲁迅印象记》第十七章所记:

> 在取书的翌日,我问他:"你的书全部都已取出了吗?"他回答:"未必。"我问他我所赠的《越缦堂日记》拿出了吗?他答道:"不,被没收了。"

此书鲁迅博物馆现在尚未收集到手,可见,还有许多鲁迅的书都被周作人"没收"了。这一件事情,鲁迅还对我说得比较简单,后来朋友告诉我:周作人当天因为"理屈词穷",竟拿起一尺高的狮形铜香炉向鲁迅头上打去,幸亏别人接住,抢开,这才不致打中。至今想起,多么令人气愤。北京沦陷以后,周作人当了汉奸,大权在握,那时鲁迅已经逝世,他便指使当时北京图书馆的几个职员,到西三条去把鲁迅的藏书编成中文、外文、日文书目三本,印出交人带到南京、上海各地的汉奸组织处待价而沽。大汉奸陈群已允全部包下。当时周作人给上海刊物写文章,说他不能南下,因鲁迅在北京的母亲等要他养活。后来当了汉奸,却自食其言,要卖鲁迅藏书度日了。难道做伪督办时,每天家内开几桌饭都说不出的他,就连老人也养不起?明白了这些,就证实他卖鲁迅书的不怀好意了。书目由商人手又到上海,开明书店得知有这一份目录,顾均正先生把这一消息告诉我,我立即抢救,但不敢直说我买,便辗转托人留下全部书籍。但当来薰阁向周作人报告上海已有人要这批书之后,周作人又从中扣起一部分有价值的书籍,仍要照全书原价售卖。这件事情,据说连书商都大不以为然,认为周作人的"道德"堕落到连一个商人都不如了:人家已经整批买下了,你为什么又毫不讲信用地扣起一部分?!周作人的目的显然是借售书之名,行窃取精华之实,并要鲁迅在人民的心目中灭迹。后来信子等人秉承周作人灭绝鲁迅之心意,在这方面也是丝毫不遗余力的。一九四七年北京西三条封存起来的房子,他们还集合了大小男女和一大批伪宪兵等人到那里去破门而入,搬移用具,接收房屋,气势之凶,连警察也不敢阻挡,幸而被朋友与之理论,经过斗争,才理屈词穷,悻悻而退。

鲁迅活着的时候,敌人猛烈地攻击他,企图打倒他,但是鲁迅在《写在〈坟〉后面》一文里说,他"偏要使所谓正人君子也者之流多不舒服几天,所以自己便特地留几片铁甲在身上,站着,给他们的世界上多有一点缺陷",后来鲁迅死了,他的遗物遭到周作人等蓄意破坏,但我们知道人民是要纪念和学习他的决不屈服的硬骨头气概的。所以千方百计要使鲁迅在人民心目中存在,让那些破坏者们的阴谋不能得逞,让他们得不到舒服。

周作人原是资产阶级本质的一个十足的软骨头,不能和鲁迅相比。在北京女师大风潮期间,起先他也曾在鲁迅起草的女师大风潮宣言上同几位教员一同签过名,追随过正义行动。但是等到一九二六年九月,女师大被改名为女子文理学院师范部,教育总长任可澄和校长林素园率领警察厅保安队及军警督察处兵士四十人左右,驰赴女师大武装接收,到校硬指徐某为共产党并要当场捕人的时候,周作人便经不起考验,为着保全个人利益,本质毕露,从此就不敢斗争下去了。《语丝》第九十六期那篇《女师大的命运》中,岂明(即周作人)说:"经过一次解散而去的师生有福了",其意即指留下来的人是不幸的,不幸而要幸,流亡生活又不舒服,则惟有顺着当权者的旨意行事,充当统治者的走卒了。鲁迅和周作人走着两条绝然不同的道路,鲁迅奔向光明,而周作人则依附黑暗。在周作人未当汉奸前,在北大投靠胡适肮脏一气时,鲁迅就知道这个人已不可救药。鲁迅曾经说过,他自己跑到南方,接触了革命,看到和学到了许多有意义的东西,受到了很多的教育,如果仍留在北京,那是忍受不了的。但是请听周作人的论调!当时他对人说:"我不到南方去,怕鲁迅的党羽(指左翼作家——作者)攻击我。"黑暗的土拨鼠,是见不得光明的,就在这样自己瞎说!过着苟安生活,只知有己,不知有人,以榨取别人,贪图享受为能事的周作人,对他来谈吃苦和革命,诚如夏虫之不足以语冰,软虫之不足以语硬骨气!他甚至公开替秦桧翻案和作辩护,暗骂左派统一思想,说什么"我很反对思想奴隶统一化。这统一化有时由于一时政治的作用……最为可怕"。为要替自己的投降日寇作张本,最后发出谬论:"故主和实在更需要有政治的定见与道德的毅力也。"这是一九三六年七月写的(见周作人著《瓜豆集》:《再谈油炸鬼》)。其时已在明显地为大汉奸汪精卫和自己叛国开辟道路,和汪贼的主和论一鼻孔出气了。因此当日本帝国主义者铁蹄践踏中国土地,"华北之大已安放不了一张平静的书桌"(见《一二九学生运动宣言》)的时候,周作人就把民族利益抛弃不顾,无耻地做起日伪的高官,拿起血腥卑污的厚俸,变成国家民族的罪人,落得了一个汉奸的末局。

许多读者来信问我:"鲁迅为什么被八道湾'赶走'?""鲁迅为什么和周作人决裂?"这都是一般人所不易了解的。我每接到这样的来信,就要分别写回信,答复读者。其实,如前所说,鲁迅的从八道湾搬走,和周作人的彻底决裂,完全是不足奇怪的。

鲁迅从少小到壮年,无微不至地照顾周作人。据我所知,鲁迅对自己所接触的人,都是希望他对祖国有所贡献。鲁迅对周作人前期,亦期望他对新文化事业有所努力,但周作人是个资产阶级个人主义者,在《语丝》时期,尚能随大流地反对封建,女师大风潮的初期,尚能在革命群众的队伍中混迹(后来即倒向敌人)。鲁迅一本国事为重的态度,看到周作人的尚有若干因素使新文化事业可以利用,因而把兄弟不和放在次要地位。但是后来鲁迅与郑振铎合印《北平笺谱》遭到周作人的嘲讽;刘半农死了,鲁迅对死者说了几句论定的话(见《忆刘半农君》),也招来周作人的不满。正当鲁迅大病时,周作人在一篇题为《老人的胡闹》的反动文章中,竟把鲁迅与当时投靠日本法西斯主义的一个日本老朽相提并论,暗骂鲁迅"往往名位既尊,患得患失,遇有新兴势力的意见,不问新旧左右,辄靡然从之……盖老不安分,重在投机趋时"(见《瓜豆集》二百七十八页)。为什么周作人这样说呢,正因为这时鲁迅已公开表明他和中国共产党站在一起。而周作人却认为鲁迅接受党的领导,是重在"投机趋时",是"不问新旧左右,辄靡然从之"。不仅态度蛮横已极,而且充分表明了两个人在政治上的分野。这里我所举出的许多关于周作人的事实,其意无非使读者明了其大概。而鲁迅,则着重于从政治问题上、思想问题上去看人的。统观他们兄弟间的悬殊,有如下几点:周作人在利害关键上,以个人为中心;鲁迅则不计较自己得失,完全为了大众。周作人对黑暗势力不敢反抗,最后连自己也倒向黑暗;而鲁迅则是决不屈服,反抗到底。周作人认为日本工业发达,中国战不过日本,最后只有投降;而鲁迅则坚决主张抗日,相信中华民族绝不会灭亡。周作人是软骨头,丧尽民族气节;鲁迅则骨头最硬,不甘屈服。周作人四体不勤,养尊处优;鲁迅则自砸煤块,以普通劳动者自居。凡此种种的重大分歧。在鲁迅生前,从性格上说已经截然两样,到头来终会分开的。加以周作人老婆完全以一个日本征服者的面目出现,抱着侵略者的态度,凌驾一切,奴役一切。鲁迅何人,对这种恶势力焉能退让?因此,毅然决裂,在人生的长途中,走完了自己光荣的一段,今天看来,这岂是偶然的吗?

在鲁迅活着的时候,周作人是公开表示和鲁迅绝交过的。鲁迅刚刚逝世以后,他又中伤鲁迅,对反动的上海《大晚报》驻北平(当时称)记者发表谈话,说鲁迅先生"以前的思想是偏于消极的,现在变为'虚无主义'者,癖性又多疑,别人的一举一动都疑惑是骂他"。鲁迅死了二十多年之后,我们却看到了《鲁迅的故家》、《鲁迅小说里的人物》、《鲁迅的青年时代》等书。这使我忽然又记起鲁迅写过的《忆韦素园君》一文最后的几句话:

> 文人的遭殃,不在生前的被攻击和被冷落,一瞑之后,言行两亡,于是无聊之徒,谬托知己,是非蜂起,既以自炫,又以卖钱,连死尸也成了他们的沽名获利之具,这倒是值得悲哀的。

我写这段回忆,无非为了经常被读者问起,现在把这件事情如实地写出来作总的回答(虽然只是一个梗概)。因为这是千千万万研究鲁迅的人们所关心的事情,我有责任把知道的说出来。

(载《鲁迅回忆录》,北京作家出版社,1961年版)

致北京晚报记者

许广平

北京晚报记者同志：

　　转来周作人信，知此汉奸年老仍火气十足，希免其罪恶之责，而来信未能一语反驳其出售藏书之事。这事乃一九四六年我到北京时，见了宋紫佩先生，亲自告诉我周作人如何下令馆员整理书目情况（后来，周作人迫他认其私宅偷盖房屋而要他（宋）认是公帐。即有通同作弊之嫌。宋愤而生病，致双目失明，现已死）。宋当时在北京图书馆任职，情况不会不确。后见朱女士（鲁迅前夫人）亲手交出整理书目三本（现存鲁迅博物馆）。我当即劝她保存遗物，并允负责其生养死葬，立有合同，以防周作人家属挑拨发生问题。这些都有文件在博物馆内。

　　当然，从我写给周作人的信（来信附来的）看出，我那时听说出售藏书，明知是他所为。朱女士目不识字，如何能策划图书馆人来给她服务呢？事实了然，后面主使即是谁。我苦心孤诣，写这封信去，说明请他暂为垫付，以后陆续清偿。他却并无清单寄来，我自无法清偿，现在仿佛是我"胡来诬蔑"。而不知他身为大汉奸，煊赫一时，当其尚未下水时，亲友为之挂怀，钱玄同先生天天去他家守望。我亦曾写信给他，并寄去五百元，托辞说母亲年老，怕受惊吓，请他亲自陪送老母南下。后接母亲来信，说：年老不能来。寄来的钱，自作零用了。周作人写文章在上海《戏周刊》上说,他不能南下(当时很多人劝他南下),因老母寡嫂需他维持。好像他的作汉奸是为了老母及寡嫂(朱女士),已经轻轻地把"汉奸帽子"推给别人了,明眼人当然晓得的。

至于老母寡嫂生活,事实是一九三六年鲁迅死后,每月由北新书局支付一百元,到"八一三"抗战起,即行停付。战争期间,我即托在辅仁大学任教的李霁野先生按月垫给朱女士五十元(这之前,我因儿子身体多病,经朋友介绍,想到南洋工作,要离开上海。曾有信给周作人,托其照顾北京家属。经其回信,说母亲他可以负担,朱女士则不管了。我才无法,转托李霁野先生,每月筹寄五十元的)。后来,北京沦陷,上海亦成孤岛,李霁野逃离南方,我又被人拘禁,就听说有北平(旧称)出售藏书之事。由来薰阁人亲自带至南京,陈群看了书目,全部包下,但来薰阁负责人忠于周作人,望在上海得更高价,才到上海向书肆兜售,我才得知。观我给周作人信中所说(你们转来的),实千方百计想对北京家属负责,而不是如他所说"胡来的诬蔑"的那样子人物。

周作人视钱如命,解放后蒙政府宽大为怀,每月支付几百元稿费代工资,还有出书的收入,仍不甘闭门思过,又在港大写文章,领取外汇,而仍向人民出版社借支无数款项。在此国家建设需增产节约之际,他个人用度如此挥霍,对阿堵物的金钱如此浪用,即可想见他作汉奸时的刻薄待人了。我对这些琐屑,平时不愿谈。《北京晚报》所说,周作人不能公开翻案,他特写给你们的信,欺你们不知底细,是想蒙混过关,绝不能允许的。此致
敬礼

许广平
〔一九六三年六月廿一日〕

(载《许广平文集》第三卷,江苏文艺出版社,1998年版)

记周氏弟兄

林语堂

前谈白话文之噜嗦，因此想起鲁迅作俑，提倡语体欧化，遂为洋场孽少所仿效，的、地、得、滴到头疼，他、她、它忒儿搂鼻涕。据说国语野蛮，须效西洋文法。于是大家"前进"赶上文明市场。单数、复数必分，主动、被动须别。是故玻璃杯必不打碎而被打碎，五柳先生门虽设而常被关；是故锣被敲而鼓被击，书被卖而货被销。子孙多数而加们，投鼠忌器不扔它。之乎也者改为了么啊唷，白话文从此文明起来。这是后话，表过不提。

周氏弟兄，趋两极端。鲁迅极热，作人极冷。两人都有天才，而冷不如热。回忆语丝社常在北京中央公园茶话，平伯、伏老（孙伏园）、玄同、半农常到，有时达夫也来。或在"来今雨轩"，或在别处。一杯清茶，几碟白瓜子，叫面叫茶随便，意不在食而在聊天。藤椅放在古柏下，清风徐来，倒也舒适。语丝起名，原没什么，据玄同说，就是一日玄同与作人约定，随便翻一书页，看到那一个字可取，便做社名。后来话语如散丝，绝无伦次，大家吐出欲说的话，写出胸中磊落之气罢了。现在想起倒也名符其实。

达夫潇洒，伏老静逸，玄同红脸，半农矫健，大家颇谈得来。后来，半农为文触犯陈源（西滢），而鲁迅复有打落水狗之文，专与西滢过不去，遂成语丝社与现代评论诸公对垒之势。若说现代评论是学者(王世杰、蒋廷黻、周鲠生、丁西林、胡适之),而我们语丝小子是文人:这倒不尽然,西滢到底也是文人,故不做官。周鲠生虽被王世杰拉去做闲官,倒底也是真正学者,那时英文系是适之主任,底下是西滢、志摩、温源宁与我,然而我接近语丝,因为喜欢语丝之放逸,乃天性使然。志摩则独往独来,不可方物。

要这样写下去,讲各人的性格形相,文就长了。单说绍兴周氏两位师爷弟兄。每逢语丝茶话,两位都常来,而作人每会必到。作人不大说话,而泰然自若,说话声调是低微的,与其文一样,永不高喊。鲁迅则诙谐百出。达夫在座,必来两杯花雕,嬉笑怒骂都来。我此时闭目,犹可闻达夫呵呵的笑声。他躺在老藤椅上,一手摩他的和尚头。但是两位弟兄不大说话,听说是因为周作人的日本太太。我也莫知其详(玄同守活鳏,永住在孔德学校;不回家,此人实在神经)。

我上文说作人冷而鲁迅热。冷热以感情言也。两人都是绍兴师爷,都是深懂世故。鲁迅太深世故了,所以为领袖欲所害。作人太冷,所以甘作汉奸。文笔两位都没有问题,是成功的。大概文如其人,鲁迅冷嘲热骂,一针见血,自为他人所不及。中国那种旧社会,北洋那些昏头昏脑武人,也应该有人,作消极毁灭酸辣讽刺的文章。周作人闲逸清顺,是散文应有的正宗,白话文应有的语调。到了后来,我在上海编《论语》《人间世》《宇宙风》时,作人常以"知堂"署名发表文章。其时日本已在华北横行无阻,作人说"第一句话不许说,第二句话,说也无用"。我认为犹有血气,总是乱世文人洁身自好普通的作风。然而后来,所写文章,专抄古书,越抄越冷,不表意见。那时左派已攻入鲁迅阵营,意欲扶为偶像,我眼见鲁迅揭白旗投降,而内心有疚,所以有最后与胡风一谈。此乃苏联高尔基(Gorky)所决不肯为。是谓深懂世故之害。

到了民国三十二年冬我回国。在西安遇见沈兼士,约同登华山。兼士真是仁人君子,在华山路上,跟我谈周作人在北平做日本御用的教育长官。他说我们的青年给日本人关在北大沙滩大楼,夜半挨打号哭之声,惨不忍闻,而作人竟装痴作聋,视若无睹。兼士说到流泪。我所以说,热可怕,冷尤可怕,这又是放逸文士之所不为。可怕,可怕。

(载1965年3月26日《台湾新闻报》)

弟与兄

⊙ 川岛

《鲁迅日记》一九二三年七月十四日"……是夜始改在自室吃饭,自具一肴,此可记也。"

这在当时是使我们最感到意外的事件之一,在听到消息之后,还有不少人做过这个那个的猜测,都猜不透。过了半个月,鲁迅先生便迁居砖塔胡同;次年五月二十五日又"移居西三条胡同新屋"。此"新屋"即现在西三条胡同之"鲁迅故居"。

又在一九二四年六月十一日的《日记》中写道:

……下午往八道湾宅取书及什器,比进西厢,启孟及其妻突出骂詈殴打,又以电话招重久及张凤举、徐耀辰来,其妻向之述我罪状,多秽语,凡捏造未圆处,则启孟救正之,然终取书、器而出。……

这里所说的"八道湾宅",是鲁迅先生离开还不及一年的旧居;"启孟及其妻",即周作人和羽太信子,就是在鲁迅先生早期的《书信》与《日记》中常常提到的"二弟"和"二弟妇";"重久"即羽太重久,信子之弟,亦即所谓"娘家人"也,是《日记》中常提到的"H君"。"张凤举","徐耀辰",即张定璜,徐祖正,是当时北大文学院的教师,住在禄米仓,也是他们的"好友"。

这回"往八道湾宅取书及什器",是鲁迅先生于一九二三年八月二日迁出后的第一次也是末一次回到旧居去。其时,我正住在八道湾宅的外院(前后共有三个院子)鲁迅先生曾经住过的房子里。就在那一日的午后我快要去上班的当儿,看见鲁迅先生来了,走进我家那小院的厨房,拿起一个洋铁水杓,从水缸中舀起凉水来喝,我要请他进屋来喝茶,他就说:"勿要惹祸,管自己!"喝了水就独自到里院去了。过了一会,从里院传出一声周作人的骂声来,我便走到里院西厢房去。屋内西北墙角的三角架上,原放着一个尺把高的狮形铜香炉,周作人正拿起来要砸去,我把它抢下了,劝周作人回到后院的住房后,我也回到外院自己的住所来,听得信子正在打电话,是打给张、徐二位的。是求援呢还是要他们来评理?我就说不清了。

鲁迅先生"终取书、器而出"。

次日,周作人写了一篇题为《破脚骨》的短文拿到外院来给我看,此文在《晨报副刊》发表后,我不记得收编在他的哪一本文集中。

以后,除二弟和二弟妇外,鲁迅先生的亲属,包括重久在内仍然照旧来往;弟兄二人则各自寻找道路,再没有见过一面。

前些时,我见到一本香港印行的《知堂回想录》,对这件事的前前后后都没有"回想"到,只有"二四,几乎成了小流氓"中说起:"方言称流氓为破脚骨"。在这本书里提到鲁迅先生的地方还不少,似乎还是他的"知己",并且说在解放后专为鲁迅先生写了两本书,也总算对得起他了。这已成为一个规律,鲁迅先生曾经说过:"这倒是值得悲哀的。"

一九二七年十月间,鲁迅先生刚自广州转战到上海不久,听到《语丝》在北京为张作霖政府所封禁,作者皆暂避的消息后,于十一月七日给我的一封信中说:

"……周启明盖在日本医院欤。……他之在北,自不如来南之安全,但我对于此事,殊不敢赞一辞,因我觉八道湾之天威莫测,正不下于张作霖……"

已经分手多年了,遇到风吹草动,还是那么关怀他。我想:倘若周启明迷途知返,将是"度尽劫波兄弟在,相逢一笑泯恩仇"。鲁迅先生在沙场中还是期待他到前线来的。

一般的说来,"父与子"代表了两个时代,我这里的"弟与兄",不幸代表了两条路线,本来是同一起点的,却背道而驰,走下去相离越远,差距也更大!

(载 1978 年 10 月 11 日《人民日报》)

鲁迅和周作人

周建人

有许多事情,即使发生在身边,如果不加以深入的分析研究,也不会明白其究竟。就以鲁迅和周作人来说,生长在同一个家庭里,受相同的教育,后来两人所走的道路,为什么竟这样不同?我虽然了解他们生活中的细枝末节,但也只能知其然,而不知其所以然,现在就把我所知道的情况,写下来供专业研究工作者参考。

在青少年时代,他们携手走过一段路,他们都上新学堂(当时为人所看不起的),都到日本留学,共同翻译《域外小说集》;"五四"时期,都投入新文化运动。当然,要说思想完全一致,出发点完全相同,那也是不可能的。

两人是怎么分手的呢?如今回想起来,颇有独特之处,它不是表现在政见的不同、观点的分歧,而起源于家庭间的纠纷,造成兄弟失和。

自古比喻兄弟为手足,鲁迅可说是手足情深,曾写过《别诸弟》等诗篇,特别对于周作人,因为年龄相近,爱好相同,更为关切。他曾牺牲自己的学业和事业,回国谋事,来供养尚在日本留学的周作人和他的日本家属。

即使鲁迅不计较个人的利害得失,然而,还是好景不长,不幸在他们两人之间发生了不可弥合的裂缝。

事情是由于搬进八道湾而引起的。这是在1919年底,五四运动发生之后。

从鲁迅方面来说,他独自奔走购屋、修屋,把全家从绍兴搬到北京,满心以为他漂泊不定的生活可以安定下来,更好地教书和著译;满心以为他的苦心经营会得到报偿,享天伦之乐,过兄弟怡怡的日子。他和周作人各自为衣食奔忙,阔别多年了,这时,两人都迈进了中年,可以朝夕相处中,共同以文艺为武器,有更多的合作。

然而,严酷的事实却粉碎了他的美梦。

这倒并不是因为周作人不愿意,而是为了家庭日常开支弄得十分心烦。鲁迅在教育部的薪金每月三百元,还有稿费、讲课费等收入,周作人也差不多。这比当年一般职员的收入,已高出十多倍,然而月月亏空,嚷钱不够用。我在北京找不到职业,在家译著有关生物学方面的文章,投寄上海商务印书馆主办的《东方杂志》和《妇女杂志》,从编辑章锡琛的通信往来中,知道他们缺人,所以在八道湾只住了一年八个月,于1921年9月初到上海商务印书馆谋生了,免得好像在家里吃白食。

在绍兴,是由我母亲当家,到北京后,就由周作人之妻当家。日本妇女素有温顺节俭的美称,却不料周作人碰到的却真是个例外。她并非出身富家,可是气派极阔,架子很大,挥金如土。家中有管家齐坤,还有王鹤拓及烧饭司务、东洋车夫、打杂采购的男仆数人,还有李妈、小李妈等收拾房间、洗衣、看孩子等女仆二三人。即使祖父在前清做京官,也没有这样众多的男女佣工。更奇怪的是,她经常心血来潮,有时饭菜烧好了,忽然想起要吃饺子,就把一桌饭菜退回厨房,厨房里赶紧另包饺子;被褥用了一两年,还是新的,却不要了,赏给男女佣人,自己全部换过。这种种花样,层出不穷。鲁迅不仅把自己每月的全部收入交出,还把多年的积蓄赔了进去,有时还到处借贷,自己甚至弄得夜里写文章时没有钱买香烟和点心。鲁迅曾感叹地对我说,他从外面步行回家,只见汽车从八道湾出来或进去,急驰而过,溅起他一身泥浆,或扑上满面尘土,他只得在内心感叹一声,因为他知道,这是孩子有病,那怕是小病,请的外国医生,这一下又至少是十多块钱化掉了。

虽然周作人的生活是比较讲究一些，但还不至于这样。但周作人任他的妻子挥霍，不敢讲半句不是。早在辛亥革命前后，他携带家眷回国居住在绍兴时，他们夫妇间有过一次争吵，结果女方歇斯底里症大发作，周作人发楞，而他的郎舅、小姨都指着他破口大骂，从此，他不敢再有丝毫的"得罪"，相反，他却受到百般的欺凌虐待，甚至被拉着要他到日本使馆去讲话。平日里，一讲起日本，总是趾高气扬，盛气凌人；讲到支那，都是卑贱低劣。而周作人只求得有一席之地，可供他安稳地读书写字，对一切都抱着息事宁人的态度，逆来顺受。

鲁迅看不过去，对周作人进行规劝，无非是"化钱要有个计划，也得想想将来"这一类话，真也有周作人这样的人，把好心当恶意。有一次，周作人说要把丈人丈母接到中国来同住，鲁迅很不赞成，认为多年来寄钱供养他们，已经情至义尽了，今后可以继续养老送终；他们还有别的子女在日本，就不必接到中国来了。

鲁迅的意见是对的，连日本作家增田涉也这样说："我对于周作人无论如何也没有好感，尽管他写作多么有名的随笔说着漂亮话，但在为人上我是不喜欢的。或者，其中也许是介在着周作人夫人（羽太信子）的缘故吧？而当初，周作人夫人从日本来的时候，鲁迅给她娘家汇寄生活费的事，在《鲁迅日记》里却是记载着的。"①鲁迅待人以诚，却不像周作人那样好奴役，对不合理的事，他要反对，还要唤醒沉睡中的奴隶，要正确处理各种问题。可是，要唤起奴隶的觉醒，必然会触犯奴隶主，连不觉醒的奴隶本人，也会痛恨别人搅乱了他做稳了奴隶的安宁。因此，鲁迅就受到各种意料不到的折磨和打击。他是爱孩子的，可是，却连孩子也不让他爱。增田涉说："他常买糖果给周作人的小孩（他自己那时没有小孩），周作人夫人不让他们接受而抛弃掉。他用充满感慨的话说：好像穷人买来的东西也是脏的。这时候使我想起他常说的'寂寞'这个词来。"②鲁迅对我说的是，他偶然听到对于孩子有这样的呵责："你们不要

---

① 见增田涉《鲁迅的印象》中第三十二节《鲁迅写作〈中国文学史〉的志愿没有完成》。
② 见增田涉《鲁迅的印象》中第二十四节《鲁迅跟月亮和小孩》。

到大爷的房里去,让他冷清煞!"孩子是天真的,不明白什么叫"让他冷清煞",不免仍要到大爷的房里去。于是,这又是鲁迅的罪过,得想别的法子来惩罚了。

在八道湾,鲁迅比我多住了一年十一个月。

鲁迅是怎样离开八道湾的,因为我在上海,不得而知,他也没有和我谈过。只是在他的日记中看到这样的记载:

1923年7月14日,"是夜始改在自室吃饭,自具一肴,此可记也。"

居然不让鲁迅吃饭了,真厉害!

五天后,即7月19日,"启孟自持信来,后邀欲问之,不至。"

这是鲁迅看信后想问问明白,周作人却避而不见,如果自以为有理,可以当面指出,为什么兄弟俩就不能谈谈呢?

十多天后,即8月2日,鲁迅和朱安终于搬到俞芳姊妹的砖塔胡同去了,就这样永远离开了八道湾。

砖塔胡同是临时借住的,他曾问我有没有钱,因为他想买西三条胡同的房子。他是知道我刚进商务印书馆,待遇是十分菲薄的,不过,他这时实在非常窘困,身上已不名一文了。他东借西凑,到处奔波,又是买屋修屋,终于在1924年5月25日,"晨移居西三条胡同新屋"。这西三条胡同是他在北京的永久住处了。

鲁迅离开八道湾,周作人夫妇总该称心如愿了吧!可是,却不,对鲁迅的折磨还没有结束,事情发生在搬进西三条胡同新屋半个月后,鲁迅在日记中记着:

1924年6月11日,"下午往八道湾宅取书及什器,比进西厢,启孟及其妻突出骂詈殴打,又以电话招重久及张凤举、徐耀辰来,其妻向之述我罪状,多秽语,凡捏造未圆处,则启孟救正之,然终取书、器而出。"

鲁迅已经让出八道湾,搬到新居,只是来取自己的东西,还要这样对待。骂詈殴打,说秽语,只能征服像周作人这样的意志薄弱者,却不能征服鲁迅。我听母亲说过,鲁迅在西厢随手拿起一个陶瓦枕(一种古物),

向周作人掷去,他们才退下了。

然而,鲁迅并没有取出他的全部财物。他在1924年9月21日曾写过一段短文,说:

> 曩尝欲著《越中专录》,颇锐意搜集乡邦专甓及拓本,而资力薄劣,俱不易致,以十余年之勤,所得仅古专二十余及杛本少许而已。迁徙以后,忽遭寇劫,孑身逭遁,止携大同十一年者一枚出,余悉委盗窟中。日月除矣,意兴亦尽,纂述之事,渺焉何期?聊集赓余,以为永念哉!甲子八月廿三日,宴之敖者手记。①

这篇题记的署名:宴之敖者。鲁迅曾对许广平解释过它的意思。"宴从门(家),从日,从女;敖从出,从放(《说文》作敚,游也);我是被家里的日本女人逐出的。"②

文中的"寇劫",指古专拓片落入八道湾手中,"盗窟"是指八道湾。周作人如爱古专拓片,鲁迅也不会吝惜,两人可共编《越中专录》。这方面我有切身体会,鲁迅在日本时送我的一架显微镜,供我自修生物学用的,值好几百元,可是周作人招来的妻舅,却不讲一声地拿去卖了五十元,自己化掉了。八道湾早被占领,主权不在周作人手里。鲁迅的财物、收藏,十多年心血付之东流,《越中专录》未能辑成。这篇本来不打算发表的短文中,是他最痛心的话了。

在西三条胡同新屋布置就绪后,我们的母亲跟随她的长子住到西三条,过简朴的生活,即使鲁迅逝世后,她也没有回八道湾,可想而知,八道湾的生活何等难以忍受。她对所发生的一切,看得十分清楚,也想得相当深远。她为鲁迅抱不平,对俞芳讲过,鲁迅亲自买进、设计改建,还把一家老小接到北京,倒反而没份住,想起来都替他心酸。不过,她还讲:"我说句实在话,分开倒对你们大先生有利。"③

这倒是对的,鲁迅虽然在精神上受极大打击和物质上受损失,但分开了却大大的有利,不然的话,钱都给八道湾搜刮去,他怎么能像后来那

---

① 这篇短文,被编辑加上一个标题:《〈俟堂专文杂集〉题记》收入新版《鲁迅全集》第十卷。
② 见许广平《欣慰的纪念·略谈鲁迅先生的笔名》。
③ 俞芳《我记忆中的鲁迅先生》中《太师母谈鲁迅兄弟》和《太师母谈鲁迅先生》。

样资助、营救革命者呢？从八道湾来说，当初只是给他一个下马威，也许没有想到要逐出鲁迅。谁能挣这么多钱供他们挥霍，自己又这样刻苦节俭？没想到鲁迅是不能被强暴所屈服的，他一怒而走了。周作人助纣为虐的结果，就是他此后独力养活他那一大帮妻族，不过他也没有什么话说，这是他自己苦心从日本招来的嘛！

我们的母亲对周作人的处境也完全看透了，所以她对俞芳说："只当我少生了他这个儿子。"①

然而，这并没有泯灭鲁迅的手足之情，他在青少年时期如此，晚年也是如此。他的小说《弟兄》，是在1925年，被逐出八道湾，兄弟怡怡的幻想破灭之后写的。他回忆了自己对周作人疾病的忧虑，请医生来诊治的事实，还表示了"鹡鸰在原"的意思。鹡鸰原作脊令，是一种生活在水边的小鸟，当它困处高原时，就飞鸣寻求同类。《诗经》："脊令在原，兄弟急难。"比喻兄弟在急难中要互相救助。鲁迅通过小说，是向周作人伸出热情的手，表示周作人如有急难，他还愿像当年周作人患病时那样救助。

1927年10月，鲁迅到上海后，对我讲起八道湾的生活，从没有责备过周作人，他只是感慨万分地说："我已经涓滴归公了，可是他们还不满足。"我也有同感。他写的《牺牲谟》，有他自己在八道湾这段生活的体会在内。

他还时常惦念周作人，为他担忧，常对我说："八道湾只有一个中国人了。"（当然不包括男女工人和孩子）。特别当《语丝》在北京被禁止，北新书局被封门的时候，他焦急万分，对我说过，也给人写信，讲过这样的话："他之在北，自不如来南之安全，但我对于此事，殊不敢赞一辞，因我觉八道湾之天威莫测，正不下于张作霖，倘一搭嘴，也许罪戾反而极重，好在他自有他之好友，当能相助耳。"②可见鲁迅所说的"八道湾"，是除周作人之外的。八道湾是天威莫测的，不下于张作霖，而周作人是在这样统治下的唯一臣民。

---

① 俞芳《鲁迅的母亲——鲁太夫人》。
② 《鲁迅书信集》中1927年11月7日《致章廷谦》。

素来勇猛的鲁迅,对此也有些束手无策,爱莫能助了。虽然他经常在考虑这问题,但一直到他逝世,想不出一个妥善的办法来。

鲁迅对周作人爱护关怀备至,比兄弟之情更深沉,这恐怕还因为鲁迅极爱惜人才。有一次,周作人的一部译稿交给商务印书馆出版,编辑正在处理。鲁迅说:"莫非启孟的译稿,编辑还用得着校吗?"我说:"那总还是要看一遍的吧!"鲁迅不作声了。

鲁迅没有讲过周作人的不好,只是对周作人有一个字的评价,那便是"昏"。有几次对我摇头叹气,说:"启孟真昏!"他在给许广平的信(1932年11月20日)中,也说:"周启明颇昏,不知外事……"

周作人晚年写了《知堂回想录》,其中多次提到他的《五十自寿诗》在《人间世》发表后,招来许多批评攻击,独有鲁迅在给曹聚仁、杨霁云的信中,能够主持公论,在失和的事件十多年后,胸中没有丝毫蒂芥,这不是寻常人所能做到的。①

鲁迅能够准确地理解别人的意思,曾替周作人辩解过,1934年4月30日给曹聚仁的信是这样说的:"周作人自寿诗,诚有讽世之意,然此种微词,已为今之青年所不憭,群公相和,则多近于肉麻,于是火上添油,遂成众矢之的,而不作此等攻击文字,此外近日亦无可言,此亦'古已有之',文人美女,必负亡国之责,近似亦有人觉国之将亡,已在卸责于清流或舆论矣。"六天后,即1934年5月6日给杨霁云信:"至于周作人之诗,其实是还藏些对于现状的不平的,但太隐晦,已为一般读者所不憭,加以吹擂太过,附和不完,致使大家觉得讨厌了。"

周作人在回想录中再三引用了鲁迅这些话,虽然是以鲁迅为自己作辩解,但总算有些明白,鲁迅还是了解自己的,更没有来乘机投石下井。然而,对兄弟"失和",究竟怎样看的呢?又何必讳莫如深,欲言又止呢?

周作人是佩服日本的,由于事实的教训,终于也使他多少有点明白过来了,他在回想录中说:"日本民族所喜欢的是明净直,那么这些例(按,系指藏本失踪事件、河北自治请愿事件、成都北海上海汕头诸事件、

---

① 见该书《在病院中》、《不辩解说(下)》、《打油诗》各节。

走私事件、白面吗啡事件）便即可以证明其对中国的行动都是黑暗污秽歪曲，总之所表示出来的全是反面。日本人尽有他的好处，对于中国却总不拿什么出来，所有只是恶意，而且又是出乎情理的离奇。这是什么缘故呢？"

这是什么缘故呢？周作人似乎不明白，然而，他更不明白的是，所谓兄弟"失和"，全套骂詈殴打，说秽语，不正是上述事件的翻版吗？有军国主义思想的人，要侵略、征服别国或别人，可以制造各式各样、大大小小的事件。我亲眼看到过他们对周作人施用过这种强盗行径，他完全屈服了，又附和着去欺侮自己的亲兄，那曾经从政治上、思想上、经济上、生活上赤胆忠心帮助过他的人。中国经过八年抗战没有亡，而从鲁迅周作人兄弟来说，却先拆家了。

鲁迅去世后，中日关系更为紧张，好心的朋友关心周作人的安危。冯雪峰对我说过，他看过周作人的《谈龙集》等文章，认为周作人是中国第一流的文学家，鲁迅去世后，他的学识文章，没有人能相比。冯雪峰还认为，要让周作人接触进步力量。并隐约表示，他自己颇有意去接近周作人，希望我能作为媒介。有人也对我说，生物学家秉志，由上海一家工厂养着。像周作人这样的文学家，只要肯到上海来，生活完全不成问题，可能商务印书馆或其他书局，都愿意养他的。

我想起这与鲁迅生前讲过周作人不如来南方安全的话，正是不谋而合，于是，就写了一封信，恳切地劝他来上海。

然而，没有得到他片言只字的回音。

于是，我们就断绝了往来。

在中国共产党领导下，八年抗战，艰苦卓绝，人民谱写了历史上可歌可泣的一页；接着，三年内战，像摧枯拉朽一样，推翻了黑暗腐败的反动统治，取得了政权。

全国解放后不久，有一次，我在教科书编审委员会突然面对面地碰到周作人。我们都不由自主地停了脚步。

他苍老了，当然，我也如此。只见他颇为凄凉地说："你曾写信劝我到上海。"

"是的,我曾经这样希望过。"我回答。

"我豢养了他们,他们却这样对待我。"

我听这话,知道他还不明白,还以为自己是八道湾的主人,而不明白其实他早已只是一名奴隶。

这一切都太晚了,往事无法追回了。

周作人自小性情和顺,不固执己见,很好相处,但他似乎既不能明辨是非,又无力摆脱控制和掌握。从八道湾制造的兄弟失和事件中,表演得很充分。这似乎纯系家庭内部问题,却包含着大是大非的原则问题,他从这一点上和鲁迅分了手,以后的道路也就越走越远了。我缺乏研究,不知其所以然。

只是,我觉得事过境迁,没有什么话要说了。这次意外相遇,也就成了永诀。

1983 年 6 月

(载《新文学史料》1983 年第 4 期)

周建人是怎样离开八道湾的？

⊙ 俞芳

太师母对她所有的孩子都非常疼爱，对大、二、三三位先生，一律都寄予非凡的母爱。特别对三先生（周建人）有特殊的爱怜，在言语行动中经常流露出歉疚之情。原因是在绍兴时，三先生曾打算步前两位兄长的后尘要求去南京读书，太师母鉴于三先生身体较弱、自己身边无人、遇事无人商量，加之当时家里接二连三发生大事，家产耗尽，手头确实拮据，在万般无奈的情况下，硬把三先生留在绍兴。三先生性情和顺，事母至孝，就遵照母亲的意愿留在绍兴读书，后来边工作边学习边料理家务，所得工资，补贴家用，从无二话，他的行动曾受到族长们的赞扬。太师母之所以感到内疚，是日后的事。当大先生、二先生先后从日本回来，全家定居北京后，他们分别在教育部、北京大学等地任职，全家开支全仗他们的收入。三先生由于没有足够的学历证明，一时找不到工作，平时虽也写些文章，但没有固定收入。数月后，逐渐为当时八道湾的当家人、势利的二嫂——羽太信子——所看不起，信子经常板着脸孔，指着自己的孩子骂人。（这种伎俩也施诸大先生和朱安女士，记得朱安曾很气愤地向我说过：她（信子）大声告诫她的孩子们，不要亲近我们，不要去找这两个"孤老头"，不要吃他们的东西，让这两个"孤老头"冷清死。显然，"孤老头"这三个刻薄的字，给朱安精神上的打击是很大的，一直深深刻在朱安的内心深处。待海婴出世,喜讯传到北京,朱安才出了一口气似的说:现在我们有儿子了,再也不是"孤老头"了,怎么不叫人高兴呢。)所以,三先生在八道湾之日,正是他精神上受折磨之时。

在绍兴时期,芳子对三先生的感情尚好。之后全家搬到北京,她看到姐姐信子当家,大手大脚,挥霍无度,对她的尽情享受十分羡慕,对姐姐的话更是言听计从,逐渐她也效法信子,贪图享受,看不起三先生,怨他无能,不会挣钱,经常和三先生无故吵闹。据说,有一次周作人、信子、芳子带着孩子们租了车打算想去游玩,三先生认为自己是应该参加的,万万没有想到,当他走到车子门口时,芳子不齿地说:你也去吗?三先生听了这话,看着芳子冷冰冰的表情,十分伤感。这屈辱又能向谁去诉说呢?向哥哥们去诉说,他们太忙,不忍用这些小事去影响他们的精力和时间。唯一可以诉说衷肠的是母亲,但他又怕老母为他伤心,影响健康,左思右想,只好把委屈埋在心底。因为三先生自幼接受母亲和兄长的教诲,言语行动彬彬有礼,备受长辈赞扬同辈尊敬,从未受过别人冷遇。在八道湾竟是如此处境,真是难过极了。他一再催促两个哥哥为他托人,好尽快找个工作,以摆脱这种处境。及至在上海商务印书馆找到工作,离开八道湾拜别母亲时,他说:我找到了工作,高兴得一夜没有入眠!

三先生初到上海商务印书馆工作时,工资是很少的,他每月除留下自己最低标准的生活费用外,全部(大约三四十元)寄到八道湾补贴家用。这个数目,在当家人信子的眼里,当然是微不足道的。因为当时大先生还住在八道湾,她有所顾忌,不敢发作。但忍不住时不免要流露出来:老三一家全靠他们养活的(按当时中等人家生活水平,三四十元养活三四口人是够用的)。后来三先生的工资增加了,每月寄八道湾的钱也加多了,大约每月是六十元。这个数目是不少了,可是八道湾是个填不满的坑,怎么会够呢?

再说三先生一个人在上海,工作繁重艰苦,生活省吃俭用,家里又无人照料,特别是生了病,只得拖着病体,自己去求医,买药,最后还得自己熬药。情况是够凄凉的。可他健康情况无论如何不佳,却从不请假,生怕把这个好不容易找到的"饭碗"打破,他不愿返回八道湾受精神折磨。

在这种情况下,三先生曾多次写信给芳子,有次甚至回北京亲自去说服芳子,要她带着孩子到上海和他共同生活,但芳子舍不得离开八道湾,舍不得离开姐姐和亲属,舍不得八道湾富裕的生活,坚决不去上海。对此太师母很有看法,曾不止一次地说:女人出了嫁,理应和丈夫一起过日子,那有像三太太(芳子)那样,不跟丈夫却跟着姐姐住在一起的道理?芳子不到上海去,却经常写信向三先生要钱,总是说寄来的钱不够用,记得鲁迅先生给母亲的信上曾说:八道湾是个填不满的坑,这是很说明问题的话。

听说在一九三六年冬,太师母八十岁寿辰。当时三先生与蕴如师母全家回北京给太师母拜寿(俞藻在北京,但没有参加八道湾的家宴),据说在祝寿上,信子、芳子和三先生、蕴如师母大吵,信子等人借八道湾人多势众,加之当时日本侵略我东北三省已经六年,正在一步步把战火引入关内,入侵华北等地,敌人气势嚣张,不可一世。而八道湾的信子、芳子以及她们父、母亲属等均在北京,八道湾的气焰非同小可。由于当时的种种特殊情况,使三先生和蕴如师母感到此行极不愉快,在北京住了几天,便拜别太师母,离开久别的北京,回到上海去了。

事后,太师母为此伤心落泪,她老人家说:"如果大先生还健在,八道湾不敢如此嚣张。……"

是呵,八十岁的老人,在同一年里感情上接连受到严重的打击,内心的伤感,是局外人难以理解的。

(载《鲁迅研究动态》)

二周识小

⊙ 陈迩冬

鲁迅先生是我的老前辈,今天在座的研究鲁迅的老同志和中青年同志,也都可以说是我的前辈。因为我对鲁迅先生的研究,几乎没有,或可以说正处于开始研究的"童年"阶段,所以发言中若有错误,就算是"童言无忌",请诸位原谅!

鲁迅和周作人的比较,可以从以下几个阶段来看。

第一阶段,辛亥革命前后。那时兄弟俩的思想基本上是一致的,都具有民族革命思想,但鲁迅在行动上更为突出,他参加了光复会,武昌起义后,又亲自率领绍兴的群众和学生迎来了光复绍兴的革命军。

第二阶段,"五四"新文化运动时期。周氏兄弟都是创立中国新文化的战士,他们在《新青年》等杂志上发表了不少富有深刻意义的文章。但也是鲁迅更突出一点,他的小说《狂人日记》、《阿Q正传》等在当时和后来都产生了很大的影响。

第三阶段,二十年代末。此时二人有了很大的不同。鲁迅受到创造社、太阳社的围攻,迫使他进一步阅读马克思主义著作,思想从进化论转到阶级论,这是一大进步。而周作人这一时期的主导思想则是退隐思想,进一步退却,仿佛是以"京兆布衣"自居。也就是说鲁迅偏左了,而周作人却渐渐地站向右边。

第四阶段,三十年代"左联"时期。鲁迅是"左翼作家联盟"的盟主,领导了"左联",周作人则成了京派文坛祭酒,也是《论语》、《人世间》等刊物的积极支持者。鲁迅生前被称之为中国"现代圣人",死后被誉为中国的"民族魂"。周作人在鲁迅逝世时写了两篇文章,即《关于鲁迅》和《关于鲁迅之二》,他丝毫不提鲁迅的战斗和功绩,只是叙述一些往事,说是非外人所知,他所知的似乎不是鲁迅对中国革命的贡献,所谈的主要是怎样辑录古籍,怎样写小说,以及青年时代的学习生活而已。

从二周的比较来看,有以上四个阶段的相同与不同。至于周作人个人的发展,则还有两个重要阶段。

第五阶段,日本侵华期间。周作人进一步沦为敌伪的教育督办,这是抹不掉的事实,是脱不下"汉奸"这一头衔的,尽管他后来写信给周恩来总理等为自己作了不少辩解。在此期间,诚然他也作了些有益于民族的事,掩护和挽救了国共两党的一些地下工作者,但依然是罪大于功。

第六阶段,新中国成立后。周作人在解放后认为社会主义社会很好,他对他的学生说,这是中国最好的时代,是你们应该真正做学问的时候。这些话主要是从他的学生江绍原、方纪生,加上后来的儿子周丰一等人的口中听到的。解放后,他翻译了不少希腊神话和日本文学作品,例如,他为人民文学出版社翻译的《浮世澡堂》,就是一本很有分量的书。他的译文朴实,注释详细,在当代译本中是少有的,这也是他将功补过的表现。此外,他还出版了《鲁迅的故家》、《鲁迅小说里的人物》、《鲁迅的青年时代》,写下许多为外人所不知的资料,为鲁迅研究作出了重要的贡献。在我与他的接触中,也隐约可见他那兄弟之情的复活,我在他的屋里看到过悬挂着鲁迅拓的汉碑。有一次,他送我出来时,指着外院的丁香树说,"这是家兄种的",我第一次听他称鲁迅为家兄。

我跟周作人的接触是在一九四九年冬或一九五〇年冬。因为我去看望江绍原,他住在周作人的八道湾家宅的一个跨院里。闲谈时,江绍原问我,你想见见周先生吗?我说,愿去。他便先去周作人处打个招呼,很快就回来说,你不要进去了,周先生来看你。果然,周作人亲自来了,他的言谈举止很谦和,如舒芜所说,这也许是"大傲若谦"吧。记得我曾问他,《药堂杂文》的药堂是什么意思？他说：我年老多病,房中经常离不开药,所以称"药堂"。后来我想这不是他当时的本意。他写过几篇主题相近的文章,如《中国的思想问题》《中国文学上的两种思想》《汉文学的前途》,以及《道德漫谈》等等,都举了这样的例子："禹稷当平世,三过其门而不入,孔子贤之","颜子当乱世,居于陋巷,一箪食,一瓢饮,人不堪其忧,颜子不改其乐,孔子贤之。"可见他是以儒家的美德作为药来治人,但并非医治自己,并非自己吃药,而是给别人吃药。这也许是我的妄自揣度。

我对周作人是尊重的。因为我在初中读书时就从读本中学习了不少鲁迅、周作人的文章,对他们仰之如泰山北斗。遗憾的是,鲁迅过早的逝世,我无缘做鲁迅的学生。所以当我有缘见到周作人时,就不愿失去学习的机会。虽然我曾骂过他,那是在桂林,我在聂绀弩、宋云彬等编的《野草》第二期上发表过一篇题为《旧诗新话》的文章,指他有一图章,文曰："知惭愧",然而在行动上却不知惭愧地充当了敌伪官员。另一篇文章是发表在香港《大公报》上,同时收入一册纪念五四的多人集里,文章指出五四运动中的人物,有的进步了,有的退却了,有的走向了自己的反面,这最后一种人中,就有周作人。但是,对他早期的思想文章和平生学问,我依然是很敬重的。

周作人对我也是有求必应,有问必答。我曾请他写过两次扇面,他都答应了,不过,据说现存的周作人日记中只记了一次。记我和他的接触也自五四年开始,共有四十二处,有不少漏记之处。

最后,谈谈周作人获得释放的问题。目前有关他的释放这一节,有的文章说是南京蒋介石政府释放的,有的说是人民解放军解放南京后,这都不准确。真正释放他的人是李宗仁。当时李宗仁代总统,他为了增加与共产党和平谈判的资本,决定释放包括杨虎城、张学良在内的一批政治犯。结果,张杨未放出,周作人倒进入释放名单内,可以说,周作人是混出来的。

我对周氏兄弟的认识大致如此。

乘此机会,我也想谈谈《鲁迅全集》注释中的一些问题。

《鲁迅全集》是我们的宝贵财产,一百年以后,一千年以后,永远是我们的宝贵财产。为全集作注释的同志是非常辛苦的,做了大量的工作,使原来看不懂处能读通了。作为读者之一,我是非常感激这些同志的。在这么大规模的工作中,当然会存在可议之处,今提出一二供参考。

一是《狂人日记》,其中狂人有一语道:"易牙蒸了他儿子,给桀纣吃。"注释说明:易牙"是春秋时齐国人","桀、纣各为我国夏朝和商朝的最后一代君主,易牙和他们不是同时代人"。这一注释是很对的,也很好,但最后又加一句说:"也是'狂人''语颇错杂无伦'的表现。"这一句虽无错误,却多余。这篇小说通篇写的都是"狂人"的话,诸如怀疑他的大哥要吃他,赵家的狗,周围的狗要吃他,那么为什么这一些就不注释呢?我提出这一问题,旨在强调注释的简明性,倘不,反使人生疑,难道鲁迅犯有常识性的错误吗?

二是一九三五年六月十七日鲁迅致陈此生信。陈此生是我就读的桂林广西省立师范专科学校教务长,当时他曾请鲁迅、陈望道等名家来校执教,鲁迅婉言拒绝了,在复信中说:"蒙诸位不弃,叫我赴桂林教书,可游名区,又得厚币,不胜感荷。"这里的"游名区",不用注释,桂林山水甲天下,人人皆知。而"得厚币"一句,却会产生歧义,误以为一般的高薪,这就和鲁迅在北京女师大、厦门大学、中山大学的高薪没有什么区别了。其实,这里的"厚币"有另一重意思,指的是"独立王国"广西的特殊情形。当时统治广西的桂系军阀自己发行一种货币,称桂币,凡是本地的教员,所得薪水都是桂币,但对外来的教授,特殊优待,不仅可以得高薪,而且拿的是他原来的所在地的钱币,如陈望道是从上海请来的,发的月薪是上海地区通用的国币,即大洋;如果是从德国请来的教授,则折合马克发,这是马君武长广西大学时兴起头的。此种情况,非外人所知,是否需要注释?

至于对陈此生其人的注释,也有误。注文说他是广东佛山人,非也。他是太平天国翼王石达开的同乡,广西贵县人。他只是较长时间在广州教书,他的父亲也一直在广州行医,是名医。注文又说陈此生毕业于上海复旦大学,亦非也。据我所知,他毕业于海军学校,曾当水兵,我亲自见到他在教职员表上填写:曾当过水兵几年。陈此生本人虽已作古,但他的夫人还健在,学生还在,了解他的还大有人在。像这类注释尚须作更细密的调查。

上述意见,不过两个例子,可能是苛求妄论,唯因《鲁迅全集》是一部传之万世而不朽的书,因此希望注释工作不断修正,使之更加精确。

(载《鲁迅研究动态》1988年第1期)

周作人对鲁迅的影射攻击

⊙ 舒芜

鲁迅、周作人兄弟于一九二三年失和,起因是家庭间的矛盾,并不是如过去有些研究者所说由于思想上政治上的分歧。所以,尽管他们失和之后,断绝了往来,但是次年《语丝》周刊创办,周作人是实际上的主编,鲁迅是最主要的撰稿人,直到一九二七年《语丝》被张作霖查封为止,他们兄弟就在这个阵地上密切配合,反对段祺瑞、章士钊,反对日本帝国主义,打了几个漂亮的大仗。在这期间,鲁迅公开发表了《论"费厄泼赖"应该缓行》,批判了林语堂所宣传的"费厄泼赖",当时大家都知道林语堂是跟着周作人谈"费厄泼赖"的,鲁迅实际上也是对周作人作了原则性的批评。这是他们思想分歧矛盾的第一次爆发。此后,终鲁迅一生,他在公开发表的文字中,不点名地批评周作人还有几次,例如小品文问题、隐士问题、晚明文学问题等等,都是对事而不对人,从没有搞过含沙射影式的人身攻击。与此相反,周作人在公开发表的文字中,对鲁迅的人身攻击却是时时处处,一触即发,常常是非常恶毒的。但因为多是分散的,孤立了来看往往不太清楚。本文试就初步阅读印象,将周作人攻击鲁迅的文字辑录出来,为了研究者的方便,大都直抄有关部分的全文,尽量不加删节。

一　关于爱情、婚姻问题

周作人对鲁迅的攻击,特别集中在这个问题上。现在看来,最早的是一九三〇年三月十八日写下的这些话:"本来人生是一贯的,其中却分几个段落,如童年、少年、中年、老年,各有意义,都不容空过。譬如少年时代是浪漫的,中年是理智的时代,到了老年差不多可以说是待死堂的生活罢。然而中国凡事是颠倒错乱的,往往少年老成,摆出道学家超人志士的模样,中年以来重新来秋行春令,大讲其恋爱等等,这样地跟着青年跑,或者可以免于落伍之讥,实在犹如将昼作夜,'拽直照原',只落得不见日光而见月亮,未始没有好些危险"①又云:"世间称四十左右曰危险时期,对于名利,特别是色,时常露出好些丑态,这是人类的弱点,原也有可以容忍的地方。但是可容忍与可佩服是绝不相同的事情,尤其是无渐愧地、得意似地那样做,还仿佛是我们的模范似地那样做,那么容忍也还是我们从数十年的世故中来最大的应许,若鼓吹护持似乎可以无须了罢。"②又云:"譬如普通男女私情我们可以不管,但如见一个社会栋梁高谈女权或社会改革,却照例纳妾等等,那有如无产首领浸在高贵的温泉里命令大众冲锋,未免可笑,觉得这动物未免有点变质了。我想文明社会上道德的管束应该很宽,但应该要求诚实,言行不一致是一种大欺诈,大家应该留心不要上当。"③一九三一年十二月十三日,周作人又攻击所谓"言行不符"道:"诗人文人这些人,虽然与专做好吃的包子的厨子,雕好看的石像的匠人,略有不同,但总之小德逾闲与否于其艺术没有多少关系,这是我想可以明言的。不过这也有例外,假如是文以载道派的艺术家,以教训指导我们大众自任,以先知哲人自任的,我们在同样谦恭地接受他的艺术以前,先要切实地检察他的生活,若是言行不符,那便是假先知,须得谨防上他的当。现今中国的先知有几个禁得起这种检察的呢,这我可不得而知了。"④

---

①②③　《看云集·中年》。
④　《看云集·志摩纪念》。

一九三三年四月十七日，周作人为《周作人书信》写《序信》，中有云："这原不是情书，不会有什么好看的。这又不是宣言书，别无什么新鲜话可讲。反正只是几封给朋友的信……别无好处，总写得比较地诚实点，希望少点丑态。兼好法师尝说人们活过了四十岁，便将忘记自己的老丑，想在人群中胡混，私欲益深，人情物理都不复了解。行年五十，不免为兼好所诃，只是深愿尚不忘记老丑，并不以老丑卖钱耳。"①为什么要说什么这不是情书，不以老丑卖钱这些话呢？原来《周作人书信》是上海青光书局出版的，鲁迅与许广平的情书集《两地书》也是同一书局出版，后者出版于一九三三年四月，周作人写《序信》时大约已经见到，至少已经见到新书广告了。

一九三四年五月，周作人论男子"富买妾贵易妻的行为至少总是佻达"，而女子妒嫉是常情，不应认为恶德，引俞正燮、徐树丕的有关言论，加以赞叹道："活埋庵道人（即徐树丕。——舒芜）是三百年前人物，乃有此等见识，较俞氏尤为彻透，可谓难得矣，即如今智识界的权威辈亦岂能及，此辈盖只能说说投机话耳，其佻达故无以异于老祖宗也。"②这里说到"智识界的权威"，正是高长虹用来攻击鲁迅的话，影射甚明。又，一九三五年七月，周作人写道："少年老成的人是把老年提先了，少年未必就此取销，大抵到后来再补出来，发生冬行春令的景象。我们常见智识阶级的权威平日超人似地发表高尚的教训，或是提倡新的或是拥护旧的道德，听了着实叫人敬服，可是不久就有些浪漫的事实出现，证明言行不一致，于是信誉扫地，一塌胡涂，我们见了破口大骂，本可不必，而且也颇冤枉，这实是违反人性的教育习惯之罪，这些都只是牺牲耳。"③同年八月，周作人又写道："中国不患思想界之缺权威，而患权威之行不顾言，高卧温泉旅馆者指挥农工与陪姨太太者引导青年，同一可笑也。"④这些都点明了"智识阶级的权威""思想界的权威"等字样，稍知当时文坛故

---

① 《周作人书信·序信》。
② 《夜读抄·论妒妇》。
③ 《苦竹杂记·谈文》。
④ 《苦竹杂记·责任》。

事者，都知道除了影射鲁迅外，没有第二人。一九三六年三月二十八日，周作人又写道："我对于文人向来用两种看法，纯粹的艺术家，立身谨重而文章放荡固然很好，若是立身也有点放荡，亦以为无甚妨碍，至于以教训为事的权威们我觉得必须先检查其言行，假如这里有了问题，那么其纸糊冠也就戴不成了。"①这里"纸糊冠"即高长虹攻击鲁迅的所谓"纸糊的假冠"，这个今典当时很著名，一用出来便知道指的是鲁迅。

一九三六年十月十八日，周作人写道："父母少壮时能够自己照顾，而且他们那时还要照顾子女呢，所以不成什么问题。成问题的是在老年，这不但是衣食等事，重要的还是老年的孤独。儿子阔了有名了，往往在书桌上留下一部《百孝图说》，给老人家消遣，自己率领宠妾到洋场官场里为国民谋幸福去了。……闻昔有龚橙自号半伦，以其只有一妾也，中国家庭之情形何如固然一言难尽，但其不为龚君所笑者几希矣。家之上下四旁如只有半伦，欲求朋友于父子之间又岂可得乎。"②

一九三七年五月，周作人写道："中国多妻主义势力之大正是自然的，他们永久是大多数。……中国喊改革已有多年，结果是雅片改名西北货，八股化装为宣传文，而姨太太也着洋装号称'爱人'，一切贴新护符，一切都成为神圣，非等到男女两方都能经济独立自由恋爱，平等还仍是多妻而已。"③这里说"多妻主义"似是泛指，但是，周作人日记一九六三年一月二十日之末有跋语云："余与信子结婚五十余年，素无反目情事。晚年卧病，心情不佳，以余兄弟皆多妻，遂多猜疑，以为甲戌东游时有外遇，冷嘲热骂，几如狂易。日记中所记，即指此也。即今思之，皆成过去，特加说明，并志感慨云尔。"④参看这个，便知道"多妻主义"云云，正有所指，首先即是指的鲁迅。

以上都是鲁迅还在世的时候。一九四四年十月，周作人又写道："一个人过了中年，人生苦甜大略受过，这以后如不是老成转为少年，重复想

---

① 《风雨谈·蒿庵闲话》。
② 《瓜豆集·家之上下四旁》。
③ 《秉烛后谈·谈卓文君》。
④ 转引自钱理群《周作人传》第十章第五节。

纳妾再做人家,他的生活大概渐趋于为人的……"①同年十二月,周作人还写道:"但是,说老当益壮,已经到了相当的年纪,却从新纳妾成家,固然是不成话,就是跟着青年跑,说时髦话,也可以不必。"②这都在鲁迅逝世九年之后,还要这样攻击,可见怨毒之甚。

二　关于政治、思想问题

鲁迅成为马克思主义者以后,特别是成为左翼作家联盟的领导者以后,周作人对这方面的攻击特别恶毒。一开始是等于直接点名的攻击。一九三五年二月,周作人写道:"不久有左翼作家新兴起来了,对于阿Q开始攻击,以为这是嘲笑中国农民的,把正传作者骂得个'该死十三元'。……不久听说《阿Q正传》的作家也转变了。阿Q究竟死了没有呢,新兴的批评家们还未能决断定,而作者转变了,阿Q的生死事小,所以就此搁起了。不久《阿Q正传》等都被认为新兴正统的文学了,有广告上说《正传》是中国普罗文学的代表作,阿Q是中国普罗阶级的代表,于是阿Q既然得到哀荣,似乎文坛上的阿Q问题也就可以结束了。"③如果说这主要还不是对鲁迅,而是对"新兴的批评家们"的,那么,一九三五年四月周作人写下的这一大段,就是主要对鲁迅了:"其实叫老年跟着青年跑这是一件很不聪明的事。野蛮民族里老人的处分方法有二,一是杀了煮来吃,一是帮同妇稚留守山寨,在壮士出去征战的时候。叫他们去同青年一起跑,结果是气喘吁吁地两条老腿不听命,反迟误青年的路程,抬了走做傀儡呢,也只好吓唬乡下小孩,总之都非所以'敬老'之道。老年人自有他的时光与地位,让他去坐在门口太阳下,搓绳打草鞋,看管小鸡鸭小儿,风雅的还可以看板画写魏碑,不要硬叫子媳孝敬以妨碍他们的工作,那就好了。有些本来能够写写小说戏曲,当初不要名利所以可以自由说话,后来把握了一种主义,文艺的理论与政策弄得头头是道了,创作便永远再也写不出来,这是常见的事实,也是一个很可怕

---

① 《立春以前·记杜逢辰君的事》。
② 《立春以前·十堂笔谈》。
③ 《苦茶随笔·阿Q旧帐》。

的教训。日本的自然主义信徒也可算是前车之鉴,虽然比中国成绩总要好点。把灵魂卖给魔鬼的,据说成了没有影子的人,把灵魂献给上帝的,反正也相差无几。不相信灵魂的人庶几站得住了,因为没有可卖的,可以站在外边,虽然骂终是难免。"①这里说的"把灵魂卖给魔鬼或者献给上帝"云云,十分刻毒。

一九三五年十一月十三日,周作人写道:"不佞非不忙,乃仍喜弄文字,读者或大怒或怨不佞不从俗呐喊口号,转喉触讳,本所预期,但我总不知何以有非给人家去戴红黑帽喝道不可之义务也。……国家衰亡,自当负一份责任,若云现在呐喊几声准我免罪,自愧不曾学会画符念咒,不敢奉命也。"②这里一再提及"呐喊",影射鲁迅甚明。

一九三六年七月三十一日,周作人写道:"往往名位既尊,患得患失,遇有新兴占势力的意见,不问新旧左右,辄靡然从之,此正病在私欲深,世味浓,贪恋前途之故也。虽曰不自爱惜羽毛,也原是个人的自由,但他既然戴了老丑的鬼脸蹞出戏台来,则自亦难禁有人看了欲呕耳。这里可注意的是,老人的胡闹并不一定是在守旧,实在却是在维新。盖老不安分,重在投机趋时,不管所拥戴的是新旧左右,若只因其新兴有势力而拥戴之,则等是趋时,一样的可笑。如三上(指日本贵族院议员三上参次。——舒芜)弃自由主义而投入法西斯的潮流,即其一例,以思想论虽似转旧,其行为则是趋新也。此次三上演说因为侮辱中国,大家遂加留意,其实此类事世间多有,即我国的老人们亦宜以此为鉴,随时自加检点者也。"③这里居然混淆进步与反动,以三上参次的"老人的胡闹"来影射鲁迅,此论一出,当时全国哗然,这是周作人攻击鲁迅的文章中最为大家注意的。

鲁迅逝世以后,一九三六年十一月三十日,周作人还写道:"于是官骂事业照旧经营下去,不过如智士所云已'易主'耳。鄙人记性不佳,文献匮乏,愧未能详征博引,考其源流,但就所知说来,这个运动大约是始

---

① 《苦茶随笔·〈蛙〉的教训》。
② 《苦竹杂记·后记》。
③ 《瓜豆集·老人的胡闹》。

于成仿吾的诗坛之防御战……随后又听见'剿'的口号,'剿'的对面自然还有'抚',虽然这个名称没有显明的听说过。这样,官骂便以一种新的姿态第二次出现于舞台上了。……也有硬朗一点的,始终力战不屈,骂不绝口……相持不下,终究有个了局,如何了法其机密不能详知,大抵看《水浒传》可以知道一点,如及时雨之率众推戴玉麒麟,归根结蒂仍是一种抚法,又是一种降法,不过是极高妙的一种罢了。"①这是侧重在讽刺创造社太阳社之围剿鲁迅和"左联"之推戴鲁迅,这要同周作人一九四四年十二月写下的这一段话合看:"我有一种意见想起来与时代很有点不相容,这便是我的二不主义,即是一不想做喽罗,二不想做头目。……因为文坛上很是奇怪,他有时不肯让你不怎么样,譬如不许可不做喽罗,这还是可以了解的,但是还有时候并不许可不做头目。……剿如不成则改用抚,拘如不行则改用请。单只是不肯做喽罗的人这样也就没有话了,被人请去做个小头目也还没啥,这一场争斗成了和棋,可以就此了结。假如头目也不愿意做,那么不能这样就算,招抚不成之后又继以攻剿,周而复始,大有四日两头发疟子之概矣。"②这就侧重在攻击鲁迅只是"不肯做喽罗"却甘心"被人请去做个小头目"了。

  以上都是从思想政治上影射攻击鲁迅很明显的言论。此外,例如一九三一年十二月十三日周作人写道:"这个年头儿,别的什么都有,只是诚实却早已找不到,便是爪哇国里恐怕也不会有了罢……我们平常看书看杂志报章,第一感到不舒服的是那伟大的说谎,上自国家大事,下至社会琐闻,不是恬然地颠倒黑白,便是无诚意地弄笔头,其实大家也各自知道是怎么一回事,自己未必相信,也未必望别人相信,只觉得非这样地说不可,知识阶级的人挑着一副担子,前面是一筐子马克思,后面一口袋尼采,也是数见不鲜的事……"③这些话,单看起来,所指还不十分明显,但同以上所引诸例联系起来看,所谓"前面是一筐子马克思,后面一口

---

① 《论骂人文章》,原载《论语》半月刊第102期,作者自编的各种文集中均未收,张均收入他编选的《周作人代表作选》(上海全球书店出版)。
② 《立春以前·文坛之外》。
③ 《看云集·志摩纪念》。

采",明明也是指的鲁迅。

三 关于文艺、文化问题

周作人在这方面,特别攻击鲁迅所进行的坚持不懈的原则性的思想斗争。

一九二七年十一月八日,周作人写道:"这一类的(指关于人事的评论的。……舒芜)文字总数大约在二百篇以上,但是有一部分经我删去了,小半是过了时的,大半是涉及个人的议论;我也曾想拿来另编一集,可以表表在'文坛'上的一点战功,但随即打消了这个念头,因为我的绅士气(我原是一个中庸主义者)到底还是颇深,觉得这样做未免太自轻贱,所以决意模仿孔仲尼笔削的故事,而曾经广告过的《真谈虎集》于是也成为有目无书了。"①周作人写这些话时,鲁迅的《华盖集》《华盖集续编》都已出版,所收大都是通过"小事情"进行原则性的思想斗争的文章,鲁迅自己在《题记》中特别指出过,周作人说的"表表在'文坛'上的一点战功"并非泛无所指。

一九三五年三月,周作人写道:"我自己知道,我所写的最不行的是那些打架的文章,就是单对事的也多不行,至于对人的更是要不得,虽然大抵都没有存留在集子里,而且写的也还不很多。我觉得与人家打架的时候,不管是动手动口或是动笔,都容易现出自己的丑态来,如不是卑怯下劣,至少有一副野蛮神气。动物中间恐怕只有老虎狮子,在他的凶狠中可以有美,不过这也是说所要被咬的不是我们自己。中国古来文人对于女人可以说是很有研究的了,他们形容描写她们种种的状态,却并不说她怒时的美,就是有也还是薄愠娇嗔,若是盛怒之下那大约非狄希陈辈所不能赏识吧。女人尚尔,何况男子。"②同年同月,周作人又写道:"有些朋友不赞成不打架,这也不妨各行其是。盖打架亦一人生之消遣法也。……打架可给观者以好玩之感,正如看两狗相咬,若打架者自身

---

① 《谈龙集·序》。
② 《苦茶随笔·关于写文章》。

的形相乃未必好看,故除有重大宿瘾外,若单为消遣之打架则往往反露出丑态,为人家消遣之资,不可不注意也。"①这两段话虽似泛论,其实是有所指的。同年八月十八日天津《大公报》副刊《小公园》载署名炯之的文章《谈谈上海的刊物》,有云:"说到这种争斗,使我们记起《太白》《文学》《论语》《人间世》几年来的争斗成绩。这成绩就是凡骂人的与被骂的一古脑儿变成丑角,等于木偶戏的互相揪打或以头互碰,除了读者养成一种'看热闹'的情趣以外,别无所有。"这种腔调与周作人如出一口。原来当时"京派"文人一致攻击上海文艺界激烈进行着的论争,鲁迅在这些论争中是左翼的主将,正把对方驳得招架不住。"京派"文人便出来笼统骂杀,说这些论争不过是"文人相轻",是"凡骂人的与被骂的一古脑儿变成丑角"。鲁迅痛驳了炯之的言论,指出这是"冷冰冰阴森森的平安的古冢中"的"死的说教者"。② 这么一参看,周作人所谓"打架可给观者以好玩之感,正如看两狗相咬"这些刻毒的诅咒,指的什么也很清楚了。

一九三五年三月十八日,周作人写道:"言论不大自由,有些人的名字用不出去,只好时常换,有如亡命客的化装逃难。也有所谓东瓜咬不着咬瓠子的,政治方面不敢说却来找文学方面的同行出气,这情形亦可怜悯,但其行径则有如暴客的化装吓人也。出版物愈多,这种笔名也就加多,而读者读得胡里胡涂,有时须去弄清楚了作者的本性,才能够了解他的意义。"③这段话显然指的是鲁迅,特别是指鲁迅的收在《准风月谈》中那些文章。《准风月谈》于一九三四年底出版,编法有一点特别,是将各篇文章发表时所用的不同笔名("鲁迅"以外的),一一照原样标出,六十四篇文章,用的笔名达二十个之多,这些文章里面,有直接反帝反法西斯的名文如《华德保粹优劣论》等,有直接抨击国民党反动派的如《礼》《冲》等,但大多数是文化文艺问题上的批评,正如鲁迅自己在后记里所说:"批评些社会现象,尤其是文坛的情形。"这也就是周作人用了丑化

---

① 《苦茶随笔·关于写文章(二)》。
② 鲁迅:《且介亭杂文二集·七论"文人相轻"——两伤》。
③ 《苦茶随笔·现代作家笔名录序》。

的笔墨所指责的"找文学方面的同行出气"。

鲁迅《准风月谈》的文化文艺批评当中，约有八篇是专门批评或涉及施蛰存劝青年读《庄子》与《文选》问题的。一九三五年四月，周作人写道："代圣贤立言，就题作文，各肖口吻，正如优孟衣冠，是八股时文的特色，现今有多少人不是这样的？功令以时文取士，岂非即文艺政策之一面，而又一面即是文章报国乎？读经是中国固有的老嗜好，却也并不与新人不相容，不读这一经也该读别一经的。近来听说有单骂人读庄子文选的，这必有甚深奥义，假如不是对人非对事。"①这等于点名了。上引所谓"找文学方面的同行出气"，主要也就是指鲁迅对施蛰存的批评而言。

鲁迅于一九三四年八月一日写了《忆刘半农君》②，发表于同年十月出版的《青年界》，鲁迅在这篇文章里对于这位老友，既有深情的怀念，也有公正的褒贬，褒得很充分，贬得也很尖锐。周作人于同年十一月三十日写道："还有一首打油诗，是拟近来很时髦的浏阳体的，结果自然是仍旧拟不像，其辞曰：

漫云一死恩仇泯，海上微闻有笑声。

空向刀山长作揖，阿旁牛首太狰狞。

半农从前写过一篇《作揖主义》，反招了许多人的咒骂。我看他实在并不想侵犯别人，但是人家总喜欢骂他，仿佛在他死后还有人骂，本来骂人没有什么要紧，何况又是死人，无论骂人或是颂扬人，里边所表示出来的反正都是自己。……譬如我现在来写纪念半农的文章，固然并不想骂他，就是空虚地说上好些好话，于半农了无损益，只是自己出乖露丑。所以我今日只能说些闲话，说的还是自己，至多是与半农的关系罢了，至于目的虽然仍是纪念半农，半农是我的老朋友之一，我很悼惜他的死。在有些不会赶时髦结识新相好的人，老朋友的丧失实在是最可悼惜的事。"③这当然是专对鲁迅的，所谓"赶时髦结识新相好"是对鲁迅晚年与

---

① 《苦茶随笔·关于命运》。
② 鲁迅此文收入《且介亭杂文》。
③ 《苦茶随笔·半农纪念》。

左翼青年作家的关系的刻毒的讽刺。

鲁迅晚年的一个重要的文学主张,就是反对周作人、林语堂所提倡的"以自我为中心,以闲适为格调"的小品文。鲁迅十分贴切地把这种小品文比喻为"小摆设"①。周作人一九三五年三月针锋相对地写道:"眼看文章不能改变社会,于是门类分别出来了,那一种不积极而无益于社会者都是'小摆设',其有用的呢,没有名字不好叫,我想或者称作'祭器'罢。祭器放在祭坛上,在与祭者看去实在是颇庄严的,不过其祝和诅的功效是别一问题外,祭器这东西到底还是一种摆设,只是大一点罢了。这其实也还不尽然,花瓶不是也有颇大的么?而且我们又怎能断言瓶花原来不是供养精灵的呢?吾乡称香炉烛台为三事,两旁各加一瓶则称五事,钟鼎尊彝莫非祭品,而今不但见于闲人的案头,亦列于古董店的架上矣。只有人看它作有用无用而生分别,器则一也,反正摆设而已。"②

鲁迅一方面批评周作人、林语堂所提倡的小品文,另一方面,对于林语堂主编的《人间世》创刊号上所发表的周作人《五十自寿诗》,却是公平地指出其中仍有讽世之意,不赞成当时有些批评者的苛责和抹杀。鲁迅说:"周作人自寿诗,诚有讽世之意,然此种微辞,已为今之青年所不憭,群公相和,则多近于肉麻,于是火上添油,遂成众矢之的,而不作此等攻击文字,此外近日亦无可言。此亦'古已有之',文人美女,必负亡国之责,近似亦有人觉国之将亡,已有卸责于清流或舆论矣。"③鲁迅又说:"至于周作人之诗,其实是还藏些对于现世的不平的,但太隐晦,已为一般读者所不憭,加以吹捧太过,附和不完,致使大家觉得讨厌了。"④鲁迅这两封信后来在《鲁迅书简》(许广平编)中发表了,周作人见到了,他不但不感谢鲁迅的公证,一九三七年六月三日他还写道:"三年前戏作打油诗有云:'且到寒斋吃苦茶'。不知道为什么缘故,批评家哄哄的嚷了大半年,大家承认我是饮茶户,而苦茶是闲适的代表饮料。这其实也有我

---

① 鲁迅:《南腔北调集·小品文的危机》。
② 《苦茶随笔·关于写文章》。
③ 鲁迅1934年4月30日致曹聚仁函。
④ 鲁迅1934年5月6日致杨霁云函。

的错误，词意未免晦涩，有人说此种微词已为今之青年所不憭，而不作此等攻击文字此外亦无可言云云，鄙人不但活该，亦正是受宠若惊也。"①对鲁迅的话还是含讥带讽。直到解放以后，周作人才一再表示了对鲁迅这些公正的意见的感谢。②

四　其　他

周作人对鲁迅随时顺手便来一下影射攻击，有些不知应该归入哪一类。

例如，一九二八年十二月二十二日，周作人写道："有人说得好，凡是匿名揭帖，或登广告，发传单，说某人怎样欺侮他的，大抵是吃了亏，没有力量反抗或报复，虽不甘心却终于只好忍受的人，他的这种揭帖等便是表明他的无能为的态度，表明他是将忍受了，只要让他嚷嚷这一回。"③一九四〇年四月二十九日，周作人又写道："辩解在希腊罗马称为亚坡罗吉亚，大抵是把事情'说开'了之意，中国民间，多叫作'冤单'，表明受着冤屈。但是'兔在罘下不得走，益屈折也'的景象，平常人见了不会得同情，或者反觉可笑亦未可知。所以这种声明也多归无用。从前有名人说过，如在报纸上看见有声冤启事，无论这里说得自己如何仁义，对手如何荒谬，都可以不必理他，就只确实的知道这人是败了，已经无可挽救，嚷这一阵之后就会平静下去了。这个观察已是无情，总还是客观者的立场，至多不过是别转头去，若是在当局者，问案的官对于被告本来是'总之是你的错'的态度，听了呼冤恐怕更要发恼，然则非徒无益而又有害矣。"④周作人这些话都是针对鲁迅的。鲁迅在一九二七年四月八日的一次讲演中说道："所以仅仅有叫苦鸣不平的文学时，这个民族还没有希望，因为止于叫苦和鸣不平。例如人们打官司，失败的方面到了分发冤单的时候，对手就知道他没有力量打官司，事情也就了结了；所以叫苦鸣

---

① 《秉烛后谈·两篇小引·桑下谈序》。
② 见《知堂回想录》第135节、第141节、第173节。
③ 《永日集·〈大黑狼的故事〉序》。
④ 《药堂杂文·辩解》。

不平的文学等于喊冤,压迫者对此倒觉得放心。……至于富有反抗性,蕴有力量的民族,因为叫苦没有用,他便觉悟起来,由哀音而变为怒吼。怒吼的文学一出现,反抗就快到了。"①周作人对鲁迅这段话虽没有什么明显的攻击,但是从复述的语气中透出讥讽,而且把鲁迅这段话说成不关痛痒的"旁观者的立场",更是歪曲。鲁迅明明是说不能止于叫苦喊冤,而要有反抗的怒吼的意思。

又如,陶渊明《读山海经》第十首"形夭无千岁"句,宋人曾端伯认为五字皆讹,应是"刑天舞干戚",但又有人不同意曾说,于是后来说陶诗者遂有"千岁"与"干戚"两派。周作人一九三六年二月四日写的文章里,主张"千岁"而反对"干戚"。他说:"大约因为太巧合了,'五字皆讹',大有书房小学生所玩的菜字加笔变成菊字的趣味,所以大家觉得好玩,不肯放弃,其实他的毛病即出在巧上,像这样'都都平丈我'式的改字可以当作闲话讲,若是校勘未免太是轻巧一点了罢。我还是赞成原本的无千岁,要改也应该注曰疑当作云云,总不该奋笔直改如塾师之批课艺也。"②这样连讥带讽,也不像纯粹谈陶诗校勘问题,显然有所指。原来,周作人写此文之前约一个月,即一九三六年一月出版的《海燕》月刊第一期上发表了鲁迅的文章,里面谈到陶渊明,指出陶诗中,"除论客所佩服的'悠然见南山'之外,也还有'精卫衔微木,将以填沧海,刑天舞干戚,猛志固常在'之类的'金刚怒目'式在,证明着他并非整天整夜的飘飘然。"③鲁迅正是赞成"刑天舞干戚",直接当作陶诗原文那么引用的。

又如,周作人一九三六年七月二十五日写道:"关于娼妓,我的意见是很旧的。卖淫我以为并不是女人所爱干的事,虽然不幸她们有此可能。昔康南海反对废止跪拜,说天生此膝何用,另外又有人说,人的颈子长得细长如壶卢,正好给人家来砍,觉得甚是冤枉,此二者亦是同样的不幸。"④这也是暗射鲁迅的。鲁迅一九二五年一月十五日驳斥康有为道:

---

① 鲁迅:《而已集·革命时代的文学》。
② 《风雨谈·谈错字》。
③ 鲁迅:《且介亭杂文二集·"题未定"草(六)》。
④ 《瓜豆集·鬼怒川事件》。

"康圣人主张跪拜,以为'否则要此膝何用'。走时的腿的动作,固然不易于看得分明,但忘了坐在椅上时候的膝的曲直,则不可谓非圣人之疏于格物也。身中间脖颈最细,古人则于此砍之,臀肉最肥,古人则于此打之,其格物都比康圣人精到,后人之爱不忍释,实非无因。所以僻县尚打小板子,去年北京戒严时亦尝恢复杀头,虽延国粹于一脉乎,而亦不可谓非天下奇事之三也。"①砍头打屁股云云,明明是故意说反话,以显康有为之言之荒谬,且以见跪拜礼与砍头打屁股同是封建野蛮的事情。鲁迅一九三四年四月二十一日又写道:"所以我们是最能研究人体,顺其自然而用之的人民。脖子最细,发明了砍头;膝关节能弯,发明了下跪;臀部多肉,又不致命,发明了打屁股。"②鲁迅的反讽语气非常明显,周作人不会看不懂,他偏要那样把鲁迅和康有为混为一谈,只可能是故意的歪曲。

  本文以上所举,以周作人自己公开发表的文字为限,大都是要同鲁迅的有关言论相对照,才看得出周作人是在影射攻击鲁迅。至于私人通信中周作人对鲁迅的直接点名攻击,后来别人辑录发表的,研究者们大都知道,③这里就不抄录了。

---

① 鲁迅:《华盖集·忽然想到(一)》。
② 鲁迅:《花边文学·洋服的没落》。
③ 如1958年1月20日,又5月20日致曹聚仁函,见《周作人书信》(香港南天书业公司1971年出版),又1966年2月19日致鲍耀明函,见《周作人晚年手札一百封》(香港太平洋图书公司1972年出版)。又如周作人1933年3月4日致江绍原函,直接攻击鲁迅将刊行情书集为"几乎丧失理性矣",载《鲁迅研究月刊》1992年2月号。

兄弟怡怡

鲁迅、周作人二人在失和以前,真称得上是「兄弟怡怡」。这固然有血缘关系的因素,然更由于志趣的相投,而学养又相当。那时二人在事业上的合作已非「默契」二字足以尽之,有时甚至到了难分彼此的地步。

——余斌《妄测》

论周氏兄弟的新诗

郑子瑜

一

在中国新文学运动的早期历史上,周氏兄弟的名字是相当响亮的。自新文化运动兴起,主张废文言而用白话,中国文坛上就陆续出现了大批的作家与诗人,运用白话写作,替新兴的文学运动奠定创作上的基础。其中,周树人与周作人兄弟,就是第一批知名人物中的代表者。

周氏兄弟,原籍浙江绍兴,早岁都曾经留学日本,并曾追随近代的中国大学者章太炎,研究文字声韵之学,与钱玄同有同门之雅。在新文学运动发轫以后,由于各方面的反对者与攻击者杂遝,新文学的营垒中不能不设法拿出货色来,以表明他们有办法立定脚跟。当时,他们首先要占夺的阵地,就是诗与散文。如果用法国文坛上的流行语来说,这两种文体,都属于"容易的文学"(Litreature facile),"五四"时代的中国新文学,为求迅速有所树立,自然也不能不向这两条比较简捷的路上走。于是,周氏兄弟的散文与新诗,就应运而生,在"五四"时代负起了新文学建设的重任。

二

周树人的散文诗《野草》,是大家传诵的,可以不必再说。至于新诗呢,他自己曾说过:"从日本回到中国以后,也作了几首新诗。我其实是不喜欢作新诗的,——但也不喜欢作古诗——,只因为那时诗坛寂寞,所以打打边鼓,凑些热闹;待到称为诗人的一出现,就洗手不作了。"(《集外集序言》)

现在可考的周树人新诗,只有六首。《梦》、《爱之神》、《桃花》三首载于《新青年》杂志第四卷第五号,《他们的花园》、《人与时》载于同一杂志第五卷第一号,《知了》载于同一杂志第六卷第四号,都是一九一九年前后的作品,后来收入《集外集》和《全集补遗》中。这仅有的几首新诗,可以说是完全摆脱了旧形式的束缚。胡适在《谈新诗》一文里说当时他所知道的新诗人,但有会稽周氏兄弟不是从旧式诗词曲里脱胎出来的。我们且看《他们的花园》:

小娃子,卷螺发,
银黄面庞上还有微红,
——看他意思是正要活。
走出破大门,望见邻家:
他们大花园里,有许多好花。
用尽小心机,得了一朵百合:
又白又光明,像才下的雪。
好生拿了回家,映着面庞,分外添出血色。
苍蝇绕花飞鸣,乱在一屋子里——
"偏爱这不干净花,是胡涂孩子!"
忙看百合花,却已有几点蝇矢。
看不得,舍不得。
瞪眼望天空,他更无话可说。
说不出话,想起邻家:
他们大花园里,有许多好花。

这首诗意匠极佳:苍蝇在百合花上撒下蝇矢,却道这花不干净,有人以为当是讽喻在我们这老大的国度里,有些志士从邻国获取了新知识,而别有用心者却到处拆烂污吧。再看《人与时》一诗:

  一人说,将来胜过现在。
  一人说,现在远不及从前。
  一人说,什么?
  时道:你们都侮辱我的现在。
  从前好的,自己回去。
  将来好的,跟我前去。
  这说什么的,
  我不知你说什么。

这一首诗,和他一向所主张的"即以其人之道还治其人之身"的"学说"是相照应的。他曾说过这样的话:

"中国人或信中医或信西医,现在较大的城市中往往并有两种医,使他们各得其所。我以为这确是极好的事。倘能推而广之,怨声一定还要少得多,或者天下竟可以臻于郅治。例如民国的通礼是鞠躬,但若有人以为不对的,就独使他磕头。民国的法律是没有笞刑的,倘有人以为肉刑好,则这人犯罪时就特别打屁股。碗筷饭菜,是为今人而设的,有愿为燧人氏以前之民者,就请他吃生肉;再造几千间茅屋,将在大宅子里仰慕尧、舜的高士都拉出来,给住在那里面;反对物质文明的,自然更应该不使他衔冤坐汽车。这样一办,真所谓'求仁得仁又何怨',我们的耳根也就可以清净许多罢。"(《论"费厄泼赖"应该缓行》)

再者,这首诗还有教人不要迷恋过去,应该走在时代的前头的意思。

此外,周树人还有一首所谓"拟古的新打油诗",作于一九二四年,题目是《我的失恋》,全诗如下:

  我的所爱在山腰;
  想去寻他山太高,
  低头无法泪沾袍。
  爱人赠我百蝶巾,

回他什么：猫头鹰。
从此翻脸不理我,
不知何故兮使我心惊。

我的所爱在闹市;
想去寻他人拥挤,
仰头无法泪沾耳。
爱人赠我双燕图,
回他什么：冰糖壶卢。
从此翻脸不理我,
不知何故兮使我胡涂。

我的所爱在河滨;
想去寻他河水深,
歪头无法泪沾襟。
爱人赠我金表索,
回他什么：发汗药。
从此翻脸不理我,
不知何故兮使我神经衰弱。

我的所爱在豪家;
想去寻他兮没有汽车,
摇头无法泪如麻。
爱人赠我玫瑰花,
回他什么：赤练蛇。
从此翻脸不理我,
不知何故兮——由他去罢。

据说是因为看见当时"啊呀啊唷,我要死了！"之类的失恋诗很盛行,故意做了一首用"由他去罢"收场的东西,来讽刺那些"呀呀"体的诗人。周树人的这一首拟古的新打油诗,所拟的乃是后汉张衡的《四愁诗》,晋代的傅玄曾经拟作过,也是用"由他去罢"差不多的意思收场的。那拟作的最后一首是这样的:

"我所思兮在朔方,愿为飞燕俱南翔,焕乎人道著三光。胡越殊心生异乡,愍余不遘罹百殃。佳人遗我葆羽缨,何以要之影与形,永增忧结繁华零,申以日月指明星。星辰有翳日月移,驽马哀鸣渐不驰,何为多念徒自亏?"

三

周作人的散文,在三四十年前的中国文坛上,可以说是风靡一时的。他的作品较多,而且风味隽永,大足以一新世人的耳目。至于他的新诗,在数量上虽比他的散文少得多,但由于质素较好,功力较深,所以也成为新文学发展初期的文坛珍品。他的名作《小河》,在当日不胫而走,成了传诵一时的伟构,对于中国现代诗歌的建设,也实在起了一定的前驱作用。

《小河》是一篇内容相当简朴的作品,它描写一条长年汩汩地流着的小河,忽然被人先用土堤、后用石堰堵住了。于是积水难流,停蓄而成一股未发而可怕的力量。河岸两边的禾稻和桑树,眼见情况危险,知道如果积水溃决,他们就要身受其殃,所以大家都很焦急,甚至田里的草和蛤蟆,也都大为叹气,各为自己来日的安危而怀着心事。可是,这时水还是在堰前乱转,筑堰的人,已不知到哪里去了。全诗结束在一种无可奈何的忧闷气氛中,对于读者的精神,形成了一种沉重的、久远的压力。

这是一首现代化的哲理诗,作者当时的聪明睿智,可说已经披露无遗。此诗作于一九一九年,当时中国的社会,已久在积郁之中,眼见有一天总要像火山一样的迸发。这首诗就隐含着一种"沧海横流,祸至无日"的深忧,表示出一种无可救药的痛苦。所谓河边的禾稻与桑树,无非是当世士大夫的化身,他们已经看出了中国的种种危机,知道一旦社会崩溃,覆巢之下,必无完卵,灭亡的命运,已像深夜的魔影一样,跟在身边。所以田中的禾稻听到积水冲击石堰的声音时,就大起恐慌,皱着眉

头说出它的隐忧。它首先说明水对它本来有润泽之恩,可是,接下去却说:

> 他本是我的好朋友,
> 只怕他如今不认识我了,
> 他在地底里呻吟;
> 听去虽然微细,却又如何可怕!
> 这不像我朋友平日的声音,
> 被轻风挽着走上沙滩来时,
> 快活的声音。
> 我只怕他这回出来的时候,
> 不认识从前的朋友了,——
> 便在我身上大踏步过去。
> 我所以正在这里忧虑。

还有那田边的桑树,因为生得高,可以望见小河,发现它已变了颜色,对于它的终年挣扎,大起同情,但又怕它将来要把自己冲倒,所以最后也说:

> 我可怜我的好朋友,
> 但实在也为我自己着急。

所有这一切,都表明一场狂烈的暴风雨即将来临。作者站在知识分子的立场,一方面固然同情老百姓的痛苦,心知沧海横流,在所不免,但又怕自身卷入漩涡,被狂潮所淹没。周作人就是用这样的诗章,写出了时代的哀音,透露出他自己以及像他一样的知识分子群的心中秘密。

四

如果说,五四运动前后的中国社会,正像一条被暴力挡住出路的小河,则"五四"以来的新文学运动,也正是河水冲击石堤时激起的浪花。所谓"新文学",自然带着强烈的民族觉醒与社会激情,这是中国老百姓中的优秀子弟,目见国家垂危,社会窒息,所以攘臂而起,想要借着文学的力量,冲开黑暗,排除万难,为中国民族与中国社会找寻新的出路。周作人是新文学运动中的一大健将,当日纵横冲刺,所向无前,他本身就是冲击石堰的一团巨浪。可是,也许他实在厌于奔驰,结果就离开了这个波翻浪涌的激流,以河岸上的桑稻自居,担心狂流会淹没了自己。

周作人之所以会从冲击河堤的巨浪一变而成怕被卷没的桑稻,这和他本人的性格是不可分的。在《泽泻集》的自序文中,也曾透露出这种性格上的秘密,他说:

"戈尔特堡批评霭里斯说,在他里面有一个叛徒与一个隐士,这句话说得更妙;并不是我想援霭里斯以自重,我希望在我的趣味之文里,也还有叛徒活着。我将这册小集同样地荐于中国现代的叛徒与隐士们之前。"

这篇序文写于一九二九年,是对别人嘲笑他为隐士而说的。他因此借用英国大作家霭里斯的生平风格以自况,暗示自己是个"叛徒"与"隐士"的合身。这几句话,就恰恰说明了他本人的性格矛盾。如果仍用"小河"中的比喻,则当他鼓勇冲击石堤时,分明是一个冲锋陷阵的大叛徒;到他化身为河岸上的桑稻时,却又分明是一个隔岸观火的准隐士。这叛徒性格与隐士性格,集于一身,形成矛盾,便是周作人所以成为周作人的地方。

自一九二七年以后,周作人的文学风格,已和初期完全不同,他的眼光,已不再停注于人间,大半光阴沉湎于苦茶与古玩,喜欢说鬼谈禅。就人生方面说,这是深入了,成熟了,可是,就社会方面说,这却分明是退隐与逃避。

一九三七年,中日战争爆发,我们这位中国新文学阵营中的大诗人与大作家,在战争期间,所做所为,不能为世人所谅解。因此便有一位后起的散文家何其芳,就他和他的兄弟周树人作了比较,并加以批评。何其芳指出:有这样的两兄弟,一同出生于破落的旧中国,一同经历了辛亥革命、五四运动,而所走的道路却愈来愈分歧,结果一个立志要改良社会;一个却终于成为现代文坛上的李陵。可是周作人却写信给《宇宙风》的读者,希望人家看他做苏武,不要看他做李陵。结果呢?李陵还是李陵。

　　这一双著名的文学兄弟,虽然出身大致相同,可是两人在思想上的发展,却有个一贯的、根本的区别。尽管是他们早期的文章,读起来就已给人以不同的感觉:一个使读者兴奋,一个使读者沉静。一个使人像是晒着太阳,一个使人像是闲坐树下。这两个人,都是早期中国的民族主义者与民主主义者,然而又是何等不同的民族主义与民主主义!两人都曾经是替中国找寻出路的人,然而又是何等不同的寻找方法!何等不同的寻找结果!两人都以文学为事业,然而他们对待文学的态度,以及他们努力之后所得的结果,又是何等的不同!

　　其实,周作人本身也曾企望于治病救人的,他一向主张"为人生而艺术";一九二五年,他曾自述其思想变迁的大概,说他最初抱的是"尊王攘夷"思想,后来一变而为排满与复古,持民族主义计有十年之久。民元以后,他才惶惑起来。"五四"年代,他又趋向于世界主义,后来修改为亚洲主义。到了一九二五年,又觉得民国还未稳固,还得从民族主义做起。所以他介绍了好些弱小民族的文学作品,以示提倡。等到五四运动的高潮过去,他才宣布他的"个人主义"与"趣味主义",从此贯穿下去,这就成了他的思想本质。他认为无论用什么名义强迫人去侍奉社会,都不行。因此,在艺术见解上,他说:为艺术而艺术固然不很妥当,而为人生而艺术,以艺术附于人生,将艺术当作改造生活的工具而非终极的,也是把艺术与人生分开,也不对。他强调艺术有它自己的目的,那就是表现个人的情思。他说:"文艺以自己表现为主体,以感染他人为作用","有益社会并非著者的义务,只因为他是这样想,要这样说,这才是一切文艺存在的根据"。这种思想发展开去,在中国文坛上也曾引起了许多同调,后来他和林语堂等人合力提倡闲适的散文,也就成了一种以自我表现为中心的文艺观。

　　周作人的文学思想,由于有过这种迂回细致的变化,所以他本人的作风,前期和后期就大不相同。在他早期的文集《自己的园地》和《雨天的书》里,表现出一种现代人不断求进取的思想与感情,不满意于现实,反对中国传统的封建文化。他在《新青年》杂志上,写过一篇《人的文学》(一九一八年),提出人道主义的文学思想,反对旧日的"非人文学",又写过《平民的文学》、《新文学的要求》诸文,对当时的新文学运动,发生过相当的影响。但后来他检阅旧作,就觉得自己"满口柴胡,殊少敦厚温和之气"。他表示钦慕那种"平淡自然的境地",所以提倡言志的、趣味的文学,这以后的《谈龙集》、《谈虎集》、《泽泻集》、《永日集》、《看云集》以至于《药堂杂文》,就都走着淡远之一路。他这种后期的作风,可用龙井茶来打比:看去全无颜色,喝到口里,一股清香,令人回味无穷。前人评诗,有以"羚羊挂角,无迹可求"来说明神韵,周作人后期的散文,妙处也就在于它们的"神韵"。他之所以不为世人所谅解,并不是由于他所提倡的东西不好,而是由于在中国的苦难时代,本不适合来讲究这个吧!

五

周作人的新诗,境界很高。他虽然在旧文学方面受过长时间的熏陶,可是,他写出来的诗,却全然不受旧诗词的影响。当时,像胡适、刘复、刘大白等早期新诗人的作品,写来都像是缠足妇人刚刚放了脚,扭扭捏捏,走起路来,全不自然。只有周作人的新诗,却如出天籁,一点也没有中国旧诗的气息。他根本摆脱了种种字法、句法以及声律上的旧镣铐,有时简直不大用韵,走的是纯粹欧化的道路。例如《过去的生命》就是全盘欧化的作品,原诗道:

> 这过去的我的三个月的生命,哪里去了?
> 没有了,永远的走过去了!
> 我亲自听见他沉沉的缓缓的,一步一步的,
> 在我床头走过去了。
> 我坐起来,拿了一枝笔,在纸上乱点,
> 想将他按在纸上,留下一些痕迹,——
> 但是一行也不能写,
> 一行也不能写。
> 我仍是睡在床上,

> 亲自听见他沉沉的缓缓的,一步一步的,
> 在我床头走过去了。

像这样的诗,完全不用韵律,这在当时是十分罕见的。胡适在他的《谈新诗》一文里,说周作人的《小河》长诗,是新诗中第一首杰作:那细密的观察,曲折的理想,决不是旧式的诗体词调所能表达得出来的。但在周作人自己,对于这种欧化的、不叶韵的新诗,却还是觉得未能尽善尽美。不过,他认为这种诗风"虽然有种种缺点,倒还不失为一种新体——有新生活的诗:因为它只重在'自然的音节',所以能够写得这样真切。"(《自己的园地》、《古文学》)

早在一九二一年,周作人曾经翻译了一些日本的短歌和俳句,积极地加以提倡,并说这种体裁适于写一地的景色、一时的情调,是真实简练的诗。这种见解,在当时的中国诗坛上起了很大的影响,使得本来倾向于欧美化的新诗,忽然倾向于日本化,一时作者甚众。周作人本身因为受到这种日本俳句的熏陶,也曾写下了《对于小孩的祈祷》那样的作品,原诗道:

> 小孩呵,小孩呵,
> 我对你们祈祷了。
> 你们是我的赎罪者,
> 请赎我的罪吧,
> 还有我所未能赎的先人的罪,
> 用了你们的笑,
> 你们的喜悦与幸福,
> 用了得能成为真正的人的矜夸。
> 在你们的前面,有一个美丽的花园。
> 从我的上头跳过了,
> 平安的从那边去吧。
> 而且请赎我的罪吧,——
> 我不能够到那边去了,
> 并且连那微茫的影子也容易望不见了的罪。

这首诗本来是用日文写的,曾经登在日本杂志《生长的星之群》一卷七号上面,后来才由作者自行改译中文。它所流露出来的情调,细致幽微,在当时的中国诗坛,也带来了一种清新与颖异之感。不过,这样的境界,在追随这同一作风的其他诗人中,却大都无从企及。所以另一位现代诗人朱自清曾说他们"只剩下短小的形式,不能把捉那刹那的感觉,也不讲究字句的经济,只图容易,失了那曲直的余味"(《中国新文学大系》《诗集导言》)。这样的批评,是很有见地的。

周作人的思想,彻底倾向于闲适之后,他的诗,就显得更为冲淡,更为平静了。他的《饮酒》诗,正足以说明这个,诗道:

> 你有酒么?
> 你有松香一般的粘酒,
> 有橄榄油似的软酒么?
> 我渴得几乎恶心,
> 渴得将要瞌睡了,
> 我总是口渴:
> 喝的只有那无味的凉水。
> 你有酒么?
> 你有恋爱的鲜红的酒,
> 有憎恶的黑黑的酒么?
> 那是上好的酒。
> 只怕是——我的心老了钝了,
> 喝着上好的酒,
> 也只如喝那无味的白水。

综观周作人的新诗,从隐忧深重的《小河》到淡忘世味的《饮酒》,一贯保持着哲理诗的作风,这对于中国的早期新诗,影响是很大的。他的欧美化和日本化,对于中国的新诗技巧,也提供了有力的暗示。如果说他是中国现代诗歌的重要开路人,曾替中国的新诗造成一定的特色,那倒是可以当之无愧的。至于他的思想呢?那就未免有"开倒车"之讥了。

附记：本文及《论周氏兄弟的杂事诗》有一部分资料是香港的一位友人寄给我的，但他没有注明资料的出处（作者及文章篇名），所以不能在文中加以称引。一九七八年二月二十三日子瑜校后附记。

（载《诗论与诗纪》，香港中华书局，1978年版）

鲁迅收藏的周作人译作简述

○ 万晓

一

在鲁迅收藏的现代作家的译著中,恐怕要数周作人的译著种类最多。兄弟失和以前周作人出的书,鲁迅几乎全有;断绝关系以后,鲁迅还随时注意,不断搜购收藏周作人的作品。周氏兄弟都是中国现代文学史上的第一流作家,二人之间或亲密合作或分道扬镳,都是文学史上很有研究价值的事件。近几年来,研究者们在注意并致力于他们之间思想道路、文学道路异同的探讨的同时,还经常提到他们早期协作介绍外国文学的情景,充分肯定他们在这方面所做的贡献。在鲁迅的藏书中,就有不少周作人的译作。这里先简略地排列一下篇名:

〔波兰〕显克微支《炭画》,一九二六年北新书局版;〔俄国〕科罗连科《玛加尔的梦》,一九二七年北新书局版;〔匈牙利〕育珂摩尔《黄蔷薇》和《匈奴奇士录》,一九二七年上海商务印书馆,一九〇八年商务印书馆;《域外小说集》,一九二〇年上海群益书社;《陀螺》(短篇小说集),一九二五年北京新潮社;《狂言十番》(日本狂言),一九二六年北新书局;《冥土旅行》,一九二七年北新书局;《现代小说译丛》(第一集),一九三二年上海商务印书馆;《现代日本小说集》,一九三三年上海商务印书馆。

其中的《域外小说集》、《现代小说译丛》和《现代日本小说集》是与鲁迅及周建人合译的。即便是单署了周作人的名字的那些译作,鲁迅也倾注了心血,可以说是他们共同的成绩,鲁迅或者为周作人提供原书,或为他校改译稿,或代为联系出版,或为译本写序,这些情况在《知堂回想录》等论著中有生动的记述,这里从略。一些早年的译稿,辗转中遗失,如《红星佚史》、《劲草》等,都各有一段曲折故事的,但因鲁迅并未收藏,这里也不赘述。鲁迅收藏的周作人译作较多,不能逐一做介绍,这里只能择其与鲁迅关系较多,与其作品有比较的价值、有影响痕迹者略说几篇(部)。

对于周氏兄弟的《域外小说集》,人们给予很高的评价,以为是在译界开了一条新路。他们偏重介绍俄国、东欧弱小民族的文学作品,目的是激发国人的反抗压迫争取自由的斗志。许寿裳说:"鲁迅实在是介绍和翻译欧洲新文艺的第一个人。"①这里鲁迅的名字里是应该含着周作人的。其实,鲁迅兄弟当时所译的小说,命运颇不佳,出版了的两册都只卖出二十多本,第三本就夭折了,说明当时很少有人注意,并未发生什么影响,他们即使有那种抱负,在当时也没能得以实现。而到二十年代大家对他们的翻译大致赞词的时候,他们是早已成为文坛的主将,名重京师了。在这时,以前那些印行了而不能发行的,译出而无人采用的稿本都被出版社拉去,造成一时的影响。但这种影响只能说是过时的影响。许寿裳说鲁迅是介绍新文艺的第一个人,未免有些过誉。新是相对而言的,即如林纾译的西方文学作品,虽是用他自己所谓古文笔法,选材也颇芜杂,但或故事生动离奇、或哀感顽艳,或幽默滑稽,不同于中国旧小说,也是开了一个新境界,其成就也是不可淹没的。鲁迅、周作人对林译小说也曾入迷,据说,每看一部都要精心包起来珍藏。② 当然,后来他们渐渐不满意了,如鲁迅所说:"我与周作人还在日本东京,当时中国流行林琴南用古文翻译的外国小说,文章确实很好,但误译很多。我们对此感

---

① 见许寿裳《鲁迅的生活》,1937 年 6 月生活书店本《鲁迅研究》。
② 周启明《鲁迅的青年时代·鲁迅与清末文坛》。

到不满,想加以纠正,才干起来的。"①从这里可以看出,他们着重的不是林纾选材的不当,而是技术的不精。而且周作人当时有篇文章,题目是《论文章之意义及其使命因及中国近时论文之失》,其中说:"文章有不可缺者三状,具神思、能感兴、有美致。"相当于古时的兴观群怨说。这么说来,哪个国家的文章都具有价值,林译作品也一样感人,一样有美致,不必只顾东欧巴尔干弱小国家。周作人在《现代小说译丛》序言中有一段话透露了这个意思:原来译俄国东欧的作品只是因为趣味太广泛了,因为相信艺术上不会有一尊或是正统。这不是要在当时的译界唱反调,而是要达到多样化,自己的译介也只是多了一种趣味——传奇的异域趣味而已。

当然,鲁迅、周作人在以后曾多次提出他们那传奇时代即青年时期的民族主义情绪。鲁迅说:"因为那时正盛行着排满论,有些青年,都引那叫喊和反抗的作者为同调的……因为所求的作品是叫喊和反抗,势必至于倾向了东欧,因此所看的俄国、波兰以及巴尔干诸小国作家的东西就特别多。"②周作人也说,他们翻译这些国家的作品是因为"受了革命思想的影响"③。然而文学的影响是潜移默化的,并非有了这样的立意,就能立竿见影般地产生作用。

如周作人译的匈牙利作品《匈奴奇士录》和《黄蔷薇》,就不能说一定能激发什么民族精神,虽然译者取材的时候,还考虑了匈牙利人和中国人肤色的相近,"匈牙利故黄人"④。这两部小说的作者是育珂摩(通译约卡伊·莫尔)。一写草原英雄恋爱的浪漫故事,一为民族战争故事。作者文笔优美,擅长描绘自然风景和人民风情,行文多发议论,激昂慷慨,富于诗意。《黄蔷薇》描述匈牙利人民的人情美富,风俗淳朴。黄蔷薇是一个客栈女招待的象征。那一带的女子如果将黄蔷薇赠给男人,即表达对他的爱情。平原上两个勇敢的壮士,一个牧马人,另一个牧牛人

---

① 鲁迅1936年1月16日致增田涉信。
② 鲁迅《南腔北调集·我怎么做起小说来》。
③ 周作人《现代小说译丛·序言》。
④ 周作人《匈奴奇士录·序》。

都爱着她,其势不能相容。先得了黄蔷薇的牧马人生性直率,在官府征兵时,别人都劝他假说身有残疾,被他拒绝,于是远离家乡。当他回来时,发现牧牛人也得到一枚黄蔷薇。这样,除了决斗没有别的办法。骑马交战,牧马人打死了牧牛人。但奇怪的是牧马人掷下黄蔷薇,策马疾走,消失在暴风骤雨之中,从此再未回来。那大约是因为他觉得他爱的姑娘,既也将黄蔷薇赠过别人,说明爱情已不纯真了。这个民族的人民的确脾气暴躁,任性真纯,读完这篇作品确能得到这样的印象。值得注意的是,选材很似林纾。周作人说过,他刚开始学翻译是学习林琴南的,这当然也应该包括选材方面。此类传奇文如让林纾翻译,不说文笔活泼有趣,起码让人看得下去。而周作人的译笔太古奥、太整肃,失去了美文的特点。

另一部《匈奴奇士录》,读其书名令人神往,及至阅读正文(尤其是周译本),非得有头悬梁锥刺骨的劲头不可。小说写了好几章,几个少年和贵妇仍然坐在车上,进行着沉闷的对话。作者的抒情之笔过多,反成累赘,又加上周作人翻译的古奥,连抒情也所剩无多。选材的不当也许不大关紧,林纾就有这样的缺点,但林纾译笔活泼,有许多生花妙笔,确能怡悦性情、引人入胜。关键在于他用的语言是读者所喜爱的。语言是文学作品的血肉。周作人译作之所以得不到读者,原因就在此。如果说以上两部译作的失败是因为他的古奥难懂的译笔不适合这种抒情的美文,那么他后来的选材如《炭画》所遭到的失败也能说明问题。①

二

《炭画》是波兰著名作家显克微支的中篇小说。如书名所示,本书的写法是素描式的,故事简单,刻画也不细腻,正适合周作人译文的风格。小说讲的是波兰一个名叫羊头村的小山村里农夫来服和他妻子玛丽萨的命运。村上的书记淑什克对漂亮的玛丽萨起了淫心,就在征兵的名单上做了手脚,将不该服役的来服的名字加上,以此要挟玛丽萨;玛丽

---

① 周作人《关于〈炭画〉》,见《炭画》译本。

萨为了丈夫免于祸患,终于屈服于淑什克。这事被来服知道了,他用斧子杀死妻子,又去找淑什克报仇。但淑什克躲过了他的锋刃,仍然逍遥而且亨通。

周作人1908年在东京通过英文转译的这部小说,实在说,比前边提到的两部较为通顺可读了。但其命运仍不佳,费了许多周折才得以出版。先是寄商务印书馆,商务没有通过,"原稿一本,敬以奉还"。1913年投寄中华书局,也被退回。最后,经过鲁迅多方奔走,代为联系,1914年才由上海文明书局印出,印数也不多。直到1926年,也就是周作人成了名人时,又有北新书局的版本。

译稿走投无路,原因还是语言晦涩难懂。当时周氏兄弟师事章太炎。章氏是小学大师,他用汉字只凭《说文解字》,不信《康熙字典》,意在光大汉民族文化。林纾自认为他是在用古文译西洋文章,但在章太炎看来,离古文差得远:"下流所仰,乃在严复、林纾,复辞虽饬,气体比于制举,若将所谓曳行作姿者也。纾视复又弥下,辞无涓选,精采杂污,而更浸润唐人小说之风,夫欲物其体势,视若蔽尘,笑若龋齿,行若曲肩,自以为妍,而只益其丑也。"①章太炎这段话未免刻薄了。他以为文章愈古,愈能发扬汉民族之光荣,也太看重文字的作用了。而鲁迅周作人在学习老师的主张时又过于拘泥,连翻译上也要施行这种办法。章太炎批评的林纾古文,系指林纾以古文家自命的摇头摆脑的卫道之作。而林纾在翻译方面,文字是独特的,不死板,不迂腐。据记载,他有时一边译、一边擦眼泪,译作中还常忍不住加些批注,嬉笑怒骂,拍案惊奇,他写卫道的古文时即使觉得古文亡即是国运衰,想也不至于这么有生气,这么激动。他以古文来译小说,将古文弄成一种活分的文字。而用一种杂乱的文字来做古文时,章太炎就说他"浸润唐人小说之风",鄙薄嘲讽他,这本来是两种既有联系又有区别的事。

周作人反对林译,走了极端,结果抛弃了林译的精华之处,只得到一种干巴巴的准确,反不如林纾意译生动(参见钱钟书《林纾的翻译》中举

---

① 转引自曹聚仁《我与我的世界·文坛绫话》,人民文学出版社,1983年版。

例)。当时商务印书馆在给他的退稿信中,把周译的《炭画》和林译小说作一比较:"……(《炭画》译稿)行文生涩,读之如对古书,颇不通俗,殊为憾事。林琴南今得名矣,然其最初所出之《茶花女遗事》及《茄因小传》,笔墨腴润轻圆,如宋元人诗词,非今日之以老卖老可比,吾人若学林氏近作,鲜有能出色者:质之高明,以为如何?……"①从信的语气里可以揣摩出,周作人在投稿的自荐信中可能批评了林纾,说明自己的译文与林纾的不同之处。编辑显然不同意他的意见,认为林纾早期的译本还是值得效法的。周作人以这种方法批评林纾,不能奏效。但编辑还写了一段安慰的话:"虽未见原本,以意度之,确系对译能不失真相,因西人面目俱在也。"②这是胡乱夸奖的客套话。周作人自信胜过林纾的地方就是准确。1918年他曾说:"我以为此后译本……应当竭力保存原作的风气习惯语言条理,最好是逐字译,不得已也应逐句译,宁可'中不像中,西不像西',不必改头换面。……但我毫无才力,所以成绩不良,至于方法,却是最为适当。"③成绩的好坏是和方法的适当与否相联系的,没有翻译的实绩作基础,宣扬这种方法的好处就很难有说服力。下面还有一段话,是1917年他写的《古诗今译题记》中的:"什法师说,译书如嚼饭哺人,原是不错。真要译得好,只有不译。若译它时,总有两件缺点;但我说,这却正是翻译的要素:一,不及原本,因为已经译成中国语,如果还要同原文一样好,除非请谛阿克列多斯学了中国自己来做。二,不像汉文——有声调好读的文章——因为原是外国著作,如果用汉文一般样式,那就是我随意乱改的糊涂文;算不了真翻译。"④据周作人后来回忆说,鲁迅修改过这篇题记,其中"如果"后面的一句,是鲁迅加上的⑤,可见鲁迅的态度鲜明,主张坚定,显示出一种孤傲,很像鲁迅后来被人称为"硬译"的"宁信而不顺"的观点。但原则都是较易制定,实行起来却很难。把蝌蚪文变成方块字,译者既要传达作者的原意,又要尽可能地保持原作的风格,可以说是一种两难处境。有时为了传达原意,也许需要添油

---

①② 周作人《关于〈炭画〉》。
③④ 周作人《〈点滴〉序》。
⑤ 周作人《知堂回想录·蔡子民》。

加醋。一句诗也许要译成好几行才能说明白，一个双关语或者要译者将两面的意思都说出来，读者才能明了其意义。原则需要变通。周作人运用这原则翻译《炭画》，加上语言古奥，效果不佳。如第四章来服与村长、议员戈穆罗一起饮酒，有这样一些对话："汝盍饮酒乎？""颂汝长寿，神赐百福！""善，盍再饮乎？""然则更进一卮乎？""趣默，汝曹将战耶！不如饮耳。"①不管人物的身份性格，都用这种古语译出，与金圣叹评水浒时说的"人有其声口"差得太远，也不及林纾译文对话的生动。再如第五章中写来服之妇一段："来服之妇悯然归家，目昏无见，且行且踬，惟搋其手，啼曰，'呜呜呜！'"没有传达出真正的悲戚，反倒显得滑稽。作者过分坚持直译，反成迂腐。在这篇作品中，来服之妇是唯一值得同情的人物，作者没有对他讽刺嘲笑的意图。又如写来服自林中劳作归家，见玛丽萨就骂道："蠢女人，蠢女人！"②汉语中骂人的话很多，常常很简洁有力，这里周作人不用"蠢货"、"贱货"等更口语化、大众化的词儿来译，可见他是宁可呆板，也不肯随俗。

这种例子不须多举，文言与口语之远，是不必多说的。只要看一看五四前后周氏兄弟是怎样用白话来批驳那些复古的古文家们的主张的，也就知道了周作人这样的译作之所以没有销路的原因了。

三

《炭画》一书，题材和前面提到的两部不一样，它不是周氏兄弟早些时喜读的民族的压迫与反抗故事，而是描写民生疾苦的具有民主主义思想倾向的作品。他们对这本小书一直很喜爱，解放后，周作人还把它改译成白话文出版。鲁迅曾在《我怎么做起小说来》一文中说，在东京时他"最爱看的作者，是俄国的果戈理（N. Gogol）和波兰显克微支（H. Sienkiewitz），日本的是夏目漱石和森鸥外"。对于显克微支，他一直很重视，很喜爱，如1921年给周作人的信里在谈到当时《小说月报》办的

---

① 《炭画》第四章"此章可题曰兽在阱中"。
② 《炭画》第二章。

"被损害民族的文学号"时说:"他们的翻译,似专注意于最新之书,所以略早出版的如莱蒙托夫,显克微支(此处原文为日文——引者)之类,便无人留意,也是维新维得太过之故。"在为萨尔蒂珂夫的《饥馑》译文写的附记中提到《炭画》:"(《饥馑》)描写的是改革以后的情状……作者的锋利的笔尖,深刻的观察,却可以窥见。后来波兰作家显克微支的《炭画》,还颇与这一篇的命意有类似之处"①,《炭画》有不少地方与鲁迅的作品相近。周作人在译本的前言中引用丹麦勃兰兑斯对显克微支的评价:"其人才情美富、为文菲恻而深刻,如《炭画》一篇,实其上乘。"其后周作人在他著的《欧洲文学史讲义》中论说更详:"显克微支作短篇,种类不一,叙事言情,无不佳妙,写民间疾苦诸篇尤胜。事多惨苦,而文特奇诡,能以轻妙诙谐之笔,弥足增其悲痛,视戈戈耳(即果戈理——引者)笑中之泪殆有过之,《炭画》即其代表矣。"②显克微支这部书的显著特点就是讽刺。通过它对乡村生活讽刺性的描写,周作人看到他们那时正关心的启蒙问题。他1909年为《炭画》译本写的小引中说:"民生颠愚,上下离析,一村大势,操之凶顽,而农女遂于不免,人为之亦政为之耳。古人有言,'庶民所以安其田而亡叹息愁恨之心者,政平理讼也。'观于羊头村之事,其亦可以鉴也。"③开发民智,唤醒民众,正是鲁迅和他那时共同关心探讨的一个问题。羊头村的事提供了一个反面教材。像羊头村这样的地方,中国正有很多,因此思想启蒙不是件容易的事。周作人后来回忆说:"那时是宣统元年,清廷大有假立宪之意,设立些不三不四的政治团体,文中那些迂曲的话即是反对这个而说的,因为我相信中国的村自治必定是一个羊头村无疑。"④这话自然是正确的,后来的实际也是如此。人民不觉悟,搞什么立宪、革命都要失败。

《炭画》多讽刺之笔。看似平淡,实则伤痛,类似鲁迅揭示民间疾苦的"哀其不幸、怒其不争"之作。作者对淑什克这位村书记着墨较多,每每提到总称为"巨人"和"才子"。作品一开始就对他的华丽的装束做一

---

① 鲁迅《译文序跋集》,见《鲁迅全集》第10卷,第471页,人民文学出版社,1981年版。
②③④ 《关于〈炭画〉》。

番详细描述,然后陡然让他从自己的油光可鉴的头发上打下一只苍蝇来。作者用夸张的反语描写他的淫心、计谋,他的所谓"恋爱",他的厚颜无耻和奸诈。而最具作者哀痛之情的是农夫来服夫妇。来服朴实勤劳、孔武有力,这从作品开始对他劳动的场面的描写以及他那优美的山歌中可以看出。然而他是个没有感情生活的麻木的人,对妻子不体贴,而当作欺侮的对象,动辄打骂。当他知道妻子因为去求情遭奸污时,怒气首先冲妻子而去,丝毫不动恻隐之心,用斧子击碎她的脑袋。并且如作品中写的"闻三击四击五击以至六击,血溢遍地,炉火著血而灭"①。来服没有一丝反抗心,遇到压迫只会以酒来麻醉自己。当淑什克调戏了他妻子,见到他而害怕得心惊肉跳的时候,他却浑身颤抖地递上去一个卢布!这一幕可谓惊心动魄,活画出来服的灵魂。来服之妻玛丽萨在作品中是唯一值得同情的人,她是个牺牲品,无辜地死在丈夫手下。正如同祥林嫂嫁了二夫就不洁,玛丽萨失去贞操就该死,她们都死于野蛮的习俗。作者在描写她的时候,没有用讽刺的语气。鲁迅和显克微支在揭示民生疾苦,描绘国民灵魂方面是相契合的,这一点《炭画》的译者周作人看得很清楚,他最了解鲁迅做小说的起因和师承,因此当《阿Q正传》发表时,他就写出了较为深刻的见解。他同意茅盾的话,将阿Q看作"中国人品性的结晶"。他引证福勒特的话来赞扬《阿Q正传》的讽刺艺术:"讽刺是冷的,如平常变成反语的时候大抵如此,然而他仍能使我们为了比私利更大的缘故而憎,而且在嫌恶卑劣的事物里鼓舞我们去要求高尚的事物。"②

但《炭画》译本的读者很有限,它终究是失败的译作,虽然因为鲁迅也参与了翻译出版,对自己的小说创作艺术起到丰富的作用。

四

1917年,周作人开始用白话译外国文学作品。他在《点滴序》中说:

---

① 《炭画》第十一章"凶终"。
② 见《阿Q正传》,载1922年3月19日《晨报副刊》。

"我从前翻译小说很受林琴南先生的影响；一九〇六年往东京以后，听章太炎先生的讲论，又发生多少变化，一九〇九年出版《域外小说集》，正是那一时期的结果。一九一七年在《新青年》上做文章，才用口语体，当时第一篇的翻译，是古希腊的牧歌。"翻译理论方面，也多少发生些变化，他说："……我现在还是相信直译法，因为我觉得没有更好的方法。但是直译也有条件，便是必须达意，尽汉语的能力所能及的范围内保存原文的风格，表现原语的意义，换一句话就是信与达。"他还举实例说明他的这主张："近来似乎不免有人误会了直译的意思，以为只要一字一字地将原文换成汉语，就是直译，譬如英文 lying on his back 一句，不译作'仰卧着'而译为'卧着在他的背上'，那便是欲求信而反不词了。据我的意见，'仰卧着'是直译，也可以说是意译，将它略去不译，或译作'坦腹高卧'以至'卧北窗下自以为羲皇上人'是胡译；'卧着在他的背上'这一派乃是死译了。"①这说明，周作人不但在语言上找到一种口语化的崭新的工具，在翻译理论上也趋于成熟。他在翻译上倾注很大功夫，译希腊神话，译日本古典作品等等，都是很艰难的工作，而他取得了卓著的成绩。在这方面，应该说周作人比鲁迅的成绩大一些。鲁迅虽也不间断地致力于翻译，但他不像周作人那样顺利地完成从文言向白话的转变。这种情况一方面给鲁迅的文章带来一种奇特的风格，另一方面造成不良影响，特别是在翻译方面。一些文言词句加上欧化的句式使译文读起来夹缠不清，意义晦涩，其最致命的缺点是不圆润，不平易，因此不大受欢迎。

关于周作人译作与鲁迅创作的关系，除较为重要的《炭画》外，还应该提一下另一部《玛札尔的梦》，俄国科罗连科著。这是用白话译的。

这篇小说也写一个农民，写他的一个梦境。周作人在译后记里说，它是"写实主义后的理想派的文学的一篇代表作品，在这里面，悲剧喜剧已经分不清界限，便是诗与小说也许几乎合而为一了。"小说截然分为两部分，上半部分可以说是写实的。玛札尔是个农夫，生活在受苦受难的人们之中，"极辛苦的做工，穷苦的度日，受着饥寒"。他整日为吃食忧

---

① 周作人《〈陀螺〉序》。

虑，一有钱又喝个酩酊大醉。有时也许会呼喊两声："呵，我的上帝啊！这是什么生活啊！"但醒来以后将这些思想都忘掉了。而在日常生活中，他又有些愚蠢的狡猾。这样一个类似阿Q的人物最后终于不免一死。他死在林中雪地上，这是作者为他安排的富有诗意的死法，目的是让他做一个梦。小说后半部的内容就是一个梦，写的是玛札尔死后受审判的情景。科罗连科忽而将玛札尔写成一个有反抗精神的人，仿佛是绝望的人做最后抗战似的，面对老大王的审问，居然振振有词，因为他知道了"他的灵魂的忍耐已经消尽了！"他勇敢地述说自己的苦处，老大王也动了恻隐之心，同他一起哭了，并对他说："你现在不是在地上。在这里，便是为你，也有公理哩！"玛札尔得救了，因为自己的努力而免受了地狱的惩罚。

  这部作品给当时俄国文坛带来一股清新之气，描写贫苦农民，内容也较为新颖，手法是叙事兼抒情。但不能算上乘作品。小说很明显地分为上下两部分，给人突兀之感，玛札尔的转变没有铺垫。后半部分如周作人所说，有理解主义倾向。那是作者处心积虑的安排，近乎将小说中的人物作为他的传声筒。比起《阿Q正传》，差距是很明显的。《阿Q正传》中没有这样的理想化描写。作者对他的人物也有哀怜，但终究是以讽刺批判为主，没有给阿Q以丝毫的觉醒意识。这就是现实主义的力量。其实在前面提到的《炭画》中，也还安排着一个善良纯洁的女人。讽刺作品往往要有一个优美的正面形象，如《儒林外史》中的王冕，《名利场》中的阿米利亚等等。鲁迅做得很彻底，一点也不留情面，这样的人物一个也不写。所以尽管我们知道鲁迅看过不少外国作家的作品（从这些藏书中可见一斑），并且如他自己所说，他做小说也仰仗看过的百来篇外国小说，在对比阅读时，我们也能粗略地估计或体会出他与这些作家的某些相同或相似之处，但有些关乎作家独特的性情、风格，对于生活和艺术的独到的见解的那部分，寻绎其影响的效果时，就不能贸然下结论了。他有时是顺其意，有时是反其意而用之。最大的不同点，即鲁迅最显著的特点，是他对中国的历史和现实有深刻的了解，有一种坚定认真的艺术态度，既不同现实妥协，更不向所谓的"理想"让步。

五

从以上极简略的介绍中可以看出,周作人的翻译走了不少弯路,才达到成熟,主要标志是有了准确而平实的语言。此后他译述不辍,一直到去世时,遗嘱中还特别提到自己平生最得意的工作是翻译了希腊对话。他后期的译述题材面广,卷帙浩繁,这里不必论及。有一点是清楚的,即如果说他及鲁迅曾开译界的新风气,那么这种新风气的形成也离不开大气候,他们不断探求翻译技巧,以使自己适应这个大气候。经过屡屡失败,最后才找到一条正确道路。究竟是他们开了新风气,还是时代的新风气带动他们前进,这种分别无关紧要,因为二者本来就是相互促进,协同发展的。

(载《鲁迅研究动态》1989年第8期)

周作人早期日记与鲁迅研究

⊙ 祝肖因

研究鲁迅生平,不少人一个共同的感受是早期史实知之不多。按说,最理想的传记资料莫如传主本人的日记和回忆录,可惜,鲁迅早期日记已经佚失,恐怕难以再现了,回忆文呢,虽说有一册《朝花夕拾》和《我的第一个师父》、《我的种痘》等专篇及其它篇什中的零星记述,毕竟数量太少,而且如鲁迅自己在《朝花夕拾·小引》中所写,部分内容"与实际容或有些不同",借用周作人的话来解释,就是说其中含有"诗"的成分,他的意思是说,有些细节已经由作者进行了艺术加工,与史实多少发生了距离。不过本文并不准备对此进行论证,只是顺带提醒一下,即使是《朝花夕拾》这样的"从记忆里抄出来的"作品,也并不完全可认作信史。遗憾的是,有些研究者忽视了这一点,故而不但较早出版的一些鲁迅传记,误把"诗"当成"真实",就是晚近新出的一些著作中,此类谬误亦屡见不鲜,看来提醒一下恐怕不算多此一举。

至于同时代人所提供的早期史料,好像也并不多,有的流传也不广。较为常见而又值得推许的,无疑要数周氏兄弟的回忆资料了。周作人在五十年代撰写的《鲁迅的故家》、《鲁迅小说里的人物》及《鲁迅的青年时代》等著作,尽管人们对其评价并不完全一致,不过平心而论,确实不失为研究鲁迅青年时代生活所不可多得的重要参考材料。周建老在五十年代出版过一册《略讲关于鲁迅的事情》,亦以早期史迹为主,惜篇幅不多,晚年口述的《鲁迅故家的败落》,披露不少新史料,并对周作人的回忆有所匡正和补充,据说,该书原稿内容还要丰富,出版时压缩了不少,令人惋惜。

不过,本文要谈的是《鲁迅研究资料》所发表的《周作人日记》(早期部分),这不仅是由于周作人的《故家》、《人物》等著作曾以其早期日记作为主要依据,也不仅是为了建老的《败落》在成书前曾由周晔与之进行过对照研究,而且还在于,这些早期日记里,蕴藏着丰富的尚未广泛引起注意的有关鲁迅青年时代史迹的珍贵记录,这种记录的价值远非日后的回忆所可比拟,值得我们去进一步发掘探究。

一

周作人日记起自1898年(清光绪二十四年戊戌),前后持续数十年。日记的早期部分,其下限大体是指1912年之前,因为现存《鲁迅日记》是从1912年5月开始的,从而在时序上可以与《鲁迅日记》相衔接。不过,现在所能见到的《周作人日记》只有1898年至1906年的部分,此后至1912年10月前,其日记中断。即使如此,鲁迅早期史料不多的缺憾,还是因有周作人1906年前的日记而部分地得到弥补。尤其可喜的是,这部分日记现在已陆续公开发表,可以为广大鲁迅研究者、爱好者所利用,它所产生的影响,它对鲁迅研究已经和继续可能发生的作用,恐怕是不应低估的。

周作人早期日记内容丰富,涉及很多领域,概括起来,大致有如下几方面特色。

首先是作者的权威性。众所周知,周作人是鲁迅的二弟,仅比鲁迅小三岁(这是按习俗计算。但如以公历出生年月,由于周作人生于阴历岁末,公历进入1885年,算来就要小四岁了),青少年时期的大部分岁月,都在一起度过。正由于这种与众不同的条件,使他成为对鲁迅早期生活了解得最多的亲属之一,周作人曾不无自炫地说过,鲁迅"早年的事情大约我要算知道得顶多"①,应该承认确是实情。许广平女士尽管对周作人后来的所作所为深恶痛绝,但当她谈到撰写鲁迅年谱时,曾说过:"许多朋友多不知道的家庭状况,差不多幼年时代一同生活过的,除了是兄弟家属,别人没有更清楚的了。"②这里所谓"兄弟家属",指的就是周作人,这也是实事求是的。

其次是史料记录的原始性。周作人之所以能够自诩对鲁迅早年史实"知道得顶多",除了年龄相仿、长期生活在一起的客观优越条件外,还有一个重要方面,就是唯有他通过日记的记载,保存了如此丰富的鲁迅早期史料,这是其他同时代人所难以企及的。凡日记所记,都是当日所亲历亲见亲闻,无一不具有原始记录的性质。当年鲁迅的一言一行,乃至兄弟之间鱼雁往复,诗歌唱和,看似平凡琐屑,不成统系,而时隔数十年之后,却已化平凡为神奇,向人们展示出青年鲁迅的种种风貌,即使一鳞半爪,片言只语,无一不弥足珍贵。可谓抉隐发微,道人之所未道,令人感到真实、亲切、可信,这就是它的原始性的魅力所在。

再次,是日记所涉及的鲁迅早期史实的可靠性。这与上述原始性是密不可分的。正如周作人在五十年代谈到自己的旧日记时所说:"这是五十年前的记录,其真实性总是很可靠的了。"确实,日记的最显著的特点,在于它是当时当地的实录,这是它与回忆录最根本的区别。顾名思义,回忆录是日后的追忆,任何翔实的回忆录,很难保证所忆史实准确无误,而日记因为是当时当地的记录,一般来说,无此弊病。据了解,周作人日记手稿除极少数有涂抹剪裁的痕迹外,绝大部分均保持原貌,其真实性是无可怀疑的。

复次,是日记内容的相关性。这里指的是,由于周作人是鲁迅二弟这层血缘关系,其早期日记中涉及的某些亲戚故旧,家庭经济,社会环境乃至历史事件等等,可能亦与鲁迅发生直接或者间接的关系,他(它)们

---

① 《关于鲁迅之二》,见《鲁迅的青年时代》第134页,北京,中国青年出版社,1957年3月第1版。
② 《〈鲁迅年谱〉的经过》,见《许广平忆鲁迅》第127页,广东人民出版社,1979年4月第1版。

对青年时代的鲁迅不能不产生这样那样的影响。因此，研究周作人早期日记，不应该仅仅着眼于直接记述鲁迅的文字，而且还须连带注意其相关方面。不妨举一个例：鲁迅的家庭经济，许多人只知"由小康而坠入困顿"的说法，可是究竟"困顿"到如何程度，却又众说纷纭。但在周作人早期日记里就有若干记事，透露他家当时的经济收入，从而有助于澄清某种误解（这个问题后面将具体写到）。这种相关的记载，是研究鲁迅早期史实的一个重要内容，不应该轻易放过。

王士菁同志曾经有一段文字谈到周作人早期日记，请允许我转引如下：

> 鲁迅著作中涉及的问题是很多的，特别是早年的一些人和事，知道的人是很少的，有时几个人说法也不一样。遇到这类情况，我去访问周作人时，往往会得到比较准确的答案。他从不敷衍了事，随便应付我一下。遇到记不清或拿不准的地方，他总要设法找出根据来，然后告诉我。他的"对证古本"之一，就是他的《日记》。①

这段文字，虽然主要说明周作人为人的一个侧面，但同时也连带地指明"对证古本"的效果，用以评价周作人早期日记在鲁迅研究领域所具有的独特功能，无疑是十分中肯的。

写到这里，不妨回顾一下周作人早期日记与鲁迅研究的关系是怎样逐渐为人所认识的。早在鲁迅逝世后不久，即1936年10月25日，周作人就在《关于鲁迅》一文中，披露了他在旧日记里录存的《戛剑生杂记》、《莳花杂志》共六则，这是他的日记与鲁迅研究联系起来并为人所知的开端。五十年代初，周作人又从其日记里抄出鲁迅青年时期诗文，供著名鲁迅研究专家唐弢同志编入《鲁迅全集补遗续编》，引起人们的广泛重视。接着，他又以《旧日记里的鲁迅》为题，摘录发表其早期日记中直接涉及鲁迅的文字（收入《鲁迅小说里的人物》一书，署名周遐寿），极大地丰富了鲁迅早期史料，于是对于他的日记，人们自然另眼相看，倍加关注了。

---

① 《关于周作人》，见《鲁迅研究动态》1985年第4期24页。

现在这部分日记已在《鲁迅研究资料》上公开发表，使我们有可能以它所包含的丰富资料为对象，放在"鲁迅研究"这个范畴内来加以研讨，本文就是这方面的一个尝试。

二

周作人为鲁迅研究所做的最重要最值得称道的贡献，就是在其旧日记里保存了相当丰富的鲁迅早期诗文。这些诗文鲁迅生前没有公开发表过，也未留下手迹，所以周作人在日记里保存的记录，堪称"海内孤本"，其可贵处就在于此。不过当年周作人在写日记时，当然不可能意识到这一点，而时隔数十年之后，这些于不经意中记下的鲁迅的"少作"，却成为不可多得的珍贵文献，而且连带地使其旧日记亦身价倍增，显然非周作人始料所及。

但同样使周作人意想不到的是，离他开始记日记八十年之后，《周作人日记》(以下简称《日记》)终于得到公开发表的机会，这样一来，人们惊异地发现，周作人以前所提供的鲁迅早期作品，与《日记》所记录的有不小歧异，照理，这种歧异本来是不应该发生的。因此有必要以《日记》的记载为依据，做一番正本清源的工作。所谓"正本清源"，不外乎两方面，一是文字校勘，恢复鲁迅作品的本来面貌，二是考察这些作品的产生过程，如写作时间、产生背景，有的还有修改经过等等，以便进一步对它们作出准确的诠释。

校勘又涉及两个内容，即异文校订和诗题辨正。

异文至少有五处。《戛剑生杂记》中"涕不可仰"的"仰"，"鱼须斫小方块"的"斫"，《日记》分别记作"抑"、"斫"；《莳花杂志》中"土秘螺斯"的"螺"，《日记》记作"蠃"（以上见《鲁迅研究资料》第十辑第95页，简作"十·95"，后仿此）；《祭书神文》中"居之来兮母徐徐"的"徐徐"，《日记》记作"除除"（十·96）；《别诸弟三首庚子二月》中"有弟偏教各别离"的"教"，《日记》抄录二次，而第一次抄录时记作"叫"（九·144）。这些异文，看来主要由于周作人在从旧日记中抄出时擅自改动所致，在《日记》公开发表之前，人们很难有机会发现，现在《日记》公开发表，问题也就随之暴露。虽然其中多数仅仅是字面的更换,无碍于原意,但既然有"异",还是应该根据《日记》的原始记录一一加以校正,恢复其本来面目。

诗题辨正主要指下列三题。

《别诸弟三首庚子二月》并非原题。题中"庚子二月"是后人为了区别同样二组《别诸弟三首》而添上去的阴历写作年月,可以姑置勿论。问题在于,现在所谓《别诸弟三首》二组中的第一组,原题实际上是《别诸弟》(九·144,十·80),根本没有"三首"字样,这二字显系周作人所擅加。看来,《别诸弟三首庚子二月》这个诗题既然证明是以讹传讹,就没有必要再将错就错,沿袭不改。所以,结论十分明确,应该摒弃旧题,恢复《别诸弟》原题,这才顺理成章。

《别诸弟三首辛丑二月》原来并无诗题(十·79),除"辛丑二月"系后来所加,作用与"庚子二月"相同,可以不去管它外,《别诸弟三首》的诗题显然是周作人无中生有,在从其旧日记录出时擅加的。考跋语,这一组诗原是鲁迅应周作人索和而作,通行的诗题不但与前一组诗作有雷同之嫌,且不符诗人立意,所以未必可取。现在的问题是如何妥善处理。由于作者本人没有留下诗题,现在通行的诗题虽为周作人所擅加,但已流传数十年,如果将错就错,仍旧沿用《别诸弟三首》之题,固然不失为一种解决办法,但若能另拟一个切合原意的诗题,例如《和仲弟〈送夏剑生往白〉》或《和仲弟送别元韵》之类,可能比《别诸弟三首》略胜一筹。当然不论保留旧题抑或另立新题,都应该把来龙去脉说清楚。

《惜花四律》的原题是《惜花四律步藏春园主人原韵》(十·94),周作人抄出时加了"湘州"二字,查《日记》原记录,这二字是没有的。

根据《日记》的记事,可以考查到录存于其中的多数鲁迅早期作品的写作年月,有些记事还具体地交代了某些作品的产生背景和修改过程,发掘这些记事,无疑会有助于对这些早期作品的准确理解和诠释。现在试举《惜花四律》为例。

《惜花四律》的写作时间,十卷本《鲁迅全集》定为"1901年3月",十六卷本《鲁迅全集》则以为"写于1901年初夏",而周作人则说"系辛丑（一九〇一）年春天所作"（见《鲁迅的故家》第二分《园的内外·三一惜花诗》）。查《日记》，这一组七律是鲁迅辛丑二月廿六日（1901年4月14日）与一封信同时寄给周作人的（十·81），一般来说，成诗时间不会离寄信之日太远，因此如果说此诗定稿于1901年4月（或者更具体一点，定为4月上半月），恐怕不至于与实际有太大的出入，由此可见，周作人的作于春天说是可信的。十六卷本否定了十卷本的"3月"说，否定得有理，但它却提出"初夏"说，就值得商榷了。推测其所持理由，大概以为4月在季节上应属初夏，殊不知，江南的4月上半月（当时阴历还只有二月），还不到"草长莺飞"的季节，恐怕不会有人以为已入初夏吧。

周作人在上引《惜花诗》一节文字中，曾谈到过《惜花四律》产生的背景，他说，当时《海上文社日录》周围的"流寓文士，大家结社征诗"，"鲁迅看见偶尔拟作"。他告诉人们，《惜花四律》是鲁迅主动响应《海上文社日录》征诗活动的产物。这个说法，历来为多数研究鲁迅旧诗的专家学者所摘引，可见其影响之深且广。但是必须指出，所谓"鲁迅看见偶尔拟作"云云，其说并不可靠。要问这个见解何所见而云，答曰：是周作人的日记否定了他自己的说法。

原来《日记》在记录《惜花四律》时，信手记下了几条周作人自己的眉批，其中最重要的是这样几句："都六先生原本，戛剑生删改，圈点悉遵戛剑生改本。"（十·94）所谓"都六先生"即周作人。眉批明白无误地告诉我们，《惜花四律》的原作者是周作人。

由此可以约略推知，《惜花四律》的产生过程大致如下：当时《海上文社日录》以《惜花四律》为题征诗，周作人依韵和作四律，送请鲁迅修改，经鲁迅改删润色，于阴历二月廿六日寄还给周作人。所以追本溯源，"偶尔拟作"的并不是鲁迅，恰恰是周作人自己，鲁迅只是诗稿的改定者。

由于此诗经过鲁迅重大修改，周作人原作所剩无几，故解放后周作人指认此诗为鲁迅所作，而对他自己"拟作"一层，却隐而不谈，这在当时的情况下，是可以理解的。今天我们通过《日记》所提供的线索，要把这段隐没数十年的根由发掘出来：《惜花四律》的产生，是由《海上文社

《日录》征诗,周作人有意拟作而起;成诗经过则是周作人拟作于前,鲁迅应周作人之请定稿于后。如此就脉络分明,为准确诠释此诗提供了可靠的背景资料。

三

据说鲁研界有一种看法,这就是,经过数十年的发掘,鲁迅佚文已经搜集得差不多了,再有重大发现的可能已经不多,这恐怕是实情。但是零星的发现还是很有可能。现在的问题是,《日记》所录存的鲁迅早期作品,并没有全部得到承认;而且通过《日记》提供的线索,还可以找到一些集外文字。具体地说,这是指《挽丁耀卿联》与《儿歌六首》两件作品。

《挽丁耀卿联》见于《日记》辛丑十二月初三日(1902年1月12日)的记载(十·118):"上午大哥来谈,云丁耀卿兄已于二十六日晚逝世,可叹。兹录挽辞二则如左。"丁耀卿是鲁迅的同学,又是同乡,因患肺病不幸客死南京。鲁迅的挽联云:

　　男儿死耳　恨壮志未酬　何日令威来华表
　　魂兮归去　知夜台难暝　深更幽魄绕萱帏

表达了他对同乡学友英年早逝的痛惜之情。鲁迅写挽联极少,1916年12月回绍探亲时曾有吊朱谓侠一联,惜文字未发现。早些时候流传所谓挽瞿秋白联,已有人指出纯属讹传,不足信,故《挽丁耀卿联》实属硕果仅存,弥足珍惜。此联1958年出版的十卷本《鲁迅全集》第七卷曾收入,而新版《全集》不收,不知何故?周作人在《日记》中录存的鲁迅作品,多已辑入新版《全集》,而竟独遗此联,令人费解。对联是汉字所独有的一种艺术形式,挽联则是对联的一种,它自具一格,立意完整,今竟为新版《全集》不收,不禁为此联叫屈!

《儿歌六首》

《日记》1914年2月6日记云:"得北京一日函","又儿歌数首"(十四·366)。这里的"北京"系代指鲁迅。对照《鲁迅日记》,1914年2月1日果然记着"上午寄二弟信",但没有提到儿歌,周作人的记事正好为

《鲁迅日记》作了补充。不过这几首儿歌并未抄存在《日记》里,仅从中透露鲁迅寄过儿歌这样一条线索。幸而鲁迅原稿被周作人完好地保存下来,解放后送给了人民文学出版社鲁迅著作编辑室。1956年10月《民间文学》曾将手迹制版印作插页,使它第一次得到公开传播,现照录如下:

一 羊羊羊。跳花墙。花墙破。驴推磨。猪挑柴。狗弄火。小猫儿上坑捏饽饽。

北京

二 小轿车。白马拉。唏哩哗啦(铃铛之属也非指人声)上娘家(又)

三 风来了。雨来了。和尚背了鼓来了。这里藏。(问词、犹言哪里藏也)庙里藏。一藏藏了个小儿郎。儿郎儿郎你看家。锅台(灶头也)后头有一个大西瓜。(又)(案此歌当风雨将至时小儿群集而唱之)

四 棉花桃。满地蹦。(踊跃也)姥姥(外祖母也)见了外甥甥。(第二甥字不知本字系动词谓甚爱也)

直隶高阳

五 月公爷爷。保佑娃娃。娃娃长大。上街买菜。(江西南昌案此以月为男性也)

六 车水车水。车到杨家嘴。杨奶奶。好白腿。你走你的路。我车我的水。你管我白腿不白腿。(安徽 据云下等社会小儿唱之然不似儿歌也)

这六首儿歌的标点、夹注均据手迹制版抄录。那时新式标点尚未正式通行,故断句均用一圈到底,其中表示疑问的语气,则在夹注中说明。还有一些夹注,有的说明歌谣采集的区域,有的解释方言俚语,更可贵之处在于有些注文表示了鲁迅对这些儿歌的看法,例如,一般诗词歌谣大都视月为女性,而第五首却称月为"月公爷爷",故特别加注曰"案此以月为男性也";又如第六首"车水车水",其内容与儿童心理、儿童生活格格不入,故注曰:"据云下等社会小儿唱之然不似儿歌也",显然,鲁迅主张儿歌应该适合儿童情趣,天真无邪的童稚,决不可能有这种"创造",无怪乎鲁迅要发出"然不似儿歌也"的慨叹。

众所周知,鲁迅非常重视民间文艺,诸如民间戏文、曲调、笑话、故事、传说、年画等等。在他的作品中多有著录,而收集儿歌,好像是仅有的一次。固然,收集整理民间文艺与创作有所区别,这六首歌谣也并非由鲁迅直接采自民间,而是经别人转述,但作为鲁迅早期文艺活动的记录,应该说是十分难得的,何况其中还包含着鲁迅亲自撰写的夹注,体现出虽对几首儿歌仍然一丝不苟的认真探求精神,至于前面提到过的用夹注表达的对儿歌的见解,更是吉光片羽,值得重视。

《儿歌六首》均不见于十卷本和十六卷本《鲁迅全集》,是忽视?是遗忘?抑或另有其它原因?局外人不得而知。但它有手迹可据,较之仅由周作人录存的其它鲁迅作品,其真实性更是不容置疑,而它作为鲁迅关心儿童文学,关心民间文艺的宝贵遗产,自有其存在、传世的价值,所以完全有资格收入《鲁迅全集》,不收难以使人理解。

四

鲁迅早期史实中,有两个问题值得引起注意。一个是当年他们的家境,另一个是旧式婚姻。对于前者,一般看法好像都比较一致,没有什么明显的分歧,似乎不应成为问题,但仔细思量,传统的看法不能认为一点漏洞也没有;对于后者,可谓长期聚讼纷纭,尚无定论。《日记》的丰富资料,恰如山重水复之中,喜见柳暗花明,揭开了早期史实研究中新的一页,自然会有助于对这二个问题的进一步探讨。

鲁迅青年时代的家境,指的是遭受父亲患病去世,祖父因"科场案"入狱二大变故后的家庭经济情况,说得更具体一点,是指一家的经济收入。鲁迅在其简略的自传中,一则说"我家忽而遭了一场很大的变故,几乎什么都没有了",再则说"家里原有祖遗的四五十亩田,但在父亲死掉之前,已经卖光了"。这就是人们所熟知的"由小康而坠入困顿"的由来。所以公认的看法是,周家到1896年,也就是鲁迅的父亲去世的一年就已彻底破产。可是,令人难以想像的是,当时他们家里还有大小八口之多,加上佣工,如果没有固定收入,光靠举债、变卖、典当是否能维持多年?有人假设当时周家为了维持生计,就向富裕的丁家街朱家攀亲,作为交换条件,周家接受朱家的"经济援助",朱家的安姑娘则成了新台门周家的长媳。可惜这种"经济援助"的假设究竟有没有事实依据,到现在为止好像还没有拿出佐证(据笔者愚见,这种佐证恐怕难以找到)。那么他们一家到底是怎样苦撑过来的呢?

周建老在他晚年口述的《鲁迅故家的败落》一书中,透露出一个信息,当时他家"只剩下稻田二十亩,要靠它吃饭,不能再卖了"。这个信息为解答鲁迅家境的疑问提供了新说。问题是,当时建老还在童稚时期,他的回忆可靠吗?让我们"对证古本",试从《日记》寻找佐证。

《日记》第一年有三处收租的记载:戊戌十一月卅日(1899年1月11日)收六和庄、劳家葑二处租谷33袋(八·66);十二月初一日(1月12日)往后丁昌安收租,租谷数未记(八·67);隔天,十二月初三日(1月14日)小南山佃户高秉华送来租谷2袋(八·67)。这一年他家收入的租谷,有数可计的有35袋,另一笔数目不详。请注意,这一年距鲁迅父亲之丧已二年多了。

第二年,己亥十一月初八日(1899年12月10日)卖去租田5亩(八·91),到十一月二十一、二十二日(12月23、24日),从诸家湾、六禾庄、后丁、昌安收租谷45袋另(八·93)。

庚子(1900年)这年,《日记》没有提到收租,可能由于周作人忙于参加科举考试,无暇顾及而请人代办。次年(辛丑)五月廿五日(7月10日)、廿七日(12日)(十·100)、廿八日(13日)(十·101)、六月初五日(7月20日)(十·101~102),《日记》有四起佃户"告灾"的记事,说明前年虽曾卖去五亩租田,但仍保留着部分田产。只是由于周作人在1901年秋天离开绍兴去南京求学,《日记》有关收租的记载中断,具体情况无可查考。但有一点可以肯定,此后一个较长时期内,他家一直保留着部分租田,直到1914年1月14日,《日记》还有"托津门追窄底欠租"的记载(十四·363),"津门"即陈津门,周作人在绍兴县教育会的同事,"窄底"是欠租佃户所在村名。

这里还需要辨明一点:这些租田乃是周家私产,不是房族所共有的

"祭祀田"。新台门周家的两份"祭祀田",每一房要9年或27年才能轮到一次,也就是说,鲁迅家里要隔9年或27年才能得到一次"祭祀田"收租谷的机会,《日记》所记显然有别;再者,"祭祀田"为房族所共有,一家一户是无权出卖的,《日记》分明记着周作人卖田五亩,可见这些租田是他家私产无疑。

《日记》的记载明确无误地证明,周家在1896年以后不但没有卖光所有田产,而且每年仍能收租谷35袋至45袋(约3500至4500市斤),用以勉强维持全家最低限度的生活。

其实关于这一点,鲁迅早期书信亦曾有所透露。1911年3月7日(辛亥二月初七日)他给许寿裳信中有"卖田之举去年已实行,资亦早罄,迩方析分公田"等语。"卖田"的"田"指私产,"公田"即"祭祀田",如果1896年之前早已把私有的租田卖光,那么这时(1910年)又何从卖起呢?

由此可见,他们三兄弟都承认当时他家并没有把所有田产卖光,其中尤以《日记》所记为最原始、最具体、最明白。所以,长期以来认定鲁迅家里自其父亲逝世后即遭到彻底破产的说法,恐怕有必要进行修正。

关于鲁迅与朱氏的旧式婚姻,可研究的内容很多,比如究竟缔定于何时,就是研究者争论不休的一个问题。但长期以来,没有发现确切的文字资料,所以人们各持异说,迄无定论。《日记》的公开发表,终于为解答这个疑问创造了条件,因为其中有二条并不显眼的记事,正是我们所需要的重要材料:

己亥二月初五日(1899年3月16日):"朱宅出口。托惠叔备席,约洋五(五桌)。"(八·74)

辛丑二月十五日(1901年4月3日):"又遣人往丁家衖朱宅请庚。"(十·77)

所谓"出口""请庚"是旧时绍兴一带订亲所必须经过的繁文缛节,《日记》明确记着"朱宅","丁家衖朱宅",毫无疑问是指鲁迅与朱氏的旧式婚姻。"出口"一般是先由男方出"求帖"送到女家求婚,女家收下"求帖",另具"允帖"送还男家,表示应允。"朱家出口"该是朱家把"允帖"送到周家,故周家置办酒席五桌以示庆贺。但如前所述,应由周家"出口"在先,而此前《日记》未见记载,不知何故。"请庚"则是男方请女家告知女方的"生辰八字",按旧俗,如男女双方"生辰八字"相合,这门亲事大体上就定下来了。这里需要指出一个小问题,按当时习惯,"出口"与"请庚"是同时进行的,《日记》所记两位族叔订婚就是如此。如庚子二月初三日(1900年3月3日)记"午夏叔出口请庚"(九·139),同月二十四日(3月24日)记"下午渭叔出帖","云贰月(此系三月之误——引者)初柒出口并请庚。"(九·141)可是鲁迅的"请庚"竟与"出口"相隔两年有零,与两位族叔的做法大有出入,是否因鲁迅反对而延误,已无可稽考。

这两条记事看似一鳞半爪,近于琐碎,却十分重要,它是迄今所见记载鲁迅旧式婚姻缔定年代的实录,是最可信的第一手资料。人们不难从中得出明白无误的结论:鲁迅与朱氏的旧式婚姻,正式提出于1899年3月,到1901年4月,终于基本定局。从而使国内外研究界长期聚讼纷纭的订婚年代问题,得到比较圆满的可信的解答。

至于《日记》记载的其它重要史实,如绍兴县试、南京负笈、扶桑东渡等,《旧日记里的鲁迅》多有介绍,笔者也没有什么需要补充,故不作重复。

五

《日记》涉及一些日常工作与生活,虽多属琐屑小事,但有的有助于补正某些回忆失实之处,有的则有拾遗补缺的作用,似乎也不应轻易放过。试举数例:

补正回忆失实方面:

关于《会稽郡故书杂集》的刻印,多数年谱、传记根据周作人的回忆,说此书印刷100部,付出刻印费用48元。殊不知周作人回忆有一点小小的疏忽:印数100部不误,费用却与实际支出不符。据《日记》记载,刻印费用分7次支付,计1914年11月26日(十四·404)、次年2月

6日(十四·414)、3月19日(十四·419)、5月2日(十四·426)、5月21日(十四·429)各付10元,6月14日(十四·432)付18元,6月24日(十四·433)付5元,合计73元,实际支出比回忆多25元。按周作人习惯,在写回忆时一定查对过日记,大概一时疏忽,少算二笔10元的与一笔5元的,于是发生了差错,这也是难免的。

拾遗之类。

关于《绿山野屋主人兄弟题名》。"绿山野屋"当是周作人为其居室所起的"雅号","主人"无疑是周作人自称。《题名》关于鲁迅是这样写的(十·90):

> 戛剑生　名樟寿,字豫山,后改名树人,字豫才。年二十一岁,光绪辛巳八月初三日辰时诞,肄业江南矿务学堂。自号戛剑生,号震孙。

鲁迅的原名已为人所熟知,"戛剑生"的号则因《戛剑生杂记》也并不陌生,但又号"震孙",恐怕知道的人并不多,故特予录出。

附带谈谈《题名》中"矿务学堂"的名称。周作人《旧日记里的鲁迅·一七　辛丑五》一节有云:"庚子日记末有《戛剑生略历》,说肄业矿务学堂……似此系正当的名称,通称作'矿路',或称'路矿'则是错误的。"这里周作人依据旧日记的记录,提出了"矿务"或"矿路"的名称问题。据文献记载,当时两江总督刘坤一曾拟筹办"农工矿路各学",可见开始时办学范围不仅仅限于"矿""路",且两者并不合在一起,至1899年3月28日(己亥二月十七日),当时《中外日报》报道"陆师兼课矿务"①,可见结果似乎只有"矿"而无"路",则"矿务"之名或有所据。但笔者限于资料,不可能进一步展开这个问题,不过周作人的意见或许不无可以参酌之处,故录以备改。

关于白话信。《日记》壬寅六月十四日(1902年7月18日):"接大哥来信(西七月十号发,十八号到)尽二纸,尽白话,拟即答。"(十一·67)可知鲁迅早在1902年就使用过白话文,惜此信不存,无从得见其内容。当时鲁迅抵达

---

① 参阅姚锡佩《鲁迅去南京求学前后的若干史实》所引,载《鲁迅研究资料》第4期。

日本还只有三个月多一点，竟使用白话文写信，很可能系受到当时留学界进步思潮的影响。鲁迅的白话信，立即感染了周作人，他在第二天的日记里记道："作日本信，得五张，亦白话，至午始竟。"虽然此后一段较长的时期内周氏兄弟好像并未坚持写白话文，但这一次尝试无疑值得大书一笔。

两件小事："买彩票"与"嬉大湖"。

有人曾以《鲁迅不买发财票》为题，写过一则轶闻，轶闻的来源是另一位作者的回忆录。"发财票"就是"彩票"。但青年鲁迅曾经买过彩票，所以"不买发财票"不完全合乎事实。《日记》有这么一条："庚子二月初六日（1900年3月6日）下午接江南廿六函……又鹁鸽票一张（江南义赈彩票，二月廿四日开彩）。""江南"代指鲁迅。"义赈彩票"就是因某种社会救济目的而发行的彩票（中彩者可得一笔额外奖金，不中者等于义务捐助）。鲁迅好像对是否中奖并不看重，还未到开奖，就把它寄给了周作人，大概是给乡下的二弟开开眼界吧。可见"从来不买发财票"之说不确。当然买不买发财票属于生活小节，无关宏旨，但为求真起见，或者可以作为一点补正。

《日记》辛丑正月廿四日（1901年3月14日）有一条记事："下午同母亲、大哥、三弟嬉大湖。"（十·73）"嬉大湖"即"挖花"，是一种使用骨牌的赌博，但在他们母子兄弟之间"嬉大湖"，则侧重于娱乐和消遣。这是《日记》中记载鲁迅"嬉大湖"唯一的一次。"大湖"所用骨牌与"牌九"是相通的，但骨牌数量多少不同。由此可以证明，鲁迅1929年1月6日致章廷谦信中所云"盖不佞虽不解'麻酱'，而究属老支那人，'至尊'之为∴和∷，实属久已知道者也"，确非虚语。

1989年4月改定

（载《鲁迅研究资料》第24辑）

读《周作人日记》札丛

○ 顾农

鲁迅的《别诸弟》与周作人的和诗

1981年版《鲁迅全集》第八卷《集外集拾遗补编》附录二有作于庚子二月的《别诸弟三首》：

谋生无赖日奔驰，有弟偏教各别离。
最是令人凄绝处，孤檠长夜雨来时。

还家未久又离家，日暮新愁分外加。
夹道万株杨柳树，望中都化断肠花。

从来一别又经年，万里长风送客船。
我有一言应记取，文章得失不由天。

注释说："本篇录自周作人日记，题下署'豫才未是草'。一九〇〇年一月二十六日，鲁迅由江南陆师学堂附设的矿路学堂回家度岁，二月十九日返校后写了这三首惜别的诗。"查《周作人日记》（影印本，大象出版社1996年版）庚子年一月二十日（阳历2月19日）记有"下午大哥收拾行李。傍晚送庆公地叔大哥下舟往宁，执手言别，中心黯然"。又，三月十五日记有"下午……接金陵十八日函，并洋四元、诗三首。系托同学带归也。作复函。诗列于左……"诗题径作《别诸弟》。据此，《全集》本标题中的"三首"二字可以考虑删去。校勘应包括标题在内。既然出处是《周作人日记》，那么就要忠实于这一出处。

《周作人日记》辛丑年一月二十五日（阳历3月15日）记"上午大哥收拾行李，傍晚同十八公公子恒叔启行往秣（按此乃秣陵的简称，即南京；下引诗，题中的"白"，是白门或白下的简称，亦指南京——农），送大哥至舟。执手言别，中心黯然。作一词以送其行，稿存后。夜作七绝三首，拟二月中寄宁。稿亦列如左"，他的诗是这样的——

送戛剑生往白

步别诸弟三首原韵

一片征帆逐岸驰，江干烟树已离离。
苍茫独立增惆怅，却忆联床话雨时。

小桥杨柳野人家，酒入愁肠恨转加。
芍药不知离别苦，当阶犹自发春花。

家食于今又一年，羡人破浪泛楼船。
自惭鱼鹿终无就，欲拟灵均问昊天。

这三首和诗实际上晚于原唱一年有余，所以诗中有"家食于今又一年"之句。和诗于一月二十八日寄南京，并索和诗。得到周作人的和诗以后，鲁迅即和三首，并有跋文，寄回绍兴。周作人于辛丑三月二十四收到，录入日记；《鲁迅全集》第八卷《集外集拾遗补编》附录二据以录入，题作《别诸弟三首　辛丑二月　并跋》。这个题目符合《周作人日记》所载，比较恰当。

庚子辛丑之际的一年是周作人最痛苦的一年，在杭州服刑的祖父一方面不断地催促他应科举考试——于是他也曾到三味书屋读书，磨练他的八股文和试帖诗，但他并不大甘心走这条老路；另一方面也考虑让他进新式的学校。孙子的出路，总是老人家的一大心事。当时杭州有新办的求是书院，周作人曾在日记中详细记载祖父来信中所介绍的消息：

午接杭信云,杭省将有求是书院,兼习中西学,各延教席。在院诸童日一粥两饭,菜亦丰。得列上等,每月三四元之奖,且可兼考各书院。明正月二十日开考,招儒童六十人,如有志上进,尽可来考云云。(己亥年十二月十八日)

祖父赞成他来考,可惜这个学校是要收学费的,周家已经破落,经常向亲友借钱,并已开始变卖田产,根本交不起这一笔费用。鲁迅在《朝花夕拾·琐记》一文中曾经提起这个书院,说是"功课较为别致的,还有杭州的求是书院,然而学费贵"。老大鲁迅尚且进不去,二弟周作人当然也进不去。

　　这时周作人的生活内容,除了准备考试以外,日记中给人印象最深的是到郊外去上坟(实为游览),访亲会友,打牌,抽烟,跟着一个名叫姜渭河(阿九)的无业人员到处游荡……而日记中又时时流露出相当的苦闷。时代潮流在变化之中,而他始终找不到出路,找不准自己的坐标。周作人晚年回忆这一段生活,直言不讳地称为"几乎成为小流氓"(《知堂回想录》,第61页,香港三育图书文具公司1980年版)。从鲁迅劝他的一句诗"文章得失不由天"看去,周作人当时将自己的无所作为归之于天命。

　　大哥的劝戒一时没有发生太大的作用。周作人和诗的第三首十分明显地表明他内心非常痛苦,一无所成,老是在家吃闲饭显然不是办法,但出路一时还没有找到。他说要像屈原(灵均)一样写一首《天问》。

　　两个月以后,在鲁迅的努力下,周作人到南京去进水师学堂充当"额外生"(第一年要交伙食费),从此走出了空气沉闷的故家。

　　从鲁迅的《别诸弟》与周作人的和诗中,我们不仅可以看到他们兄弟间深厚的手足之情,更能看到大哥在不遗余力地拉着二弟走向新的生活。

鲁迅《祭书神文》之校勘

　　《鲁迅全集》第八卷《集外集拾遗补编》附录二有《祭书神文》一篇(第472页,人民文学出版社1981年版),注云:"本篇录自周作人日记,写于一九〇一年二月十八日（夏历庚子除夕），署名戛剑生。"近读《周作人日记》（影印本，大象出版社1996年版），发现《全集》本不尽忠实于出处，应作校勘者凡三处：

"俗丁伧父兮为君仇，勿使履阈兮增君羞。"按《周作人日记》眉批云："羞，原本作忧。"可知"羞"字乃周作人所改，而用这个字分量显得比较轻，不佳，应回改作"……勿使履阈兮增君忧"。

"今管城脱颖以出兮，使彼惙惙以心忧。"按《周作人日记》眉批云："忧，原本作愁。"鲁迅前文已用"忧"字，这里不可再用，当回改为"愁"字。

"他年芹茂而樨香兮，购异籍以相酬。"按《周作人日记》，"樨香"下有一"时"字，《全集》本脱去，应补入。

出现上列问题的原因，大约在于先前周作人依据旧日记陆续公布鲁迅早年文稿时，态度不尽认真，工作不够过细，而他所拿出来的乃是独家材料，人们只好以此为依据，无从校勘，于是就那么收到《全集》里去了。等到《周作人日记》的原件公诸于世以后，又没有认真核对，于是老问题就老是在那里。现在我们完全有条件把校勘工作做得更好一些。

不妨再举一个类似的例子。《集外集拾遗补编》附录二《莳花杂志》："晚香玉本名土秘螺斯……"，查《周作人日记》，"螺"本作"赢"。《全集》也是从周作人的回忆文中转录，所以也不合于《日记》抄件之旧。这些地方，将来出新版《全集》时应当予以校改。

《祭书神文》的写作时间确实是庚子除夕，本日《周作人日记》载："除夕，晴。下午接神，夜拜像，又向诸尊长辞岁。及毕，疲惫不堪。饭后同豫才兄祭书神长恩，作文侑之（稿存后）；又以鲫鱼作凤仙花文。同大哥闲谈，十一点钟睡。"周作人抄录存稿的那一部分称为《柑酒听鹂笔记》，用的是晋、宋间著名艺术家戴颙（378—441）的典故。戴氏世居会稽剡县，戴颙后迁吴中，宋衡阳王刘义季迎居于京口黄鹄山、招隐山（今江苏镇江南山）一带，他常常携双柑斗酒，外出听黄鹂声，并说"此俗耳针砭，诗肠鼓吹"（冯贽《云仙杂记》卷二）；今镇江南山招隐寺有听鹂山房。周作人早年羡慕隐士，尤重乡贤，所以有这样风雅的名目。

鲁迅与周作人合作写诗

《周作人日记》辛丑年后所附《柑酒听鹂笔记》内,有诗文手稿及抄件多份,其中的《惜花四律步藏春园主人原韵》,作者署"汉真将军后裔",眉批云"都六先生(周作人)原本,戛剑生(鲁迅)删改",又说"圈点悉遵戛剑生改本"。鲁迅改得很多,现照改本抄录如下:

  鸟啼铃语梦常萦,闲立花阴盼嫩晴。怵目飞红随蝶舞,关心茸碧绕阶生。天于绝代偏多妒,时至将离倍有情。最是令人愁不解,四檐疏雨送秋声。

  剧怜常逐柳绵飘,金屋何时贮阿娇。微雨欲来勤插棘,薰风有意不鸣条。莫教夕照催长笛,且踏春阳过板桥。只恐新秋归塞雁,兰艭载酒桨轻摇。

  细雨轻寒二月时,不缘红豆如相思。堕茵印屐增惆怅,插竹编篱好护持。慰我素心香袭袖,撩人蓝尾酒盈卮。奈何无赖春风至,深院荼䕷已满枝。

  繁英绕甸竞呈妍,叶底闲看蛱蝶眠。室外独留滋卉地,年来幸得养花天。文禽共惜春将去,秀野欣逢红欲然。戏仿唐宫护佳种,金铃轻绾赤阑边。

据周作人眉批,第一首只有第一句、第二联是原稿上的,第七句的"不解",原作"绝处"。第二首也是只有第一句、第二联是原稿上的,其余都是鲁迅改写的。关于三、四两首无眉批,大约全部由鲁迅重新写过。似此,则鲁迅的笔墨超过了四分之三。可惜我们现在看不到周作人的原稿,否则可以对大哥修改的用心有更多的了解。

所谓"汉真将军",指著名的将领周亚夫。《史记·绛侯周勃世家》云,亚夫驻扎在细柳,天子前来劳军,先驱先到,进不了营门;稍后文帝本人驾到,还是进不去,于是——

  上(文帝)乃使持节诏将军:"吾欲入劳军。"亚夫乃传言开壁门。壁上士吏谓从属车骑曰:"将军约,军中不得驰驱。"于是天子乃按辔徐行。至营,将军亚夫持兵揖曰:"介胄之士不拜,请以军礼见。"天子为动,改容式车。使人称谢:"皇帝敬劳将军。"成礼而去。既出军门,群臣皆惊。文帝曰:"嗟乎,此真将军矣。"

所以"汉真将军后裔"表明姓周,指鲁迅、周作人皆可。日记中这样署名,恰好表明这四首诗是他们兄弟合作的成果。

《惜花四律》曾经被收入十卷本和十六卷本《鲁迅全集》。不久前听说有人认为该诗原作者不是鲁迅而是周作人,主张新版《鲁迅全集》不复录入;对此已有人提出不同意见,不知最后如何处理此事。我想,既然是两位"汉真将军后裔"合作写成的,还是以收入为宜。《周作人日记》的读者,总比《鲁迅全集》的要少得多。

(载《鲁迅研究月刊》2002年第11期)

鲁迅与周作人的日本文学翻译观

⊙ 张铁荣

周氏兄弟是中国介绍和翻译外国文学的大家,他们兄弟从事翻译活动是从在日本留学期间开始的,日本文学对他们产生过一定的影响。对日本文学的介绍和翻译是他们文学活动的重要组成部分,日本文学在鲁迅的创作中产生过很大的影响。鲁迅一生翻译了很多日本文学作品和文学理论,在各种文章中论及的日本作家就有80多人,据粗略统计,涉及的作品有65篇左右,以国别而论,日本作家在他论及的世界作家中排列第2位,仅次于俄罗斯。而周作人在此方面似乎更甚于鲁迅。在周作人的各种译著中,日本文学的翻译数量就占了五分之三,如果从1913年11月5日在《绍兴县教育会月刊》上发表的所译黑田朋信所作《游戏与教育》算起,到上世纪60年代中期的译著止,就已历时60余年,可以说日本文学的译介是周作人文学活动的重要组成部分,这项工作几乎贯穿了他的一生。

然而他们兄弟两个在具体问题上又有诸多的不同。由于历史的原因和鲁迅的个性特点,初期的他并没有阅读大量的日本文学作品,而是借助日本的条件翻译和介绍了不少东欧弱小国家的文学作品,以此刺激、启发国人,唤醒他们的爱国热情。因为那时的他深受梁启超的影响,以为文学可以改造社会,充分反映出一个年轻激进的爱国者的赤子情怀。"我以我血荐轩辕"①就是他当时心情的真实写照。据周作人回忆，鲁迅当时坚定地认为"欲救中国须从文学始……对于日本文学当时殊不注意"②。直到从日本留学回国以后，他也没有阅读多少日本的文学作品。周作人初期虽和鲁迅一样，但他还是介绍了不少日本的诗歌，后来专门注重日本的平民文学，从而走上了翻译日本近代文学、古典文学名著之路。

一、翻译思想的演进过程

应该说真正把日本文学译介给中国读者的是鲁迅和周作人。十分有趣的是，他们二位最初翻译的也是西方文学，鲁迅还借助日文转译了东欧文学作品。周氏兄弟留学日本的数年间，并没有翻译日本的文学作品，但他们买了许多日本书是确实的。周作人对日本文学的翻译严格算起来应该是从五四运动以后开始的，他译的第一篇小说是江马修作的《小小的一个人》，发表在《新青年》杂志1918年12月15日的第5卷第6号上。1920年8月出版的周作人所翻译短篇小说集《点滴》，又把这篇惟一的日本短篇小说收了进去，这是周作人翻译日本文学的开始。江马修是日本岐阜县人，生于1889年，他并不是日本很有名的作家。他中学没有读完便到东京的神田区役所当临时工，后又到水道局制图系工作，很快他喜欢上了文学，并有机会投到夏目漱石门下，与武者小路实笃、千家元磨等白桦派作家接近，出版了短篇小说集《诱惑》等。周作人把当时二十八九岁的日本作家的小说翻译出来的目的，可能主要考虑的是思想内容，他在江马修那里找到了某些共鸣。江马修的小说主要表现的是青春、爱与苦恼的人道主义思想，而当时的周作人自己正执笔写《人的文学》《平民的文学》等文，他也以人道主义为武器向旧文学宣战。他在译文前面写了这样一段话："这一篇从江马氏小说《寂寞的路》（Sabishiki Mitshi，1917）中译出。本名 Tshiisai Hitori，用英文译不过是 A

---

① 鲁迅：《自题小像》。
② 周作人：《关于鲁迅之二》。

Little One 的意思,译作汉文却很为难,变成了那六个生硬的字了。江马氏是新进作家,有人道主义的倾向。此外,有长篇小说《受难者暗礁》两种,又有《爱与憎》,也是短篇小说集。"

周作人翻译日本文学的主导思想,和他此前的介绍弱小民族文学的宗旨是一致的。他当时也深受梁启超的文学影响,认为文学可以改良思想、补助文明,借他山之石以更新国人的精神:"异域文术新宗,自此始入华土。使有士卓特,不为常俗所囿,必将犁然有当于心。按邦国时候,籀读其心声,以相度神思之所在。则此虽大海之微沤欤,而性解思惟,实寓于此。中国译界,亦由是无迟暮之感矣。"①

鲁迅对日本文学的关注,开始并不像周作人那样有兴趣。因为他当时深受梁启超等学者的影响,过分强调翻译的功利作用,意在改变国民的思想。因此他严格地选择意在暴露社会黑暗,争取民族再生,唤醒国人精神的外国进步文学作品,他力图把血和泪的文学介绍给国人。令他激动的是那种浪漫派的"摩罗"诗人,他希望通过异国的刺激,使国人猛醒;在提倡新文艺中,他力图用全新的内容和形式来代替林纾影响给翻译界的沉旧风气。因此他当时的目光是向着激动于民族危亡的东欧的,正如日本学者竹内实所言:"鲁迅对日本文化的评价不甚高。他既未曾选择日本文化作为自己的研究对象,也未曾从一位文学家的立场对日本文学表示关心。""这跟他弟弟周作人是个鲜明的对比。"②虽然鲁迅从1913年5月始就翻译上野阳一的教育心理学论文,但他对日本文学的翻译应从1919年8月译武者小路实笃的剧本《一个青年的梦》算起,紧接着于同年他又开始翻译有岛武郎的小说《与幼小者》。对于前者鲁迅认为书里的话自己"自然也有意见不同的地方",但他看完这书以后,"很受些感动,觉得思想很透彻,信心很强固,声音也很真"③。至于后者是鲁迅在写作了《我们现在怎样做父亲》两日后读到的,他认为具有人

---

① 鲁迅:《域外小说集·序言》。
② 竹内实:《鲁迅的日本文化、文学观》。
③ 鲁迅:《〈一个青年的梦〉译者序》。

道主义思想的有岛在小说中"很有许多好的话"①。鲁迅是以一种开放的眼光来看日本文学的,他认为只要好,只要于中国有利就要"拿来",为我所用。这两篇作品中的人道主义思想、令人感到震撼的语言,一定使他觉得会对当时的中国产生作用,所以他才急于翻译出来,虽然他不是专门关注日本文学的中国作家。这一时期的鲁迅几乎和周作人一样,都是有目的地翻译日本的文学作品,因为他们兄弟可以相互交流,相互配合。

渐渐地周作人关心起日本的俳句、诗歌和平民文学来,这和他留日期间广泛接触平民的生活不无关系。周作人有意识地将日本的诗歌介绍给中国的读者。1921年8月《新青年》第9卷第4号上发表了他的《杂译日本诗三十首》,10月23日的《晨报副刊》上又发表了《日本俗歌八首》的译诗,同年12月他还译出了《日本俗歌四十首》,第二年发表在《诗》第1卷第2期上。从留日期间起,周作人就十分喜爱日本的俳句,他对俳句中所表达的"诙谐的意思"、"幽玄闲寂的禅趣味"和"用俗而离俗"②的表现方式很感兴趣。我们知道:从1919年至1923年,周作人还以新诗人的姿态出现在现代文坛上,他的新诗集《过去的生命》中的作品都是在此时写成的。

他再三声明自己"不是个诗人"③,他只不过是为新诗坛凑凑热闹,待有新的诗人出来他便告退。我想对他日本诗歌俳句的翻译也应如是观,这是他为发展中国新诗所做的"拾柴"工作的一部分,同时也是为以后的翻译界提供一种依据和经验。他在发表所译诗歌的同时,还对日本诗歌从历史到形式进行分析,指出其中的长处与缺陷。他说:"日本文学中既有短歌俳句川柳这几种诗形,民谣中又有几种,可以算得颇多了;明治时代新兴了新体诗,仍以五七调为本,自由变化,成了各种体裁;又因欧洲思想的影响,发生几种主义的派别,因此诗歌愈加兴盛了。新体诗的长处,是表现自由,可以补短诗形的缺陷。以前诗有文语两种,现在渐

---

① 鲁迅:《热风·随感录六十三"与幼者"》。
② 周作人:《知堂回想录·俳谐》。
③ 周作人:《过去的生命·序言》。

渐口语诗得了势,文章体的诗已少见了。这诗歌两种虽形式有异,却并行不悖,因诗人依了他的感兴,可以拣择适于表现他思想的诗形,拿来应用,不至有牵强的弊。譬如得了一种可以作和歌的感兴,做成短歌,固很适合;倘使这思想较为复杂,三十一个字中放不入,那便作成诗,自然更为得宜。与谢野晶子的几种《歌话》中论及诗歌,便是这样说法,不以短歌为惟一表现实感的文学:我以为很是切当。"①

显然,此时的周作人是十分强调所译作品的内容的。重视作品的平民性和为人生的目的,这是他前期译作的一个主要特色。就是译介日本小林一茶那种优美的传统俳句时,他也能从更深层次体会出其中的人生味道。他这样评价说:"一茶的诗,叙景叙情各方面都有,庄严的句,滑稽的句,这样那样,差不多是千变万化,但在这许多诗的无论那一句里,即使说著阳气的事,底里也含著深的悲哀。这个潜伏的悲哀,很可玩味。如不能感到这个,便不能说真已赏识了一茶的诗的真味。将一茶的句,单看作滑稽飘逸的人,是不曾知道一茶的人。"②

早在1921年,周作人就译过石川啄木的短歌,他当时看重的是啄木诗歌中在内容上注重"生活的表现",在形式上"起了革命,运用俗语",而所有这些在当时都是新的日本和歌作家所不敢做的。周作人正是从贴近生活大胆革新的角度选中了啄木,尽管只活了27岁的啄木的诗有许多幼稚之处,但周作人毫不在乎。直到晚年周作人才发现自己的问题,他说:"日本的诗歌无论和歌俳句,都是言不尽意,以有余韵为贵;惟独啄木的歌我们却要知道他歌外附带的情节,愈详细的知道便愈有情味。所以讲这些事情的书,在日本也很出了些,我也设法弄一部分到手,尽可能的给那些歌做注释,可是印刷上规定要把小注排在书页底下,实在是没有地方,那么也只好大量的割爱了。啄木的短歌当初翻译几首,似乎也很好的,以至全部把它译出来的时候,有些觉得没有多大意思,有的本来,反似乎没有什么可喜了。"③

---

① 周作人:《日本的诗歌》,《小说月报》第12卷第5号,1921年5月10日。
② 周作人:《日本诗人一茶的诗》,《小说月报》第12卷第11号,1921年11月10日。
③ 周作人:《知堂回想录·我的工作五》。

从鲁迅翻译介绍的日本作家来看,他的着眼点主要在日本的近现代作家。为什么如此呢?他一定是从这些日本作家的作品中,看到了一种正视现实的勇气和精神。鲁迅在翻译日本作家的作品时随意性很强,他似乎并不在意名家的名篇或是代表作,只要他认为好,对读者会产生作用他就翻译。比如夏目漱石的作品,鲁迅译的是《挂幅》和《克莱喀先生》,对于《我是猫》这样幽默性的代表作品并没有去翻译。前两篇小说反映出一种人间性,作者贴近普通人的日常生活,反映一种世态人心的余裕美。有人说,鲁迅是翻译了夏目的《克莱喀先生》勾起了自己的记忆,创作了《藤野先生》;也许是因为想起了藤野先生,才有意翻译了《克莱喀先生》,"或者这两种因素都有而交织在一起"①。这个分析是很有道理的,从中我们可以看出作为翻译家的鲁迅那种强烈的个性。鲁迅自己这样说:"夏目的著作以想像丰富,文词精美见称。早年所作,登在俳谐杂志《子规》上的《哥儿》、《我是猫》诸篇,轻快洒脱,富于机智,是明治文坛上新江户艺术的主流,当世无与匹者。"②可见鲁迅并非不知道夏目的名篇代表作,而是他的选择方向不同罢了。

1923年,周作人与鲁迅合译的《现代日本小说集》由商务印书馆出版。据《民国时期总书目》证实,这是现代中国出版的第一册日本小说的译著。

该书收录了日本15位作家的30篇作品,鲁迅翻译了夏目漱石、森鸥外、有岛武郎、江口涣、菊池宽、芥川龙之介等6人的11篇作品,由此他开始注意白桦派作家。周作人翻译了国木田独步、铃木三重吉、武者小路实笃、长与善郎、志贺直哉、千家元磨、江马修、佐藤春夫、加藤武雄等9位作家的小说共19篇。

从这些篇小说本身来说,它们大部分并不是这些作家的成名作或代表作,但作品中多描写下层社会的生活、儿童的心理、人间的不幸等。也许正是这些才引发了周作人和鲁迅的兴趣,因为他们当时的译学理论

---

① 孙席珍:《鲁迅与日本文学》,《鲁迅研究》第5辑。
② 鲁迅:《现代日本小说集·附录》。

是:"不相信艺术上会有一尊或是正统……我们生活的传奇时代——青年期——很受了本国的革命思想的冲激;我们现在虽然几乎忘却了《民报》上的文章,但那种同情于'被侮辱与被损害'的人与民族的心情,却已经沁进精神里去;我们当时希望波兰及东欧者诸小国的复兴,实在不下于章先生的期望印度。直到现在,这种影响大约还很深,终于使我们有了一国传奇的异域趣味;因此历来所译的便大半是偏僻的国度的作品。"①这册《现代日本小说集》虽不是"偏僻的国度的作品",但却是当时日本作家的较为"偏僻"的作品。这也是他们提倡人道主义工作的一部分,鲁迅、周作人自己是这样认为的。因此当他们把日本的现代作品介绍给中国的读者时,说这些紧贴生活的"现代的作品似乎还稍重要一点"②。他们十分看重这些作品的现代性,也许正是这种眼光促使他们去选择。鲁迅和周作人在提倡文学的开始,都是深受梁启超影响,把翻译也看作是改良社会的工具的。所以,周氏兄弟有一种使命感。而他们比梁启超看得更全面之处还在于:他们更重视译著的文学性,借"他山之石"以发展自己;他们十分明确地指出,要学习日本的"模仿别人"方式,对中国的创作、翻译进行"改革"。周作人1918年4月19日在北京大学文科研究所小说研究会的讲演中,再三强调的一段话很值得重视,这是他正式发表日本文学译著前的译学理论,是他前期日本文学翻译的指导思想,显然也是他和鲁迅共同协商的观点。他说:"中国讲新小说也二十多年了,算起来却毫无成绩,这是什么理由呢?据我说来,就只在中国人不肯模仿不会模仿。因为这个缘故,所以旧派小说,还出几种;新文学的小说就一本也没有。创作一面,姑且不论也罢;即如翻译,也是如此。除却一二种摘译的小仲马《茶花女遗事》、托尔斯泰《心狱》外,别无世界名著。其次司各得迭更司还多,接下去便是高能达利哈葛得白髭拜无名氏诸作了。这宗著作,果然没有什么可模仿,也决没人去模仿他;因为译者本来也不是佩服他的长处所以译他;所以译这本书者,便因为他有我的

---

① 周作人:《现代小说译丛》第一集序言,商务印书馆,1922年5月版。
② 周作人:《翻译文学书的讨论》,《小说月报》第12卷第2号,1921年2月10日。

长处,因为他像我的缘故。所以司各得小说之可译可读者,就因为他像《史》、《汉》的缘故,正与将赫胥黎《天演论》比周秦诸子,同一道理。大家都存着这样一个心思,所以凡事都改革不完成。不肯自己去学人,只愿别人来像我。即使勉强去学,也仍是打定老主意,以'中学为体,西学为用'。学了一点,便古今中外,扯作一团,来作他传奇主义的《聊斋》、自然主义的《子不语》,这是不肯模仿不会模仿的必然的结果了。

我们要想救这弊病,须得摆脱历史的因袭思想,真心的先去模仿别人。随后自能从模仿中,蜕化出独创的文学来,日本就是个榜样。照上文所说,中国现时小说情形,仿佛明治十七八年时的样子;所以目下切要办法,也便是提倡翻译及研究外国著作。"①

鲁迅翻译日本小说是借鉴其中的精华成分,为使中国的创作出现一些新的气象。鲁迅喜欢白桦派的清新自然的感染力、人道主义的同情心,以及创作中带有的那种眷恋凄怆的气息;他在江口涣那里看到了复仇主题,在菊池宽的小说中又发现了胜利者的悲哀和人间的嗜杀性,在芥川龙之介的作品中又找到那种阴冷和以恶报恶的暗示。鲁迅认为日本文学家有正视现实的勇气和描写上的新方法,但是他同时也注意到了日本文学中的问题,这就是消极的武士道思想。可以说鲁迅翻译这些作品时,他的心理是颇为矛盾的:他一方面从中看到了日本文学家的才智,一方面又看到了一些自傲和他不喜欢的东西;他一方面觉得不少的小说在技巧上的出奇制胜,同时又发现一些描写上的不合理因素。这正和他后来写《藤野先生》时的情感是一致的:他一方面感觉着作为弱国国民的沉重压力,一方面又感受着藤野先生的关爱。正如我们理解鲁迅要从藤野身上发现那种超越国籍的"真的人"一样,我们从他翻译的日本文学作品中也可能追寻那种"真的文学"。可惜的是我们的这种寻找常常会笼罩着浓重的委屈和悲剧的阴影。

对于后来鲁迅为什么不再翻译日本的文学作品,而转入文学理论,说法不一,有政治的、思想的、社会的等各种原因,但他确实走了和周作

---

① 周作人:《日本近三十年小说之发达》,《新青年》第5卷第1号,1918年7月15日。

人完全相反的另一条路。鲁迅的翻译思想转变是后来的事情。

周作人慢慢扭转了这种利用翻译直接为现实服务的译学理论,转向了对名著的翻译,也就是他所说的"为书而翻译"①。这一转变的过渡标志便是对日本古典文学《古事记》的翻译。

他初译《古事记》时,以前的那种译学理论还依稀可见。他说:"我译这《古事记》神代卷的意思,那么在什么地方呢?我老实说,我的希望是极小的,我只想介绍日本古代神话给中国爱好神话的人,研究宗教史或民俗学的人看看罢了。普通对于这种东西有两样不同的看法,我觉得都不很对,虽然在我所希望它来看的人们自然不会有这些错误。其一是中国人看神话的方法。他们从神话中看出种种野蛮风俗原始思想的遗迹,——其实这是自然不过的事,他们却根据了这些把古代与现代溷在一起,以为这就足以作批评现代文化的论据……其二是日本人看神话的方法,特别是对于《古事记》。日本自己有'神国'之称,又有万世一系的皇室,其国体与世界任何各国有异,日本人以为这就因为是神国的关系,而其证据则是《古事记》的传说。所以在有些经国家主义的教育家炼制成功的忠良臣民看来,《古事记》是一部'神典',里边的童话似的记事都是神圣的,有如《旧约》之于基督教徒,因为这是证实天孙的降临的。关于邻国的事我们不能像《顺天时报》那样任情的说,所以不必去多讲他,但这总可以说明,我们觉得要把神话看作信史也是有点可笑的,至少不是正当的看法。"②但到后来,他的这种观点又向前发展了,他告诉读者应把《古事记》——日本史册中所记述的最有系统的民族神话——"当作日本古典文学来看",当作当时日本的一部传说集去看,那将是很有兴趣的。他说:"日本传说自有其特色,如天真、纤细、优美,但有些也有极严肃可怕的,例如第一三八节的仲哀天皇的仓卒宴驾,即是一例。那是日本固有宗教的'神道教'的精神,我们想了解日本故事以至历史的人所不可不知道,然而也就是极难得了解清楚的事情。"③周作人在此指出

---

① 周作人:《苦口甘口·谈翻译》。
② 周作人:《汉译古事记神代卷·引言》,《语丝》第65期,1926年2月8日。
③ 周作人:《古事记·引言》,《古事记》,国际文化出版公司,1990年12月版。

了名著对于了解一个国家的重要作用。

接着,周作人翻译了《狂言十番》、《浮世澡堂》、《平家物语》、《枕草子》等日本古代名著。与此同时,他还以一个老翻译者身份,对译学理论和翻译工作发表了很多重要的意见,作出了一定的贡献。

周作人的这种由有目的翻译发展到对名著的翻译过程,表明了他作为一个翻译家的走向成熟,同时亦可看出他在译学天地里的摸索、彷徨与前进的轨迹。他强调名著不仅有"移情"的审美作用,而且不同国界的人们可以自如地交流;他还认为"有些杰作本是世界的公物,各人有权利去共享,也有义务去共学的,这在文明国家便应当都有翻译介绍,与本国有古典著作一同供国民的利用。……要读外国文学须看标准名作"①。

而鲁迅到了后来绝少翻译日本的文学作品,他的兴趣转向了苏俄文学和文艺理论,他还专门翻译了厨川白村的文学理论专著《苦闷的象征》和《出了象牙之塔》两本论文集。此外鲁迅是借助日文向读者介绍苏俄和西方的文学家的资料,而绝无日本小说的译著。我以为他的翻译也应和他的创作等同来看,因为他从事文学活动一开始,就是以为人生而且要改良这人生为目的;他翻译介绍外国文学,则是想借助外国的情形来刺激中国的人生,这是和他致力于改造中国国民性的理想相一致的。所以他从早期翻译介绍那些"立意在反抗,指归在动作"②的摩罗诗人,发展到后来的翻译以《毁灭》为代表的苏俄文学,鲁迅始终是以一个改革家的精英知识分子姿态从事翻译和介绍外国文学工作的。到后来他把翻译比喻成给起义的奴隶偷运军火的工作,意在照亮中国的"暗夜"。他深情地说看了俄国和弱小国家的作品以后,"才明白了世界上也有许多和我们的劳苦大众同一运命的人,而有些作家正在为此而呼号,而战斗"③。他的翻译思想也更加切实,也就是作品要对中国的读者

---

① 周作人:《苦口甘口》。
② 鲁迅:《坟・摩罗诗力说》。
③ 鲁迅:《集外集拾遗・英译本〈短篇小说选集〉自序》。

"有些有用"、"有些有益"①才会动手来译的。陈福康先生在《中国译学理论史稿》一书中指出：鲁迅在他一生的最后十年里，"他又对翻译问题作了一系列非常精湛的论述，在当时整个翻译界的影响极大，并在中国译学理论史上建立了丰碑"②。

鲁迅和周作人从最初的相互磋商、观点一致，发展到中期的各有主张、观点相异，除了他们本身的个性特征以外，还有时代的原因。鲁迅总是和青年知识分子在一起，在那激动的30年代里，和革命共同着生命，关心社会人生，吸纳新潮；而周作人则追求文学的极致，坚持平民的兴趣和关注杂学知识，在丰富中流离于纯文学和时代的边缘。但是他们兄弟在翻译实践和理论上，留给我们的宝贵遗产是多方面的，不论是鲁迅风还是知堂风，都会使我们受益无穷。

二、翻译方式的清新独特

对外国文学的翻译采取"直译"的手法，这是鲁迅和周作人首先提出来的。无论从当时还是在今天看来，这都是翻译手法的一次重要的革新。换句话说，正是周氏兄弟为中国翻译界在"信"上，开了风气之先；并用他们自己的翻译实践，为中国译文的忠实可信性奠定了基础。

众所周知，中国对于外国文学的翻译是从林纾开始的，正是众多的"林译"开了中国翻译史的先河。周作人曾经这样说："老实说我们几乎都因了林译才知道有外国有小说，引起一点对外国文学的兴味，我个人还曾经很模仿过他的译文。他所译的百余种小说当然玉石混淆，有许多是无价值的作品，但世界名著实也不少：达孚的《鲁滨逊漂流记》，司各得的《劫后英雄略》，迭更司的《块肉余生述》等，小仲马的《茶花女》，圣彼得（St. Pierre）的《离恨天》，都是英法的名作，此外欧文的《拊掌录》，斯威夫德的《海外轩渠录》，以及西万提司的《魔侠传》，虽然译得不好，也是古今有名的原本，由林先生的介绍才入中国。'文学革命'以后，人

---

① 鲁迅：《思想·山水·人物·题记》。
② 陈福康：《中国译学理论史稿》，第405页，上海外语教育出版社，1992年11月版。

人都有了骂林先生的权利。但有没有人像他那样的尽力于介绍外国文学,译过几本世界的名著?中国现在连人力车夫都说英文,专门的英语家也是车载斗量,在社会上出尽风头,——但是英国文学的杰作呢?除了林先生的几本古文译本以外可有些什么!就是那德配天地的莎士比亚,也何尝动手,只有田寿昌先生的一二种新译以及林先生的一本古怪的《亨利第四》。我们回想头脑陈旧、文笔古怪、又是不懂原文的林先生,在过去二十几年中竟译出了好好丑丑这百余种小说,回头一看我们趾高气扬而懒惰的青年,真正惭愧煞人。林先生不懂什么文学和主义,只是他这种忠于他的工作的精神,终是我们的师,这个我不惜承认,虽然有时也有爱真理过于爱吾师的时候。"①

虽然林译功不可没,但林琴南的翻译是用古文的意译,周作人认为文言译书不很费力而容易讨好,是对于译者有利的,他将此称之曰"为自己而翻译"②;针对这点,周作人提出了"为书而翻译"的革新观点,既然是要为书而翻译——把外国名著忠实地介绍给中国的读者,就应当使用白话文,翻译的方式最好是直译。这一重要见解是有一个发展过程的,周作人最先提出的是"对译"(即对照原文,忠实译出)③,后来又提出了"逐字译"④。直到20年代初,他才正式提出了"直译"⑤,此后他一直坚持这一提法,并多次论及。我认为他在《苦口甘口·谈翻译》一文中,将这一思想发展到最成熟、最全面的阶段。他这样说:"据我看来,翻译当然应该白话文,但是用文言却更容易讨好。自从严几道发表宣言以来,信达雅三者为译书不刊之典则,至今悬之国门无人能损益一字,其权威是已经确定的了,但仔细加以分析,达雅重在本国文方面,信则是与外国文有密切的关系的。必须先将原来的文字与意思把握住了,再找适合的本国话来传达出来,正当的翻译的分数似应这样的打法,即是信五分,达

---

① 周作人:《林琴南与罗振玉》,《语丝》第3期,1924年12月1日。
② 周作人:《苦口甘口·谈翻译》。
③ 陈福康:《中国译学理论史稿》,第175页。
④ 周作人:《文学改良与孔教》,《新青年》第5卷第6号,1918年12月15日。
⑤ 周作人:《点滴·序》,北京大学出版部,1920年8月版。

三分，雅二分。假如真是为书而翻译，则信达最为重要，自然最好用白话文，可以委曲也很辛苦地传达本来的意味……我们于一九零九年译出《域外小说集》二卷，其方法即是如此，其后又译了《炭画》与《黄蔷薇》，都是在辛亥以前，至民国六年为《新青年》译小说，始改用白话文。文言译书不很费力而容易讨好，所以于译者有利，称曰为自己而翻译，即为此故，不过若是因为译者喜欢这本原书，心想介绍给大家去看，那么这是为译书而翻译了，虽然用文言译最有利益，而于读者究不方便，只好用白话文译去，亦正是不得已也。至于说到外国文这一边，那就没有几句话即可说了。我想在原则是最好是直接译，即是根据原书原文译出，除特别的例外在外，不从第二国语重译为是。"从中我们可以清楚地了解周作人的本意。

在翻译方法方面，鲁迅与周作人的观点是完全一致的，他后来回忆前期对于翻译方法的革新时举例说："最好懂的自然是《天演论》，桐城气息十足，连字的平仄也都留心，摇头晃脑的读起来，真是音调铿锵，使人不自觉其头晕。这一点竟感动了桐城派的老头子吴汝纶……"①鲁迅和周作人在日本东京的时候，当时中国正在流行林译小说，林琴南的文言文确实很好，但是已颇懂外语的周氏兄弟发现误译很多，对此大感不满，为了纠正林译的毛病，他们才有《域外小说集》的翻译之举。此后他们兄弟二人合译了《现代日本小说集》，可惜的是他们翻译这一册书的时候，兄弟二人谁也没有写前言和后记，只是在附录中分别介绍了所译作家作品的简单情况。关于专门对日本文学的翻译手法问题，我们只能从他们零散的文章中去寻找。当然其他语种的翻译也可能说明他们的翻译理念和清新技巧。关于内容方面鲁迅采取的当然是一种全开放态势的"拿来主义"；在技法上鲁迅与周作人一致提倡"直译"，这里的直译就是将文章的本意直接地正确翻译出来，这是相对于胡乱求顺的"歪译"而言的。鲁迅历来主张翻译在于求真求实，也就是对于原著的忠实可信。他说："说到翻译文艺，倘以甲类读者为对象，我是也主张直译的。

---

① 鲁迅：《二心集·关于翻译的通信》。

我自己的译法,是譬如'山背后太阳落下去了',虽然不顺,也决不改作'日落山阴',因为原意以山为主,改了就变成太阳为主了。虽然创作,我以为作者也得加以这样的区别,一面尽量的输入,一面尽量的消化、吸收,可用的传下去了,渣滓就听他剩落在过去里,所以现在容忍'多少的不顺',倒并不能算'防守',其实也还是一种的'进攻'。在现在民众口头的话,那不错,都是'顺'的,但为民众口头上的话搜集来的话胚,其实也还是要顺的,因此我也是主张容忍,'不顺'的一个。"①鲁迅的观点是原原本本表达外国作品里的意思,不能因为雅而改变了原意,又不能完全顺从纯大众的口语而没有了文采,这是一种十分正确的翻译观。在这方面鲁迅与周作人有着惊人的一致。

周作人说:"我的翻译向来用直译法,所以译文实在很不漂亮,——虽然我自由抒写的散文本来也就不漂亮。我现在还是相信直译法,因为我觉得没有更好的方法。但是直译也有条件,便是必须达意,需汉语的能力所及的范围内,保存原文的风格,表现原语的意义,换一句话就是信与达。近来似乎不免有人误会了直译的意思,以为只要一字一字地将原文换成汉语,就是直译,譬如英文的'Lying on his back'一句,不译作'仰卧著'而译为'卧着在他的背上',那便是欲求信而反不雅了。据我的意见,'仰卧著'是直译,也可以说即意译,将它略去不译,或译作'坦腹高卧'以至'卧北窗下自以为羲皇上人'是胡译,'卧著在他的背上'这一派乃是死译了。古时翻译佛经的时候,也曾有过这样的事,如《金刚经》中'与大比丘众千二百五十人俱'这一句话达摩笈多译本为'大比丘众共半十三比丘百',正是相同的例。在梵文里可以如此说法,但译成汉文却不得不稍加变化,因为这是在汉语表现力的范围之外了,这是我对于翻译的意见,在这里顺便说及,至于有些有天才的人不但能够信达雅,而且还能用了什么译把文章写得更漂亮,那自然是很好的,不过是别一问题,现在可以不多说了。"②

---

① 鲁迅:《二心集·关于翻译的通信》。
② 周作人:《陀螺·序》,《语丝》第32期,1925年6月22日。

周作人在翻译日本狂言时，还特别注重不同的版本，找来相互参照，并把自己认为最好的、最有趣味的拿来做底本，这种择优选取底本翻译的做法，在译学中无疑是很重要的。晚年时他还颇为得意地谈到了这种"择善而从"的经历："狂言的翻译本是我愿意的一种工作，可是这回有一件事却于无意中做的对了。这也是高兴的事。我译狂言并不是只根据最通行的《狂言记》本，常找别派的大藏流或是鹭流的狂言来看，采用有趣味的来做底本，这回看见俄译本是依据《狂言记》的，便也照样的去找别本来翻译，反正只要是这一篇就很好了。近来见日本狂言研究专家古川久的话，乃知道这样的办是对的，在所著《狂言之世界》附录二'在外国的狂言'中说：'据市河三喜氏在《狂言之翻译》所说，除了日本人所做的书外，欧译狂言的总数达于三十一篇，但这些全是以《狂言记》为本的。新加添的俄文译本，也是使用有朋堂文库和日本文学大系的，那么事情还是一样。只有中国译本参照《狂言全集》的大藏流，和《狂言二十番》的鹭流等不同的底本。'他这里所说的乃是《狂言十番》，我的这种译法始于一九二六年，全是为的择善而从，当时还并不知道《狂言记》本为不甚可靠也。"①

周作人在翻译前搜集资料也是相当广泛的，他对日本的落语有着浓厚的兴趣，那种诙谐滑稽的文学形式，很为他所喜欢。在东京时他曾专门去看过落语的演出，把自己最喜欢的东西译成中文，是周作人认为最有趣味的事。但是，就日本落语而言，周作人改变了主意。他后来回忆说："还有一种《日本落语选》，也是原来日本文学中选定了的书，叫我翻译的；我虽然愿意接受，但是因为译选为难，所以尚未能见诸事实。落语是一种民间口演的杂剧，就是中国的所谓相声，不过它只是一个人演出，也可以说是说笑话；不过平常说笑话大抵很短，而这个篇幅较长，需要十分钟的工夫，与说相声差不多。长篇的落语至近时才有记录，但是它的历史也是相当的悠久的，有值得介绍的价值。可是它的材料却太是不好

---

① 周作人：《知堂回想录》，第636—637页。

办了,因为这里边所讲的不是我们所不大理解的便是不健康的生活。"①

为了此书的翻译,他搜集了很多落语的材料,其中有讲谈社的《落语全集》(周作人有六册约一百篇)、今村信雄的《落语事典》、安藤鹤夫的《落语鉴赏》及《落语国绅士录》等。但是他还是觉得不好译,因为日本的落语对于中国的听众与读者毕竟距离太大,再加上内容中有不健康的东西,所以周作人毅然中止了翻译工作,结果仅写了一篇《关于日本的落语》的文章②。他的这种对读者负责的翻译态度是十分正确的,由于中日两国习惯风俗固多殊异,他不愿把那种吉原(公娼所在地)入门的讲义译出来,这也是有道理的吧。

周作人曾说过他有一种偏好,就是喜欢搞不是正统的关于滑稽讽刺的东西,他对日本的一些正经的大作渐渐没有了兴趣,他认为带有民间幽默智慧的《日本狂言》和《浮世澡堂》、《浮世理发馆》等名著则更有意义,更显得精彩。③ 因此当他完成《日本狂言选》和《浮世澡堂》、《浮世理发馆》的翻译后,他都表示过那是"一件高兴的事","在翻译中间也有比较觉得自己满意的"④。这种带有译者本人极大研究兴趣的翻译,可算得上是高层次的翻译工作。

鲁迅不但是一位翻译的实践家,而且是我国译学史上的翻译理论家。他再三强调翻译要以信为主,顺在其次,顺也是慢慢可以解决的。他曾实事求是地写道:"但因译者的能力不够和中国文本来的缺点,译完一看,晦涩,甚而至于难解之处也真多;倘将仂句拆下来呢,又失了原来的精悍的语气。在我,是除了还是这样的硬译之外,只有'束手'这一条路——就是所谓'没有出路'——了,所余的惟一的希望,只在读者还肯硬着头皮看下去而已。"⑤想不到的是,鲁迅坦诚无私的襟怀却遭到梁实秋的批评和讽刺,于是他写了《"硬译"与文学的阶级性》进行反批评。

---

① 周作人:《知堂回想录》,第635页。
② 岂明:《关于日本的落语》,《文汇报》(香港)1964年5月13日;陈子善编:《知堂集外文·四九年以后》,岳麓书社1988年8月版,第560页。
③ 知堂:《八十心情》,《新晚报》(香港)1964年3月15日。
④ 周作人:《知堂回想录》,第632页、636页。
⑤ 鲁迅:《文艺与批评·译者后记》。

在这篇文章中鲁迅指出,语系相近的比较易于翻译,日本语和欧美很不相同,但日语逐渐添加了新句法,比起古文来,更宜于翻译而不失原来的精悍的语气;在寻找句法的线索和位置方面,日语和欧美语系逐渐接近了。为此他深刻地指出,"中国的文法,比日本的古文还要不完备",因此翻译家就要做艰苦的工作,绝不能因为自己图"愉快",或为工作"爽快"而不负责任地胡乱翻译。他还以自己的日译本举例说明什么是所谓的"硬译",他说:"我的译《苦闷的象征》,也如现在一样,是按板规逐句,甚而至于逐字译的。"他当然希望中国有更好的翻译,他策略地认为在更好的翻译到来之前,为不失原作原意而下苦功夫的"硬译"也是可以存在的。这颇符合他的一贯思想,因为他曾说过,在新的先进武器发明之前,笨拙的毛瑟枪也还是可以使用的。在翻译上鲁迅还认为,根据具体情况有些作品可以重译。在30年代他写了多篇关于翻译的文章,在我国译学理论史上具有十分重要的意义。他的这些文章涉及了翻译问题的方方面面,有许多观点就是今天看来仍然是有相当指导作用的。

日文中使用的汉字很多,不了解其中意思的人认为日文容易,其实日文中利用的汉字和汉字的本意是不完全相同的。尤其对于使用汉字的中国人来说,这些日文汉字亦如同外国语,理解和体会起来更难,有时稍不注意就会闹出笑话,还不如不懂汉语的外国人译起来准确。周作人曾反复强调这一点,他深有感触地说:"我深感到日本文之不好译,这未必是客观的事实,只是由我个人的经验,或者因较英文多少知道一分的缘故,往往觉得字义与语气,在微细之处很难两面合得恰好,大概可以当作一个证明。明治大正时代的日本文学,曾读过些小说与随笔,至今还有好些作品仍是喜欢,有时也拿出来看,即以杂志名代表派别,大抵有保登登岐须、昂、三田文学、新思潮、白桦诸种,其中作家多可佩服,今亦不复列举,因生存者尚多,暂且谨慎。"①

鲁迅与周作人的日文翻译之所以高出同时代其他人,倒不是因为他们在日本的时间长,而是因为他们个人独具的自身条件,也就是我们从

---

① 周作人:《知堂回想录》,第710页。

译文中往往可以发现的他们的个性。许多人读了他们的日本文学译著后,大都为书中流露出来的那种既淡且浓的日本味道而惊叹不已。仿佛是很有品位的日本文人写作的纯熟的中文作品一样,让我们在感受日本文化的同时,还能分别体会出那种强烈的鲁迅风和淡雅的知堂风。因为鲁迅和周作人都多次说过翻译中有一半是再创作,译者既要与原作者产生共鸣,又要表达出与众不同的个性风格,并能把作者的特质很好地表达出来,这才是合格的翻译。

当我们将周氏兄弟的译学思想和翻译方式进行比较研究时,不仅能发现他们在翻译史上留下的宝贵遗产,而且还会感到全面提高我国翻译水平之路的任重道远。

(载《鲁迅研究月刊》2003年第10期)

妄测

⊙ 余斌

鲁迅、周作人二人在失和以前,真称得上是"兄弟怡怡"。这固然有血缘关系的因素,然更由于志趣的相投,而学养又相当。那时二人在事业上的合作已非"默契"二字即足以尽之,有时甚至到了难分彼此的地步。比如在日本时的从事翻译,往往就是周作人口述,而鲁迅笔之于书。至于二人互相代为搜集、查核材料,代为抄写、投稿,更是常事。作品署名不分彼此的情形也时或有之,有时是二人合作的作品署一人之名,有时是二人各自所作用一共用的笔名,有时则是兄所作署弟之名,而弟所作署兄之名。像《会稽郡故杂书集》、《怀旧》,最初发表时署名"周逴",而这通常被认为是周作人的笔名,实则都是鲁迅的作品。后者系鲁迅发表的第一篇小说,由周作人取了名字投给《小说月报》的,鲁迅去世后,周作人在《关于鲁迅》一文道出实情,算是"退还了原主"。

周作人当时未说明,几十年后在《知堂回想录》中透露的,还有其他的信息。该书"自己的工作(一)"中记道:"在《新青年》投稿的时节,也是这种情形(指署名的不分彼此),有我的两三篇杂感,所以就混到《热风》里去,这是外边一般的人所不大能够理解的。"看了这段文字,顿生好奇之心:其一,"外边一般的人"指的是当年的人,还是《回想录》面对的70年代的普通读者?"不大能够理解"是简单地指这个事实,还是其他？陈述这一事实时周作人是否担心读者怀疑他有攀附鲁迅之嫌？其二，鲁迅编《热风》时为何未将周作人所作剔别出来？——鲁迅那样仔细的人当不会记不清前事。《热风》的编定是在1925年年底，兄弟失和已有多时，编入周的文章是纪念往日的情谊，还是不欲触动那创痕，所以一仍过去他们发文出书署名时而不分彼此的旧惯（一仍旧惯是模糊过去，加以剔别无形中倒是旧事重提，更显生分了）？其三，周作人并未指实哪些是他所作，也未说署的是何名，那么"两三篇"究竟是哪几篇？

第一个问题太难回答，周作人这样复杂的人物，其心理非"一般人"能够揣测，再则他回忆录中虽夹缝文章甚多，常予人不欲明言，难以明言，欲说还休之感，然这里是好求深解也说不定。第二个问题我倾向于上面的后一解，即鲁迅是不欲触动前情，但这也只能是凭空的妄测，亦属过求深解也未可知。只有第三问，白纸黑字在那里，似乎是可考的，我就在这里下"考证"的功夫了。这当然有一假设作前提，即周作人所记无误，所述是实，而我以为这是无可怀疑的。

首先查的是《新青年》，发现收入《热风》的诸篇，署名或为"鲁迅"，或为"唐俟"，"鲁迅"不用说，"唐俟"为鲁迅《新青年》时期常用的笔名，也是谁都知道的。周作人发表于《新青年》的文章通常即署"周作人"，他的文章以长论据多，与陈独秀、钱玄同、刘半农、鲁迅这些"随感录"的主要作者相比，他的杂感甚少，不过"周作人"也在"杂感录"中出现过，比如"杂感录"之二十四、三十四。这几篇当然未收入《热风》，可知那"两三篇"在《新青年》上确是以鲁迅的名义发表的了。《新青年》目录中"随感录"栏下作者名与卷中各篇篇末所署往往不一致，比如目录中为"鲁迅"、"唐俟"，篇末署"迅"、"俟"，然而这不会引起什么误会。有时也有篇末未署名的，不过这情形只见于陈独秀的文章，不见于"鲁迅"、"唐俟"。因此从《新青年》上是见不出什么"破绽"的。

接下来又查《鲁迅全集》中的《日记》。平日翻看全集，对注释部分并未在意，这一次才发现那注释实在是详尽，下的功夫实在是大。鲁迅的日记是流水账，而且简而又简，比如某日做一文，日记中往往只记其事，不及其内容，而注释则一一都坐实了，如1918年11月1日记"夜作

《随感录》二则",注曰"即《随感录三十五》、《随感录三十六》"。然而我的疑惑仍未得解,因为鲁迅的书账在日记中虽是笔笔清楚,他的文字却并非每一篇都记录在案的。不能据此断定日记中未记的即是周作人所作,那样的话,《热风》中周作人所作就远不止于"两三篇"了。很遗憾,周作人的日记至今还未出版,他的日记要比鲁迅详得多,也许读到他的日记,我的疑问也就迎刃而解了。

不过这一番查找倒给了我一个提醒:既然日记注得如此之详,全集中对《热风》诸篇也应一一有所交待的。于是再查全集第一卷。果然于出处、署名都有交待。然而没有一篇注明是出自周作人之手的。只是《随感录》四十二、四十三、五十三及《为"俄国歌剧团"》、《即小见大》这几篇,只注最初发表的地方而未及署名。后两篇登在《晨报副刊》上,署名"风声"(鲁迅发表于晨附的文章常用此笔名),似应不在考辨的范围之内,撇开这两篇不论,倒恰好符合周作人所说的"两三篇"之数了。可周作人说的"《新青年》时节"是个含糊的概念,也许并不特指二人一同在《新青年》上发文章的那一段,而这两篇发表于兄弟失和之前,周作人写了以鲁迅名义发表也是可能的。那么是否全集中未注署名的五篇都是周作人所作?

孤陋寡闻,一时也不知向哪位专家求教,只好再找《热风》来看——文献资料是"外证",找不到外证且寻寻"内证",从内容和文字风格上做一猜测如何?

这一看却发现《随感录》四十二、四十三两篇上各用红笔画着大大的问号。于是想起几年前读时也有过疑问的,特别是前一篇。那时正在大看周氏兄弟的作品,二人的集子皆已读过不少,对二人的风格也稍有体悟了,就觉这两篇倒是更接近周作人的作风。但并不知道有"混入"之事,也就不疑有他,只将其误认作兄弟二人文字风格上也有相似的一面的证据,或者是二人早期风格上的差异不及后来明显的证据。这一次有《回想录》的提示,有全集注释的指引,"按图索骥",读来又自不同。

自20年代到现在,已有很多名家对鲁迅、周作人的风格做过精微的辨析,比如鲁迅"地火奔突"式的炽烈与周作人的理智冷静;"长枪大戟"

与"和风细雨";鲁迅斩钉截铁的语气与周作人"和婉的商讨"态度,等等,等等。然而兄弟二人虽从一开始即各是各的路数,却的确是越到后来风格特征越鲜明,彼此间的距离也才拉得越大。前期则周作人大体尚在"叛徒"的阶段,时或趋于"激烈",不似后来闲适雍容的"隐士"风度,而在《新青年》等处写短评也要顾及这类文字的特点。再者风格这东西只可意会,难以言传,上面引的一些看法也都是描述性的,涉及到具体的某篇文字归属的判断,我也只能自己去意会,求助于一己阅读的直觉了。

凭直觉,我以为《为"俄国歌剧团"》必出自鲁迅之手,因为这里显露的抒情特征,句式的特征,都是典型的鲁迅式的,第一句的句式就很明显:"我不知道,——其实是可以算知道的,然而我偏要这样说,——"文中"沙漠"意象的反复出现、"比沙漠更可怕的人世在这里"的强烈感受则是我们在《野草》里一再领略到的。(事实上这一篇放在《热风》里显得很特别,它的情调、文体似乎更接近《野草》中的篇章。)但是《即小见大》这篇却叫人举棋不定了,说是鲁迅所作固可,说是周作人做的也未尝不可。

算起来还是《新青年》上的三篇最为可疑。这多半也是从文风上下判断的。陈西滢谓鲁迅能以"寸铁杀人",郁达夫说鲁迅多有"诛心之论",反映在文体上即是简练峭拔,句子短,段落也短,常有掷地有声的效果;鲁迅喜欢尼采,他的语句也多有警句式的。这些特征可在《热风》大部分篇章中求得映证,而在这三篇中则不易见出。相反,它们段落、语句都较长,而且语气徐缓平和,更多学者气息,较少斗士之风。《随感录》四十三、五十三都是评论上海《时事新报》星期图画增刊《泼克》上的所谓讽刺画的,论美术,论讽刺,似乎是鲁迅比周作人更感兴趣,所以从内容上看归到鲁迅名下好像也有道理,但只要将书中同是评论《泼克》的另一篇文章——《随感录》四十六拿来一加对照,差别就出来了:这篇更有"攻击"性,讽刺的分量更重。一同把《泼克》拿来当箭垛,也许是二人一起看过,且一块议论过吧?至于《随感录》四十二,我觉得这是最可以斩截地归到周作人名下的,不仅因为这里以学识说理的理性的学者态度,而且这里的知识多是属于人类学方面的,周作人恰是对人类学一直有着浓厚的兴趣。

我坚信自己的判断是不会错的。虽然如此,没有足够的证据,到底还只能算妄测。况且这里面还有全集注释的无形提示,测出来也不算什么本事。也许答案别人早就找到了,只是我不知道而已。果如此,则我只能说,看看一个普通读者如何妄测,也是有点意思的吧?

问题是全集的注释是否可以当作某种提示或者暗示。我相信是可以的,否则我断为出自周作人笔下的这三篇,在《新青年》发表时明明有作者署名,注释者为何不在注中照实录上?全集的注释认真细致,这不可能是疏忽大意,只能是有意为之。

那么注释者是已经知道实情了,然则何以不注明实系周作人所作呢?全集出版的日期也许提供了答案:这书的第一版是1981年出的,其时思想解放还刚刚开始,应算是"解放脚"的阶段,注释者或审订者可能觉得将鲁迅亲自编定的集子中的文章归到他人名下未免唐突,何况周作人这个名字当时还是大大的忌讳呢!真是这样,则这几条简短的注一方面见出了注释者的严谨,一方面也见出审订者的顾虑重重。遗憾的是,我所查阅的是1991年的本子,几条很容易让人"不疑处有疑"的注还是很可疑的原封未动,这就害得我这样不明就里的读者大猜其谜了。

当然这又是妄测,不过我以为我的揣测是"虽不中亦中"的。

(载《事迹与心迹》,江苏人民出版社,1998年版)

鲁迅周作人早期作品署名互用问题考订

张菊香

鲁迅、周作人兄弟在他们早年的作品中,署名有时是互相借用的,即:有的作品为鲁迅所作,却以周作人的名义发表;也有的作品虽为周作人所写,发表时却署了鲁迅或周树人的名字;有的作品则属于他们兄弟两人合写,发表时却随便地署上了一个人的名字。对这类问题,有的在周作人生前已经予以澄清,而有的至今尚需进一步考订。周作人在《知堂回想录》中曾说:"……那篇《怀旧》,由我给取了名字,并冒名顶替了多少年,结果于鲁迅去世的那时声明,和《会稽郡故书杂集》一并退还了原主了。我们当时的名字便是那么用法的,在《新青年》投稿的时节,也是这种情形,有我的两三篇杂感,所以就混进到了《热风》里去,这是外边一般的人所不大能够理解的。"[①]这种情况,从一个侧面反映了周氏兄弟之间早年怡怡和睦的亲密关系,但也给我们的研究工作带来了一定的麻烦。本文拟就这些问题做些梳理考订,以尽可能理清究竟哪些是鲁迅的作品,而哪些又是周作人所写。

---

① 《知堂回想录》第275页,三育图书有限公司,1980年11月版。

一、署周作人之名或周作人之笔名,实为鲁迅作品的:

1.《古小说钩沉·序》

《古小说钩沉》,是鲁迅约于1909年6月至1911年底辑录的古小说佚文集,共收周《青史子》至隋侯白《旌异记》等36种,由周作人先后于1912年10月7日、11月18日在绍兴将鲁迅所辑该书草稿寄给鲁迅,鲁迅于10月12日、11月23日,陆续收到。这篇序文最初发表于1912年2月绍兴刊行的《越社丛刊》第1集,借署周作人名。1938年6月《古小说钩沉》首次印入鲁迅纪念委员会编辑的《鲁迅全集》第8卷时,未收本序文。后据鲁迅手稿首次收入1981年《鲁迅全集》第10卷。

2.《怀旧》,这是鲁迅最早的一篇小说,以文言写成。最初发表于1913年4月25日上海《小说月报》第4卷第1号,署名周逴。鲁迅逝世后,周作人在1936年10月24日所写的《关于鲁迅》一文中说:"他(按:指鲁迅)写小说其实并不始于《狂人日记》,辛亥冬天在家里的时候曾经写过一篇,以东邻的富翁为'模特儿',写革命的前夜的事,性质不明的革命军将要进城,富翁与清客闲汉商议迎降,颇富于讽刺的色彩,这篇文章未有题名,过了两三年由我加了一个题目与署名,寄给《小说月报》,那时还是小册,系恽铁樵编辑,承其复信大加赞赏,登在卷首……"①据《周作人日记》,这篇小说于1912年12月6日由周作人加上题目与署名寄往上海《小说月报》社。12日,"得上海小说月报社函",收到了稿件。28日,周作人得到上海《小说月报》社寄的稿费5元,而刊物则是在1913年4月出版。周作人于7月5日得知"怀旧一篇已载小说月报中,因购一册",21日"又购一册"。1936年撰文声明,该文为鲁迅所作。

3.《云谷杂记·序》

《云谷杂记》,南宋张淏撰著的笔记。鲁迅于1913年5月31日和6月1日从明抄本《说郛》第30卷辑其遗文,写成初稿本一卷,称《说郛》本,并作"跋"。之后,陆续校订并作批注,1914年3月16日开始誊清,

---

① 《关于鲁迅》,收《瓜豆集》,岳麓书社,1989年10月版。

至22日誊清毕,成为定本,未印行。1914年3月11日鲁迅写《云谷杂记·序》,借署"会稽周作人"名。《云谷杂记》抄定稿并"序"与"跋",于1980年5月,在《鲁迅研究资料》第5辑中刊出。据鲁迅手稿,该序文收入1981年版《鲁迅全集》第10卷。

4.《会稽郡故书杂集》及"序"

这是鲁迅早期搜集整理散佚的会稽古籍,共收会稽先贤的著作佚文八种。由鲁迅撰写序文。序文最初发表于1914年12月周作人主编的《绍兴教育杂志》第2期,后印入1915年2月在绍兴木刻刊印的《会稽郡故书杂集》中。均署周作人的名字。1938年该集及序编入复社版《鲁迅全集》第8卷。后,序文又收入1981年版《鲁迅全集》第10卷。《会稽郡故书杂集》所收的8种佚文大都辑自唐宋类书及其他古籍,并经相互校勘补充。该杂集在辑录过程中,周作人曾做过一些工作。鲁迅早年在绍兴时曾抄录过越人著作的佚文。1912年10月7日周作人将鲁迅所辑越人著书草稿寄给鲁迅,鲁迅于12日收到。这是《会稽郡故书杂集》最早的底本。1914年顷,周作人又抄录过《会稽记》、《会稽旧记》、《会稽先贤传》等资料。后均为鲁迅收入《会稽郡故书杂集》中。1914年11月3日鲁迅将《会稽郡故书杂集》稿编定并作序,于11月10日、12日先后将草本三册及初稿三册寄给周作人。周作人收到后于当月25日至绍兴清道桥许广记刻字铺定刻木版。第2年5月21日刻成,由周作人校对。题叶为陈师曾所写。全书85页,6月14日印刷完毕,共印100册,付洋48元。15日周作人将印好的《会稽郡故书杂集》20本寄给鲁迅。据周作人回忆:"查书的时候我也曾帮过一点忙,不过这原是豫才的发意,其一切编排考订,写小引叙文,都是他所做的,起草以至誊清大约有三四遍,也全是自己抄写,到了付印时却不愿出名,说写你的名字吧,这样便照办了,一直拖了二十余年。现在觉得应该说明了,因为这一件小事我以为很有点意义。这就是证明他做事全不为名誉,只是由于自己的爱好。这是求学问弄艺术的最高的态度……"①

---

① 《关于鲁迅》,收《瓜豆集》,岳麓书社,1989年10月版。

5.《域外小说集·序》,《域外小说集》是鲁迅与周作人在东京留学时期合译的外国短篇小说集,共16篇,分为两册,于1909年3月、7月先后在日本东京出版,鲁迅为之撰写序言一篇。该书出版时署"会稽周氏兄弟纂译""周树人发行"。1921年上海群益书社将两集合为一集,并增收新译小说21篇,后附"著者事略";全书署周作人译,重印出版,鲁迅写了新序:《域外小说集·序》,这篇序亦署"周作人记"。鲁迅逝世后,1936年11月7日周作人在《关于鲁迅之二》中,对此加以说明:"过了十一个年头,民国九年春天上海群益书社愿意重印,加了一篇新序,用我出名,也是豫才所写的……"①

二、署鲁迅或鲁迅之笔名,收入或曾收入过鲁迅的文集,实为周作人所写或代拟的:

1.《惜花四律》,周作人约作于1901年二三月间。诗成后交给鲁迅,鲁迅删改、圈点后于4月14日附致绍兴家信中寄还周作人。4月20日(阴历三月初二)周作人收到鲁迅函及寄回的《惜花四律》,将之录入日记。该诗原未发表。唐弢搜集鲁迅的佚文于1948年出版《鲁迅全集补遗》后,于解放初期,周作人将鲁迅早年的诗作《别诸弟三首 庚子二月》、《别诸弟三首 辛丑二月 并跋》和《惜花四律》抄录给唐弢,唐弢将之辑入1952年3月上海出版的《鲁迅全集补遗续编》,后收入1981年版的《鲁迅全集》第8卷:《集外集拾遗补编·附录二》。1951年4月25日,周作人以"十山"为笔名,在上海《亦报》上发表的回忆文章《鲁迅的惜花诗》中称:

"在旧日记中找出抄存鲁迅旧诗四首,系辛丑(1901)年春天所作,题曰'惜花四律,步湘州藏春园主人元韵'。藏春园主人不知其真姓名,原作载当时的'海上文社日录'上,大抵是流寓文士,大家结社征诗,以日录(或是什么报的附张吧)为机关报,鲁迅看见偶尔拟作,未必是应征

---

① 《关于鲁迅》,收《瓜豆集》,岳麓书社,1989年10月版。

的。"①

1953年周作人汇编《鲁迅小说里的人物》一书时,翻阅旧日记,抄录了一些关于鲁迅的记事,作为"附录",其中《一四 辛丑二》关于《惜花四律》一节又云:

"'三月初二日……接大哥廿六日函,并《惜花诗》四首'这诗也抄存在日记里,题云'惜花四律,步藏春园主人元韵'不知道这人是谁,只在介孚公带回的'海上文社日录'上见到原唱,上系'湘州'字样,可能是湖南人吧,鲁迅看见便来和了四首,也并未寄去,因为文社征诗还是以前的事情,这时早已过期了。"②

周作人虽说《惜花四律》为鲁迅所作,但查《周作人日记》,惜花诗系录于周作人辛丑年日记所附的"柑酒听鹂笔记"中,诗题为"惜花四律步藏春园主人元韵",署名"汉真将军后裔",诗的眉批上明确地写着:"都六先生(按:此系周作人早年的别号)原本,戛剑生删改,圈点悉遵戛剑生改本。"并于诗的第一首上注明:"第一句原本;第二联原本,'茸碧'原作'新绿';第末联原本,'不解'原作'绝处',结句成语。"第二首上注明:"首句原本,第二联原本。"第三、第四首上未有批注。

又据《惜花四律》所咏内容上看,通篇所咏赏花、护花、惜花之情,也与周作人此时家居闲情相合。诗中诸如"关心茸碧绕阶生","四檐疏雨送秋声","且踏春阳过板桥","深院荼蘼已满枝","繁英绕甸竞呈妍","室外独留滋卉地"等句,似皆吟诵江南水乡庭院风物,而非南京矿路学堂风光。诗的通体风格与此前此后周作人所作《游赵园有感》,及集句而成的词《浣溪沙》、《菩萨蛮》及《四时村居即景》等诗皆似一脉相承;而与鲁迅此时所写《别诸弟三首 庚子二月》、《别诸弟三首 辛丑二月并跋》等诗的风骨相异。

综上所述,可以确定《惜花四律》诗原为周作人所作,后由鲁迅大加删改,改定稿原并未在报刊上发表,仅录入周作人日记。写作的时间,可

---

① 该文收《鲁迅的故家》一书时,改名《惜花诗》,人民文学出版社,1957年9月第1版。
② 《鲁迅小说里的人物》,人民文学出版社,1957年8月第1版。

以考订为1901年二三月间。而鲁迅1901年1月20日至3月15日期间,恰在绍兴休假。周作人将诗交给鲁迅,鲁迅带回南京修改后于4月14日(阴历二月廿六日)寄给周作人,周作人于4月20日(阴历三月初二日)收到。①

那么,周作人又为何在解放初回忆惜花诗的文章中,认定为鲁迅"拟作"呢?这显然不是周作人的误记,因为他在写该文时,是"在旧日记中找出抄存鲁迅旧诗四首",既然查找了旧日记,当然不会忘记该诗为"都六先生原本",误记的推测可以排除。据笔者揣测,个中原因大概是:《惜花四律》的今存本,已经鲁迅大加删改,仅就周作人日记所注明的来看,该诗的第一首的八句中,仅第一句、第二联、第末联为周作人原作,其中尚有两词鲁迅作了修改。第二首中只首句和第二联为周作人原作。前两首中周作人原作只保留了八句。第三、第四首,改动情况,尚不可考。既然经过了鲁迅的大大改动,这一诗可视为兄弟二人合作。且该诗从未发表,在当时的周作人看来,此时假鲁迅之名发表出去,未为不可,因而他将此诗抄录给唐弢,待唐弢将之辑入《鲁迅全集补遗续编》后,解放初期的周作人已不便、也不敢再从鲁迅作品集中收回此诗的著作权了。

今天,我们本着尊重历史,尊重事实的唯物主义态度,应将此诗从《鲁迅全集》中撤下,而收入周作人的作品集中,自然也应注明原作与修改的情况。

2.《维持小学的意见》,这是一封致绍兴县议会议长张琴孙的信,写于1911年11月,发表于1912年1月19日《越铎日报》,后收入《鲁迅手稿全集》书信部分。据手稿,这封信底稿为周作人代拟,经鲁迅亲笔修改。在《越铎日报》上发表时署名周树人、周建人。这封信虽为周作人代拟,但经鲁迅修改审定,并以鲁迅名义发表,改定稿可视为鲁迅作品或合作作品。

3.《蜕龛印存·序》,《蜕龛印存》为山阴县杜泽卿所作,"蜕龛"是杜

---

① 《周作人日记》(影印本),大象出版社,1996年12月版。

泽卿书斋的名称。据《周作人日记》、《鲁迅日记》记载：1916年3月25日张梓生将《蜕龛印存》二册交周作人，嘱其为之作序。周作人于5月21日草拟序文后，于6月7日寄给鲁迅修改。鲁迅13日收到。6月21日鲁迅将改定稿寄还周作人，周作人于6月25日收到。该文最初发表于1917年绍兴《氽社丛刊》第4期，原稿上署名会稽周树，发表时改署启明，曾收入1958年版《鲁迅全集》第7卷《集外集拾遗》。据以上情况，这篇序文，实为周作人所写，鲁迅修改，应视为周作人作品。

4.《随感录三十八》，该文最初发表于1918年11月15日《新青年》第5卷第5号，署名迅，后收入《鲁迅全集》第1卷《热风》。周作人在《知堂回想录》中曾说："我们当时的名字便是那么用法的，在《新青年》投稿的时节，也是这种情形，有我的两三篇'杂感'所以就混进到《热风》里去……"1958年5月20日周作人致曹聚仁的信中又更明确地说："鲁迅著作中有些虽是他生前的编订者，其中夹杂有不少我的文章。当时《新青年》的随感录中多有鲁迅的名字（唐俟），其实却是我做的，如尊作二一二页所引，引用Le Bon的一节乃是随感录三十八中的一段，全文是我写的。其实是在文笔上略有不同，不过旁人一时觉察不出来。"①查《周作人日记》，在1918年10月30日的日记中确曾记有："作随感录一则予杂志"，而在1918年10月30日以后，周作人并未以自己的署名发表过任何随感录作品，因此可以确认：《随感录三十八》确系周作人所作。

5.《随感录四十二》、《随感录四十三》，这两篇文章最初都发表于1919年1月15日《新青年》第6卷第1号，前文署名唐俟，后文署名鲁迅，均收入《鲁迅全集》第1卷《热风》。如前所述，周作人曾说，他的两三篇杂感，"混进到《热风》里去"。查《周作人日记》，1919年1月10日日记中，确曾记有："作随感录二则"。1月13日又记："致新青年稿"。而周作人在1919年1月10日以后，至"五四"期间在《新青年》上，据现有记载，除发表过一些论文、新诗、书信和译文外，并没有发表过《随感

---

① 周作人、曹聚仁著，《周曹通信集》，香港南天书业公司，1973年8月版。

录》作品。周作人1月10日日记中所记"作随感录二则",极有可能即为随感录四十二、四十三。

从这两篇文章的内容上看,也可证明上述推测。《随感录四十二》中,对"蛮人的文化"、对中国人"自大与好古"的批评与周作人随后在1919年2月23日,在《每周评论》第10期上,以"仲密"的署名发表的《祖先崇拜》(后收《谈虎集》〔上〕)中所表述的思想,完全一致。如《随感录四十二》中说:"试看中国的社会里,吃人,劫掠,残杀,人身卖买,生殖器崇拜,灵学,一夫多妻,凡有所谓国粹,没一件不与蛮人的文化(?)恰合。"而《祖先崇拜》一文中开篇便说:"远东各国都有祖先崇拜这一种风俗,现今野蛮民族多是如此,在欧洲古代也已有过。中国到了现在,还保存这部落时代的蛮风……"《随感录四十二》中说:"自大与好古,也是土人的一个特性。"并举英国人乔治葛来任新西兰总督时所作《多岛海神话》中说的:新西兰土人"是不能同他说理的。只要从他们的神话的历史里,抽出一条相类的事来做一个例,讲给酋长祭师们听,一说便成了"。而《祖先崇拜》一文,则正是批判了这种"一味崇拜祖先,想望做古人"的"倒行逆施",说:"倘如古时的文化永远不变,祖先永远存在,那便不能有现在的文化和我们了。""所以我们不可不废去祖先崇拜改为自己崇拜——子孙崇拜。"

《随感录四十三》与其随后于1919年3月2日在《每周评论》第11期上以"仲密"的署名发表的《思想革命》(后收《谈虎集》〔上〕)一文,在思想上也是一脉相承的。如《随感录四十三》中批评美术界存在着"皮毛改新,心思仍旧"的情况,提出:"美术家固然须有精熟的技工,但尤须有进步的思想与高尚的人格。"而在《思想革命》一文中,则从文学创作的角度上指出:"表现思想的文字不良,固然足以阻碍文学的发达,若思想本质不良,徒有文字,又有什么用处呢?"又说:"中国人如不真是'洗心革面'的改悔,将旧有的荒谬思想弃去,无论用古文或白话文,都说不出好东西来。"文章明确地提出"思想革命"的命题,指出:"这单变文字不变思想的改革"是不能"算是文学革命的完全胜利"的。不难看出这些思想正是《随感录四十三》中所表述的思想的延伸与发展。根据以上考据,可以断定《随感录四十二》、《随感录四十三》确系周作人的作品。

三、鲁迅和周作人合作翻译或撰写的作品:

鲁迅和周作人合作翻译的作品除早已被确认的《域外小说集》、《现代小说译丛》、《现代日本小说集》外,尚有:

1.《造人术》,为美国路易斯·托·仑的科学幻想小说,鲁迅译述,由周作人寄给《女子世界》,于1905年春《女子世界》第4、5期合刊发表,署名索子。《造人术》译后附言却为周作人所写,也发表于《女子世界》第4、5期合刊,附言署名萍云。

2.《红星佚史》,原为英国作家哈葛德、安特路朗(兰格)合著的小说《世界欲》(The world's desire)。1907年春,由周作人翻译,译名改为《红星佚史》,商务印书馆1907年11月出版,署名周逴。书中有十几首诗歌,由周作人口译,鲁迅用离骚体笔述。译诗后收入1958年版《鲁迅译文集》第10卷《译丛补》附录。周作人在《知堂回想录》中说:"(书里的诗歌)大概总该有十八九首吧,在翻译的时候很花了气力,由我口译,却是鲁迅笔述下来;只有第三编第七章中勒·多列庚的战歌,因为原意粗俗,所以是我用了近似白话的古文译成,不去改写成古雅的诗体了。"①

3.《劲草》,原为俄国作家阿·康·托尔斯泰(1817—1875)所著历史小说《克虐支绥勒勃良尼》(现译《谢列勃良内公爵》),英译本名为《可怕的伊凡》。约1907年冬,由周作人翻译起草,鲁迅修改眷正。1909年,鲁迅又为之写序。译本改名为《劲草》。序文现只存残稿,收《鲁迅全集》1981年版第8卷《集外集拾遗补编·附录一》。周作人在《知堂回想录》中说:"这部小说很长,总有十多万字吧,阴冷的冬天,在中越馆的空洞的大架间里,我专管翻译起草,鲁迅修改眷正,都一点都不感到困乏或是寒冷,只是很有兴趣地说说笑笑,谈论里边的故事,一直等到抄成一厚本,蓝格直行的日本皮纸近三百张,仍旧以主人公为名,改为《劲草》,寄了出去。"但该书当时因有别人译出,未能出版,稿本保存到民国初年,

---

① 《知堂回想录》,第208页,三育图书有限公司,1980年11月版。

由鲁迅带到北京"送给杂志社或日报社,计划发表,但是没有成功……后来展转交付,终于连原稿也遗失了"。①

4.《镫台守》,原为波兰作家显克微支所作短篇小说,由周作人翻译。其中的诗歌部分由鲁迅翻译。最初收入1909年7月东京神田印刷所出版的《域外小说集》第2集。译诗后收入1958年版《鲁迅译文集》第10卷《译丛补》附录。

5.《欧美名家短篇小说丛刊·评语》,《欧美名家短篇小说丛刊》,原名《欧美名家小说丛刊》,周瘦鹃译,1917年3月中华书局出版,共收欧美14国47位作家的50篇小说,全书分上、中、下三卷,有一册是专收英、美、法以外各国,如俄、德、意、匈牙利、西班牙、瑞士、瑞典、丹麦、荷兰、塞尔维亚、芬兰等国的作品。当时通俗教育研究会第41次会议议决给该书颁发乙种褒状。该书出版时中华书局呈送教育部审查注册,发到鲁迅手里审查。据周作人回忆:"鲁迅看了大为惊异,认为'空谷足音',带回会馆来,同我合拟了一条称赞的评语,用部的名义发表了出去。"②该文发表于1917年11月30日《教育公报》第4年第15期,未曾收入《鲁迅全集》。

以上综述了鲁迅、周作人早期作品署名互用的大致情况,是否妥当,尚希方家批评指正。

(本文草成后,曾承张小鼎先生审阅并提出重要的修改补充意见,特此致谢。)

(载《鲁迅研究月刊》2002年第6期)

---

① 《知堂回想录》第211页,三育图书有限公司1980年11月版。
② 见《鲁迅与清末文坛》,收《鲁迅的青年时代》,中国青年出版社,1957年版。

鲁迅周作人又一篇合写的文章

⊙ 朱金顺

《鲁迅研究月刊》今年第6期上,发表了张菊香先生的文章:《鲁迅周作人早期作品署名互用问题考订》。我认为这是篇好文章,作者为我们梳理了兄弟二人早期合作撰文,署名互用的情况。从一个方面说明了早期兄弟怡怡、和睦相处的感人情景。但我认为,张先生的考订,恐怕并不齐全,我就知道还有一篇兄弟合写的文章,现提出来与各位讨论。

20年代初,鲁迅与两个弟弟合译过俄国、波兰、西班牙等国作家的短篇小说30篇。结集出版时名《现代小说译丛》(第一集),1922年5月由商务印书馆出版,列为"世界丛书"之一种。这其中有一篇波兰作家式曼斯奇的《犹太人》,是周建人依据英国般纳克女士所译《波兰小说集》重译的。译文发表在《小说月报》第12卷第9号(1921年9月10日出版)上,译文后的《附记》,作者署名周作人,实则是鲁迅和周作人合写的,这有鲁迅给周作人的信为证。

1921年6月2日至9月21日,周作人在西山碧云寺养病。7月16日夜,鲁迅给周作人的信中,就是讲这件事的。鲁迅、周作人帮助三弟校好《犹太人》后,拿去发表,需要写《附记》了。鲁迅信中说:"《犹太人》略抄好了……作者的事实,只有《斯拉夫文学史》(且无诞生年代)中的几行,别纸抄上。"又说:"这篇跋语,我想只能由你出名去做了。因为如此三四校，老三似乎尚无此大作为。请你校世界语译，是狠近理的。请我校德译，未免太巧。如你出名，则可云用信托我，我造了一段假回信，录在别纸，或录入或摘用就好了。"信末还有一句："抄跋之格子和白纸附上。"(均见《鲁迅全集》第11卷第378—379页)

　　在鲁迅授意和提供两段文字的情况下，周作人写成了这篇《犹太人》的《附记》，署周作人名字发表。《附记》全文约800字，共6个自然段。鲁迅从《斯拉夫文学史》中"抄上"(实为译出)的一段和造的"假回信"一段，周作人都用在了《附记》中，这两段最长，约350字。这样算来，周作人署名发表的这篇译文《犹太人》的《附记》，确确实实是兄弟二人合写的。鲁迅先生写给在碧云寺养病的周作人这封信，准确记录了他们合作的情形。这篇周作人署名的发表在《小说月报》的《附记》，后来与《犹太人》译文一起收在《现代小说译丛》(第一集)里，现在被陈子善、张铁荣编在《周作人集外文(1904—1948)》(海南国际新闻中心1995年9月出版)中，有兴趣的朋友可以参看。

　　研究鲁迅周作人署名互用问题，这真是一个很好的题目。张菊香先生为我们列出了16篇，我想恐怕不止此数；如果我们细读鲁迅周作人的文章，一定还能有新的发现。以上我提出了一篇，供同道们参考，若有不妥，欢迎批评指正。

(载《鲁迅研究月刊》2003年第2期)

失和前后

鲁迅先生：我昨天才知道，——但过去的事不必再说了。我不是基督徒，却幸而尚能担受得起，也不想责谁，——大家都是可怜的人间。我以前的蔷薇的梦原来都是虚幻，现在所见的或者才是真的人生。我想订正我的思想，重新入新的生活。以后请不要再到后边院子里来，没有别的话。愿你安心，自重。七月十八日，作人。

——周作人致鲁迅

据凤举他们判断，以为他们弟兄间的不睦，完全是两人的误解。周作人氏的那位日本夫人，甚至说鲁迅对她有失敬之处。但鲁迅有时候对我说：「我对启明，总老规劝他的，教他用钱应该节省一点，我们不得不想想将来，但他对于经济，总是进一个花一个的，尤其是他那位夫人。」从这些地方，会合起来，大约他们反目的真因，也可以猜度到一二成了。

——郁达夫《回忆鲁迅》

道听途说
——周氏兄弟的情况

〔日〕中岛长文

〔**译者前记**〕译稿已经本文作者中岛长文先生亲自审改,又经中国社科院文献情报中心的童斌同志帮忙校译,在此谨向二位先生致以衷心感谢!

尚有几点说明如下:

一、原文近3万字,由于版面有限,所以文中大段引文几乎全被删去;另有几条注释,也只好割爱。这点还要请中岛长文先生谅解。

二、原作者用汉语修改之处,除有些地方按照汉语语法或习惯略加变动外,其余则按作者的修改稿发表。个别虽稍有不符汉语句式之处,但仍能明了其意者,均尊重作者原句格式,不作变动。

三、原作者在审稿过程中,加有两条附记,已插入文章中相应之处,用括号括起。

四、原作者审稿时,对文中《竹林里》的书名有一说明,可帮助理解该文内容,现录于此:"《竹林里》,日本芥川龙之介的有名的小说,竹林,就是说迷宫。"此外,中岛长文先生还抄寄了有关芥川龙之介《竹林里》的内容介绍材料,可惜限于篇幅,不能全部发表。

五、此文原载《飚风》1991年12月第26号。

译者于1992年12月中

对于"小说"(虽然和我们现在所说的"小说"概念未必相同),《汉书·艺文志》中有如下论述:

> 小说家者流,盖出于稗官,街谈巷语,道听途说者之所造也。孔子曰:"虽小道,必有可观者焉,致远恐泥。"是以君子弗为也,然亦弗灭也,闾里小知者之所及,亦使缀而不忘,如或一言可采,此亦刍荛狂夫之议也。

这里所说的"稗官",是小官吏,也就是分布在民间的密探。简而言之,小说就是根据暗探在市场或人们聚集之场所听到的消息而创作的。但这恐怕是根据下列传说的类推,即:"诗"原本是以采诗官从各国采集的材料为基础。上面所说的"稗官"云云,虽然出自堂堂皇皇的《汉书》,但历史上并无"稗官"采集"小说"之类的事的证据。其重要之点是在"街谈巷语,道听途说者之所造"这句话。刘向和班固等人本来都是地地道道的儒学之士,在他们眼里,街谈巷语,道听途说之类,只是无知蒙昧之徒和异端者的议论,是几乎没有任何价值的"小道"。所以《诸子略序》也只说"诸子十家,可观者九家",而"小说家"则被排除在九家之外。但在中国,被正统思想(即权者=支配者的思想)否定的部分,实际上和被公开承认的部分处于同等地位,或者在某种情况下起的作用更大。这正是刍荛狂夫之议。然而"刍荛狂夫之议"这种说法,不仅是为把被否定的思想价值贬低为无而作的论断,而且狡猾的中国统治者和士人熟练地掌握了利用刍荛狂夫名义操纵大众的手段。总之,刍荛狂夫之议(包括其狡猾的利用方法),从正统立场看,不外是暗中存在的思想。道听途说、街谈巷语,正是这种暗中存在的思想的流通渠道,民众的想象力通过这一渠道表现出来,民众的消息传递,也通过这一渠道进行。其中"小说"只不过是被正统思想一面否定,又一面不得已地承认的一部分,而且它只是在文字上被保留下来的极少的一部分。然而刍荛狂夫之议,并不局限于"小说"。在中国,只有街谈巷语、道听途说,才是至今不变的重要的消息传递方法。今天把仍用这种方式传递消息的刍荛狂夫之议叫作"小道消息"。由于没有形成文字,就更加直截了当,更加放诞无忌。无论是辛亥革命以前,还是军阀混战和抗日战争时期,城里人跑到城外,城外人跑到城里避难的悲喜剧,也是道听途说成为民众重要的消息传播方法的结果。而且在这里对现制度的批判是可以大胆的,因为写成文字,会留下证据,而道听途说,就会随风消失。我在这里要说的,是在街谈巷语中,那种性质恶劣的、冒充乌莞狂夫名义操纵民众的方法。在别有用心这一点上同"小说"有共同性质的还有"流言"。《尚书·金滕篇》说,周武王死时,"管叔及其群弟,乃流言于国",说周公施用了诡计,不利于成王,因而企图除掉周公。结果管叔、蔡叔等被手腕高明的周公打败了,他们使用的方法,就是利用道听途说的传播方法。1980年我在北京听到的流言,不是周王朝王族兄弟之间那种流血的权力之争,而是与周家兄弟不和有关的更隐微而又令人心情不快的一种"流言"。它说:

在东京留学的周树人,和来宿舍帮工的姑娘羽太信子相好了。这事被羽太信子的父亲知道,他听说周树人是江南地主的儿子,就要赖骂起来:你竟敢使我女儿失了贞,你不该承担责任吗?你要正式娶我女儿为妻。周树人因为自己在故乡有正式的妻子,就回答说不能结婚。姑娘的父亲当然不答应,周树人无法,只好想把她推到与弟弟周作人结婚的方法上来渡过难关。姑娘的父亲看情况,就进一步威胁,想让信子的妹妹芳子也坐上花轿成为贵夫人。因这层关系,周作人和信子结了婚,周建人也娶了芳子。后来周氏兄弟从绍兴搬到北京八道湾居住,在一个屋檐下生活,周树人、信子旧情复燃。那时信子弟弟重久有时来北京的周家玩,看到了他们俩的情况。事情暴露后,兄弟俩大闹一场分手了。这件事该知道的人都知道。

谣言也好,流言也好,总之都是操纵大众的一种方法,它本来也许是使人不愉快的东西。而且在这里,也暴露了谣言传播者心性的卑劣,同时他们无意中也在期待那些乐于听信和传播谣言者有相同的趣味。

我们知道,除去这一流言的恶意外,它是以周氏兄弟不和为根据,加上要说明其原因而编造的故事。如果追寻一下东京留学时代的鲁迅的足迹,可知流言前一半是莫须有的故事。这和传说鲁迅带着女人与孩子在街上走,使母亲震惊的谣言是一样的,或者是听了这一谣言而编造出来的。总之,我们不难看到,它是为了和流言的后半段相吻合而编造出来的,因此,我们不能不说问题仍然在后半段。

例如,说羽太重久是现场证人一事,如果对证鲁迅、周作人的日记,立刻就会明白,这是凭空捏造。因为羽太重久不知第几次造访北京,是在东京大地震后的1923年底,事件当时他决不会住在北京八道湾。我之所以说"立刻就会明白",是因为1988年周作人日记被公开发表了,而在这以前,则不是这样简单就可以搞清的。所以流言也有使人们信以为真的力量。蔡沈对前面提到的《金滕篇》做《传》说:"流言无根之言,如水之流,自彼而至此也。"所谓"无根之言",大概从本质上说是那样吧,但谁都不信的流言就成不了流言。由于是流言,它就必须有些使人相信"有根"的要素,不然决不会像水似的从那里流到这里。这些要素即当时的情况和流言的组成部分。总而言之,这些是使流言发酵的"酵母"、"温度"和"湿度"。在这一问题的具体情况下其三种要素到底都是什么呢?

关于周氏兄弟不和的原因,不和的当事人无论如何都闭口不谈;周围了解情况的人,也因其后有围绕着周氏兄弟的政治状况等原因,不敢像傻子似的去火中取栗。而且这些人陆续去逝,结果就成了过眼烟云,作为一个谁也不知的谜,快要沉到了历史的最底层。这是没办法的事情,但同时,正因如此,才产生了好像真有其事的道听途说。

在中国,有不少关于周氏兄弟失和的文章。在这些文章中,陈漱渝的《东有启明,西有长庚》(《鲁迅研究动态》第41期,1985年9月)是一篇最广泛地搜集整理有关资料的力作。加上最近终于出现的研究周作人的文章,我们可以看到从周作人方面进行的探讨。其中有倪墨炎的《叛徒和隐士——周作人》(1980年,上海文艺出版社)、钱理群著《周作人评传》(1990年,十月出版社)等。虽然都是真挚精心的著作,但好像关于这件事仍然不能跨越资料不足的障碍,还未能达到进一步阐明真相,使谁都心服口服的程度。这些人守着作为研究者的节度,甚至有人还不想谈论这种问题,当然对于流言之类也不会听。

在这里,我想吸收他们的研究成果,同时尽量再清查第一手资料之类的东西。首先将兄弟二人的日记(公开发表的周作人日记,他自己也承认删改过,因此不知书写当时是什么样)进行对照,找出他们不和的经过,不,要复查其前后的情况。

年 月 日	周作人	鲁 迅
1923. 7. 12	下午……得《武者〔小路实笃〕全集》第五册。起首译武者〔小路的《夫妇》〕。	上午得三弟〔周建人即乔风〕信……
14	上午作关于有岛武郎的小文。下午寄丸善函,伏园函。得乔风12日函。伏园、惠迪来,旋去。	作大学文艺季刊稿一篇成。晚伏园来即去。是夜始改在自室吃饭,自具一肴,此可记也。
15	〔《晨报副刊》载《爱的创作》。作须莱纳尔小说集《梦》的序文。〕	
16	译武者小说,至晚了。	
17	〔写武者小路《夫妇》的译后记。〕	
18	〔写致鲁迅信。〕	
19	寄乔风、凤举函,鲁迅函,世界语会函。……译坪内儿童剧了。夜大雷雨。	上午启孟自持信来,后邀欲问之,不至。
20	译长与小说《西行》。	
21	译前稿了。	
23		上午以大镜一枚赠历史博物馆。
25	〔作《自己的园地·序》。〕	
26		上午往砖塔胡同看屋。下午收拾书籍入箱。

续表

年 月 日	周作人	鲁　迅
29		终日收书册入箱,夜毕。
30	〔作《寻路的人——赠徐玉诺》。〕	上午以书籍、法帖等大小十二箱寄存教育部。
31		上午访裘子元,同去看屋。……下午收拾行李。
8. 1	编杂文集〔《自己的园地》〕,至下午大抵完了。〔《自己的园地·序》和《寻路的人》载《晨报副刊·文学旬刊》。〕	午后收拾行李。
2	下午L夫妇移住砖塔胡同……困倦不适。	下午携妇迁居砖塔胡同六十一号。
16		午后李茂如、崔月川来,即同往菠萝仓一带看屋……
10. 10	〔章〕矛尘及孙桂丹女士来,往看外边北房,云日曜移来。	
17	下午孙桂丹女士来,住南头西屋内。	
30		午后杨仲和、李慎斋来,同至阜成门内三条胡同看屋,因买定第廿一号门牌旧屋六间,议价八百,当点装修并丈量讫,付定泉十元。
12. 2		午在西长安街龙海轩成立买房契约,当付泉五百……
1924. 4. 28	晚孙〔桂丹〕、章〔矛尘〕二君结婚,在家宴集。	

续表

年 月 日	周作人	鲁 迅
5. 25		晨移居西三条胡同新屋。
6. 11	下午L来闹。张、徐二君来。	下午往八道湾宅取书及什器,比进西厢,启孟及其妻突出骂詈殴打,又以电话招重久及张凤举、徐耀辰来,其妻向之述我罪状,多秽语,凡捏造未圆处,则启孟救正之。然终取书、器而出。
6. 18	〔《晨报副刊》载《破脚骨》。〕	
9. 21		〔作《〈俟堂专文杂集〉题记》。〕
1925. 1. 23	〔作《抱犊谷通信》,载2月2日《语丝》第12期。〕	

注:〔 〕中的内容为作者所补,译者注。

从二人的日记中,我摘出了自己认为与兄弟不和有关的记述文字,而且补充了一些事实。鲁迅在7月14日写道:"是夜始改在自室吃饭"。在此之前,八道湾周家的生活,全部由周作人的妻子羽太信子掌管,全家也都在一起吃饭。到了14日,鲁迅突然同弟弟的家人分开吃饭,分炊这件事正意味着兄弟的分家。兄弟间共同的融洽生活,从绍兴迁到北京仅仅三年就破裂了。只看日记,好像这是没有任何前兆的突发事件。7月3日,兄弟二人一同去了东安市场和东交民巷的书店,他们的日记都是这样记载的。此之前后,鲁迅日记过于简单,他的行动如何不很清楚。14日当天,上午鲁迅什么事也没记,到午后,接到上海周建人的来信后,为大学文艺季刊写完了稿子。这份手稿至今也去向不明。是什么文章?登载在哪个大学的杂志上?都不清楚,是一篇佚文。如果有这篇文章,也许会有暗示当天所发生的事情的内容。或者正是由于有暗示这件事的内容,稿子被鲁迅自己收回来,亲手将原稿销毁了,不过这只是想象。另一方面,周作人这天上午在家看有岛武郎情死的报道,撰写悼念有岛武郎的文章。这篇文章后来编进了《谈龙集》。午后寄信和孙伏园等来访,好像一直待在家里。但他在18日写给鲁迅的决裂信却说:"我昨日才知道,——但过去的事情不必再说了。"我认为在这里他没说谎。因此我想,周作人对14日起,15、16、17四天哥哥没在一起吃饭感到奇怪,一定是向谁(大概是向信子吧)打听其"原因"后才写了这封信。前此他根本没想到事情已经发展到了这种地步。这从周作人的性格看,是很有可能的。如果这样,很明显,问题出在鲁迅和羽太信子之间。我认为鲁迅分灶吃饭不会有其他原因。这一点陈先生已经谈到,大概是对的。究竟是什么问题呢?这就是事件的核心,但在当事者们都过世了的今天,怎么说也跳不出诸家推测的范围。现在我要把推测放在一边,叙述一下事情的发展过程。19日上午,周作人拿着18日写的信来到鲁迅处,大概只交了信,什么也没说。后来,鲁迅为了询问原因,曾去叫过周作人,但他没有去。就这样,兄弟俩没有关于原因的直接对话,就像参、商两星似的分手了。在当天的日记中,周作人把以前的称呼"大哥"改成了"鲁迅"。23日,鲁迅向历史博物馆捐赠铜镜,这大概同他整理身边的东西有关。26日,鲁迅前往俞芬姐妹居住的西四附近的砖塔胡同看房子,决定搬家,从下午开始整理书物。30日将整理出的东西寄存到教育部,然后收拾随身带的东西。8月2日,携妻子朱安移居砖塔胡同。周作人则以"L夫妇"之称记下了他们的活动。这段时间,周作人编集了他的第一本文集《自己的园地》,并写了序。鲁迅移居砖塔胡同后,带病寻找住房,到年底,终于买到阜成门内西三条21号的房屋,即现在的鲁迅博物馆,并于次年(即1924年5月25日)迁移到那里,这是鲁迅在北京最后居住的地方。鲁迅搬到新居后,刚刚安定下来,就于6月11日回到八道湾去取留在那里的书和什器。关于当天发生的这一事件,鲁迅日记有所记载。过了很长时间后,当时在场的进行调解的章廷谦,在《弟与兄》(《和鲁迅相处的日子》,1979年,四川人民出版社)一文中也作了回忆。那天羽太信子在打电话叫来的张凤举、徐耀辰以及信子的弟弟重久面前，述说鲁迅的罪状，多秽语，凡捏造未圆处，周作人就帮助说谎骗人。但鲁迅说这是家中的事，不让徐、张二人插嘴。从鲁迅日记看，当时好像主要是羽太信子在滔滔不绝地说。她说的秽语是什么内容，亲自听到的第三者至少有三人，这就是张、徐二人加上章廷谦。羽太信子的秽语有可能是用日语讲的，周作人、鲁迅、重久就不用说了，徐、张二人也是日本留学生，懂日语，大概只有章廷谦未能直接听懂信子的秽语，但谁也没把那些话公开。但后来，未必直接听得懂的章廷谦在应鲁迅博物馆邀请的谈话记录中说："事情的起因可能是，周作人老婆造谣说鲁迅调戏她。周作人老婆对我还说过：鲁迅在他们的卧室窗下听窗。这是根本不可能的事，因为窗前种满了花木。"（前述陈氏文引）章同孙桂丹女士结婚后，就住在鲁迅原来住过的南屋，因此他听说的不一定都是 6 月 11 日听到的，然而无论如何，秽语的内容大概就是这一类。从其时经过大约三个月之后，整理好了自己所有的越中金石拓片的鲁迅于 9 月 21 日写出了《越中专录跋》（就是所谓《〈俟堂专文杂集〉题记》，《鲁迅全集》第 10 卷）。以上大体是争吵分手的全部经过。

就像各家所说的那样，羽太信子和鲁迅之间的矛盾，恐怕最终也会归结到经济问题上。让我们引用一下陈先生也引用过的郁达夫的回忆吧。这篇回忆不只限于这个内容，而是一篇充分体现了郁达夫风格的好文章。

（下为引文《回忆鲁迅》，香港三联版《郁达夫文集》第 4 卷，P.207，L.5—L.25，此处从略——译者）

郁达夫很谨慎，他说只知真正原因的一二。他想要说的是所谓"每家都有一本难念的经"，就是说不管什么样的家庭，都有相应的麻烦事，必须进行仔细观察才会了解。那么他所说的"好人"，也是旁观者的感觉，并不包括家庭彼此关系中当事者们相互的印象。这一点是我们需要知道的，用不着引用许广平对周作人夫妇的评价。纠纷的发端及其背景，正如郁达夫所说的那样，或者的确是经济原因，但他又说这只是"真正原因的一二"。他们的微妙的对人的感情同经济原因交织在一起，越来越严重，以至超过了忍耐的限度，引起了矛盾爆发，进而问题公开化，一直向无法和解的方向滑去,这是确定无疑的。

如果我有写作才华,在此一定能以三人三种感情为素材,写篇颇为有趣的《竹林中》(请见《译者前记》说明四),可惜我没有那种才华,只能像个很差的猎手一样,在这种感情的"林薮"中,乱打乱冲,强行突破。

兄弟不和对鲁迅肯定影响很大,他对兄弟友爱得爱管闲事,当然,这件事在他的文章中也会留下影子。且不说小说《弟兄》,周作人也说《伤逝》是鲁迅式的对这件事的表现,其他处一定也会留下这件事的影子。但就像鲁迅对匆忙赶来的张凤举和徐耀辰说这是家庭内部的事那样,鲁迅没有说过一句让人了然的话,因为问题的性质是即使说了也没有用。因此他的文章中很难找到那件事的影子,只有在他1924年9月21日写的砖文集的跋文中可以找到,此文后来在60年代作为题记收入《俟堂专文杂集》第一次发表。

> 曩尝欲著《越中专录》,颇锐意蒐集乡邦专甓及拓本,而资力薄劣,俱不易致,以十余年之勤,所得仅古专二十余及杙本少许而已。迁徙以后,忽遭寇劫,孑身逭遁,止携大同十一年者一枚出,余悉委盗窟中。日月除矣,意兴亦尽,纂述之事,渺焉何期?聊集燹余,以为永念哉!甲子八月廿三日,宴之敖者手记。

"寇劫"——贼的掠夺,"盗窟"——盗贼的窝,仅看字面,只此而已。鲁迅好像被一伙强盗袭击,好不容易才逃脱出来。但实际上,这些都是与周作人不和的有关的反映。我在旧文中写道:这篇文章,是"鲁迅与周作人不和,从八道湾迁出时,有他好不容易带出的东西编成的个人纪念物。这篇题记大概是他搜集砖文要暂时告一段落吧,这是他离开八道湾大约一年后才写的。作为题记的文字有些太激烈,'寇劫'呀,'盗窟'呀,以及署名等等,都是直接表达鲁迅愤怒心情的词语。这是对他骨肉之亲的爱憎的纪念。因此他大概直到去世为止,都把原稿放在抽屉里"。这是我的一篇旧稿,如果稍作补充,那么"迁徙",是指把绍兴的房屋处理掉,全家搬到八道湾一事。在八道湾,久别的兄弟三人终于又住在一起了,但这种同堂却播下了流言的种子。这个流言简直是把中国大家族制的礼法"嫂叔不通问"这一不成文的规矩完全翻过来似的。而"宴之敖者"

很有名,是《铸剑》中帮助眉间尺复仇的黑汉子的名字。写《眉间尺》是稍后的事了,根据许广平的回忆(《鲁迅先生的笔名》,收入《欣慰的纪念》一书),有一段解释:鲁迅自己照《说文解字》那样,说由于"宴""从宀,从日,从女",即"家中的日本女人","敖""从出,从放",即"驱逐",因此全句的意思是"被家中的日本女人逐出来的人"。这就是说"被周作人的妻子羽太信子赶出来的男人"=鲁迅。鲁迅在其他地方也用"晏敖"、"敖者"、"敖"等笔名写过文章,但我认为那些文章在此可以不去管。因为它的内容跟笔名并无关系。而将《铸剑》中的黑汉子起名为具有这种含义的"晏之敖者",则关系到对《铸剑》的解释,因此这强烈的诱惑力驱使我去探讨。可以这样去解释:眉间尺和大王实际都是周作人的化身,如果眉间尺能说是过去青年时期纯正可爱的弟弟的话,大王就是如今已变成八道湾大王的周作人,宴之敖者就是要替过去最可爱的弟弟向大王复仇的刺客。因为他们兄弟间的爱憎具有这样的性质,即只要双方一切不毁灭,就报不了仇,但现在不是提闲话的时候。这篇题记特别谈到,鲁迅辛苦搜集来的绍兴砖和拓本,被周作人夫妻抢去,像是被强盗洗劫一空。且不说这是否是百分之百的事实,但文章是这样表达的。再有,辛亥革命以后,鲁迅一直很忠实地使用民国年号,但他在这里却用了干支,这也很奇怪,其用意不太清楚。

  1923年,鲁迅在这件事后,只整理了《中国小说史略》和写了一篇有关小说史的论文,此外基本没写什么东西。到1924年2月,他开始写要收入《彷徨》的那些作品。而后发生了"吵架"。到秋天,9月21日写《越中专录跋》前后,又着手写《野草》的文章。《秋夜》是9月15日的作品,《影的告别》和《求乞者》是9月24日的作品。几乎在同一时期,还翻译了厨川白村的一系列作品。由此我认为,虽然《越中专录跋》相当激越,但在他的意识中,他是作为同这种不愉快的沉闷的告别而写的。尽管可能是在这种意识下写的、不打算发表的私人文章,但从中也找不到任何可以证明流言可信的东西。找不到任何凭证是当然的,因为鲁迅在6月11日争吵时曾说过,羽太信子当着友人的面,对"我的罪状"大加谴责,"多秽语",情理不通之处,周作人用谎言说圆。所以说鲁迅当然知道周作人夫妇对他们兄弟不和的原因是怎么说的。我这样想：周作人送去绝交信后，鲁迅为究明原因曾派人来叫他，但他未去。鲁迅读完绝交信后，当时大概从字面上已经清楚了事情的经过。鲁迅自己也说疑心很重，也有过无缘无故就疑心大发的事。鲁迅是个感觉敏锐的人，他不会不明他弟弟听信了什么话才给他写的绝交信，否则他就不会默默地离开八道湾。鲁迅日记完全反映了他的想法；他们夫妇现在怎么还是这么胡说八道？他的这篇《越中专录跋》，正是在充分了解对鲁迅来说等于"找碴"的周作人夫妇的抱怨情况下写出的。如署名"宴之敖者"，也只表明闹纠纷的对手是同住一个屋檐下的周作人之妻——羽太信子，在此可以认定的，只有类似自嘲的屈折和受害者意识（反过来这也是对待弟弟的留恋）而没有别的。无论从文章的内容看，或从文章的气息看，都找不到流言所说的男女关系引起的感情纠葛。这是鲁迅唯一的一篇直接关系到兄弟不和的文章。

周作人说对这件事他不辩解。中华人民共和国成立后，他在《知堂回想录》第141节"不辩解说"中说了如下一段话：

（下为引文，此处从略——译者）

引文最后，空喊"伟大的鲁迅"。明显地含有对鲁迅的讽刺。周作人在这里一面说不辩解，一面又拿出当时的日记，说什么用剪刀剪过之类的话，甚至提到许寿裳说假话等等。这是因为他把自己民国十六年（1927）前的日记，卖给了鲁迅博物馆，而估计大概将来也许会公开发表。但无论如何这篇文章也有些不纯，他一面说不辩解，一面又夹杂着表白。虽然稍微有点走题儿，但由于后面用得着，因此让我们顺便看看许寿裳的文章。许寿裳在《亡友鲁迅印象记》（1947）的"西三条胡同住屋"一节中，论述了如下情况：

（下为引文，此处从略——译者）

周作人说许寿裳的这个回忆是说假话，周文章中这一部分谈的十分含糊，他并未说明哪些话是假话。他只说"不过他有一句话却是实在的"，措辞让人觉得，除这句话外，其他简直都是假话。而且他抓住许说张、徐二氏是外宾这一不足道的部分为证据。不，装作它的确是证据的样子,给人造成"许寿裳的文章都是假话"的印象。但许寿裳在这里已预先声明是"据说",而且一再说明是"在取回书籍的翌日,鲁迅说给我听的"。"外宾",通常的含义是"外国的宾客",如果"老实"居士许寿裳说这句话,那个含义且不说,但从鲁迅、钱玄同、刘半农等当时的老朋友的交谈看,把"外宾"以"外来客"的含义加以使用,也不是轻而易举的游戏。而且如果把张、徐二氏说成"外宾",做这种游戏,就正当得太无聊了,也成了不游戏了。更何况在鲁迅日记中,有"又以电话招来重久及张凤举、徐耀辰来"这句话,因此"外宾"不一定是指"张、徐二氏"。鲁迅日记公开发表时,人们还不知道郁达夫的回忆,也许还不知道张、徐二氏是谁,可是重久就是羽太重久,这是很清楚的。鲁迅记日记时,好像亲戚关系的意识在明显起作用,但若反过来重新想一想,已经同这些人断了关系,那么羽太重久就确实是个"外国的宾客"。虽然在现实生活中,鲁迅并未和他切断关系,但第二天他对许寿裳有些谐谑地说"昨天我说给他们的,请外宾无须费心",也无不妥之处,反而是很自然的。这么想,周作人把许寿裳的话说成是假话,恰恰在说鲁迅散布谣言,这不就是醉翁之意不在酒了吗?

如果说对许寿裳的文章有疑问的话,那就是最后一节。文章说关于作人和信子的事,鲁迅"日记上却一字不提"。但现在已经清楚,日记明显记下了1924年6月11日吵架的详细过程。如果这不是许寿裳的疏忽,那恐怕就是他有意的曲笔。把这同鲁迅的伟大联系起来,实在让人难以接受。

不知是否了解这些,周作人借口区区"外宾"二字,说许寿裳是谣言散布者,这是一种老奸巨滑的辩证法:把别人的文章按自己的意思进行解释和歪曲,然后加以攻击,使人对他的诚实性产生了大可怀疑的印象。至少他在20年代初期,对中国人深入骨髓的笼统的思想,作为国民性弱点,进行彻底的否定和攻击。但从那时起过了50年,他却和"笼统"的思想暧昧起来,甚至把它作为花招和手段,不禁令人感慨。我们,特别作为中国现代文学的研究者,虽然从周作人战后写的东西中得到了很大的益处,但若从他个人名誉这点而言,他以不写《知堂回想录》等文章为妙。我不禁以为,贯穿于他对事件的态度,与傀儡政权的协作,以及战后写的东西中的,是与这样的大人物不相称的"浅"的性格。他终于实践了他所喜爱的格言——"寿则多辱",在某种意义上,这是比他成为汉奸更悲惨的事,但这主要是晚年的周作人。我们必须回到1920年去认识他。

周作人除在潜意识中沉积有幼年时期的挫折外,以后在社会上就未再遭受什么挫折。他是在所谓"阔少爷"的环境中成长起来的。兄弟不和对他是个很大的打击,无疑这是比他的哥哥鲁迅受到的更大的冲击。这只要看看他在7月18日信中的话:"以前的蔷薇的梦原来都是虚幻"就明白了。后来他虽说了"不作辩解",但在事件发生的当初,他就已发出了一些信号。尽管信号有种种,提起来话很长,但在这里,我还要不厌其烦地一一加以引用。

最初的信号,是周作人知道事情的7月17日那天写的武者小路实笃小说《某夫妇》的译后附记。翻译武者小路实笃这篇小说,就如在讲事件经过时已经提到的那样,是在12日开始的,就是鲁迅14日改在自室吃饭之前。所以可以认为,翻译的动机与事件没有关系。周作人在12日收到艺术出版社出版的《武者小路全集》第5册,其中收有《某夫妇》这篇小说,可以估计是他翻看到手的新书产生了兴趣,于是开始翻译这篇小说。《某夫妇》最初收在《燃烧的森林》中,因此我认为在收入全集之前,他已阅读过这部作品。从12日到17日,他虽然写了《悼念有岛武郎》、须莱纳尔小说集《梦》的序言,在报纸上发表了有关与谢野晶子的《爱的创作》的文章,但都与事件无关。《爱的创作》一篇,从事件发生以后来看,就只能说的确是历史的讽刺,好似蔷薇色的梦。武者小路实笃的《某夫妇》,描写了一个当大学教师的丈夫,在年轻美貌的妻子受到出入家中的学生的欢迎时的嫉妒心情。这是一篇现在读起来几乎引不起任何冲击的短篇小说。该小说的译后附记和本文均载于1923年11月的《小说月报》。在译后附记中说:

约翰福音里说,文人和法利赛人带了一个犯奸的妇人来问难耶稣,应否把她按照律法用石头打死,耶稣答说,"你们中间谁是没有罪的,谁就可以先拿石头打她。"这篇的精神很与他相近,唯不专说理而以人情为主,所以这边的人物只是平常的,多有缺点而很可同情,可爱的人,仿佛是把斯特林堡的痛刻的解剖与陀斯妥也夫斯奇的深厚的感情合并在一起的样子。像莎士比亚的阿赛罗那样猛烈的妒忌,固然也是我们所能了解的,但是这篇里所写的平凡人的妒忌,在我们平凡人或者觉得更有意义了。

阅读小说《某夫妇》就会明白,小说的故事,和周作人在这篇跋文的前半部分所说的圣经中用石头打死犯了奸淫罪的妇人一节太不协调了,完全失去了他平时文章中的那种平衡。我认为,周作人对事件的震动之反应,借助跋文都反映出来了,而且文章提出圣经的一节中的重要主题,也具有暗示性。

其次,当然是他18日交给鲁迅的绝交信了。现在这封信依然存在。发表在《鲁迅研究动态》第41期(1985)上。

鲁迅先生:

  我昨日才知道,——但过去的事不必再说了。我不是基督徒,却幸而尚能担受得起,也不想责谁,——大家都是可怜的人间。我以前的蔷薇的梦原来都是虚幻,现在所见的或者才是真的人生。我想订正我的思想,重新入新的生活。以后请不要再到后边院子里来,没有别的话。愿你安心,自重。

七月十八日,作人。

"基督徒",可以理解成前面提到的译后记中的耶稣,这里用有名的《路加传》中的故事:击尔颊,则转颊以与之。被打了脸的我"也不想责谁",意思是说,应该受责备的不是自己,自己是被害者,但他对谁也不想责备。因为包括受害的自己在内,都是值得怜悯的微不足道的人。这与前面跋文中"尔中无罪者,可先石击之"这句话是相互对应的。这里他一面说自己不是基督徒,一面又以基督徒自居,虽然他本人丝毫没想这样做,但他的文章却彻底流露出了他的下意识。而他说的"大家都是可怜的人间"等等,也散发着不懂世故的白桦派人道主义的自恋气味。即使是相同的话,若在40年后,周作人晚年,信子已去世,他再这样说,恐怕听起来就会觉得温和得多,我所说的他的性格的弱点,"浅"或"单纯",就是指的这一点。但人们只能以自己的方式生活,所以说这样的话也是无用的,只是在此的确可以听到他的叹息声。所谓"以前的蔷薇的梦",当然是鲁迅也一起做的"兄弟怡怡"的大家庭共同体的梦,而且那是在兄弟之间完全信赖的基础上建立起来的。所谓"请不要再到后边院子里来",是说不再让你进入我们夫妇的生活圈子,总之是绝交的话。

这封信丝毫没有经济问题——也许最终要归结到这一问题上——的影子。但这表明背后还有更大的问题,是一个直接打击周作人精神和思想的有关"人之存在"的根本问题。这就是指使周作人从根本上失去对"人"的信赖的事情。因此蔷薇色梦的崩溃,不但是家庭共同体的崩溃,而且扩展到他的全部思想领域。他在同月写的二篇文章就证明了这一点。一篇是他第一个散文集《自己的园地》的序文,它至少说明在周作人精神生活的一半领域中,他蔷薇色的梦已经崩溃。其文末一节说:

(下为引文,此处从略——译者)

收入《自己的园地》的许多文章,都强烈地提出了自己明确的理想,是些有直感性的文章。但《自己的园地》的序文,却带有一种同文集里其他文章不相称的寂寞的色彩。他说:"因寂寞在文学上寻求慰安",我认为这是现在的寂寞对过去的回映,决不是只看字面就能理解的。总而言之,他的文章在这件事以后,似乎有了一些深度。这次事件很可能会增添他的文章深度,然而不管主观上如何,事实上他的这种挫折在文学中也不会成为徒劳。

另一篇是《寻路的人》,这是一篇借亲友徐玉诺失去亲人的悲哀,来宣泄自己因受挫折而产生悲哀的文章。

(下为引文,此处从略——译者)

此文和《自己的园地》序文末尾可谓异曲同工,而这一篇则更好地表达了他的心情。他所谓"现在才明白",是说由于那次冲击,他对"人"信赖的崩溃。后来,他在1927年编《谈虎集》时,又将此文收进当时的后记,后记中他特意引用这句话,再次说明这一事件对他打击之大。文章中"民国十年以前"云云,只是大约时间,除了这一事件外,想不到其他事件。

再回到原来的话题。那么彻底震撼周作人的人之存在("实存")理论的冲击是怎样的呢?还有一篇文章可以帮助,不,决定对此问题的推测,这就是1925年1月23日写成,2月2日刊载于《语丝》第12期的《抱犊谷通信》。

(下为引文,此处从略——译者)

文章剪裁得十分巧妙周密。1923年5月,土匪袭击津浦线临城附近的火车。把乘客(其中包括许多外国人)拉到了山寨,这就是所谓的临城事件,文章是借用了这一事件而写的。当时怕遭到国际谴责的军阀政府,以任命土匪头目当团长为诱饵招安,才了结了这件事。文章提到在这个山寨拾到一封信的事,但这只不过是为了让人感到一切似乎都是真的,而周作人就在这种安排中塞进了种种信号。临城事件起始于1923年5月,进入6月后才得以解决。周作人大概把这一时期看成了兄弟不和原因的形成时期吧。信的主人"鹤生",是据鲁迅用日语给弟弟起的绰号"鹤"而来,这是事后周作人自己在《知堂回想录》(八五)中说明的。

当然插在这篇文章内容里的信号量,同文章的安排不一样。鹤生的祖母是在太平天国大乱中,被叛军凌辱未死而活下来的,被骂成"长毛嫂嫂"的女人。笔者把她的悲哀,和犯了性过失的女儿的命运结合起来,而且讲了社会对她女儿的看法,又提示了社会应取的态度。这就是对于这篇文章最为一般的解释。例如舒芜编纂的关于周作人论女性的书《女性的发现》(1990年,文化艺术出版社),就作为这样的文章将此文收录了。但是,除可将此文作为一般的消息阅读外,可以看到还有另一种消息被掩盖,因为我们已经读到关于周氏兄弟不和的一些信号。如果是只作传达一般消息的文章,就没必要特意写成拙劣的小说,从正面对事情加以说明就足够了。这一时期他没有什么必要一定要写这么费事的文章。换句话说,这篇文章是将我们前面提到的《某夫妇》译后记和给鲁迅的绝交信拼在一起,并加以解释的。总之,这里说的自己的长女,应理解是他的妻子,这样,犯奸淫罪的女人就只能是羽太信子。所谓性过失,是指鲁迅和妻子之间发生的事,这就是周作人对兄弟不和真正原因的了解。而且我们还有两件旁证这种理解的证词:一是章廷谦讲的"信子说鲁迅对她动手动脚的谣言",另外是郁达夫从张凤举那里听说的信子讲"鲁迅对她失礼"。再有,前面引用的1940年周作人自己写的《辩解》中"一些隐密的事"、"这些寒伧的话",到底说的是什么事呢?这也很清楚了。

周作人在给鲁迅的信中说:"以前的蔷薇的梦原来都是虚幻,现在所见的或者才是真的人生。"还有他在《自己的园地》自序中所说的话,到底是经受了多大的冲击后才说出来的?这一点我们现在可以理解了。过去像同伴者一样共同办事的兄长,现在突然变成了一个该隐(Cain——译者),这在他心目中,无疑是来自内部的叛徒,因为他们兄弟在一起要实践新思想和新伦理的同时,还要维持一个家族共同体。这是从根底上震撼周作人对"人"的信赖和看法的致命一击。在这种精神打击面前,经济的金钱问题之类简直微不足道,更何况对于他们这种阶层的人,是有办法解决金钱问题的。难怪郁达夫说经济问题是真正原因的一二。

但是周作人的这个消息是对谁而发的呢?当然鲁迅是其中的一个。从文章提到的时间、署名,他的祖母蒋氏的情况,以及在《语丝》上刊登等方面看,我认为主要的收信人除鲁迅之外,没有别人。就是说当时也未说明"原因",妻子被辱了,还说什么呢?但现在我对这件事是这样想的。不用说,鲁迅必定读了这篇文章,当然不以为然,可能会想:看你胡说八道到几时。另外还有一个收信人,是他的妻子羽太信子。读后即明白,这是对她的赦免状。再有,从这篇文章还可想象到,张、徐二人泄漏出来的话,被根本无关系的人当成了好奇的目标中的情况,这种想象,是否上了小说虚构的当了呢?这些且不谈,现已知这篇文章被掩盖的收信人,周作人是想利用给事件的当事者写这样的文章,对事件做出自己的结论。好像与鲁迅默默写出的《越中专录跋》相照应。所不同的,是把两种消息(一是一般的,另一是隐私的)寄托在公开发表的文章中,这样更婉转而已。

周作人对事件的了解清楚了,我们不但对此文的不自然、而且对他一生采取的欲言而不言、欲不言而尚欲言的颇不明朗的态度,也能理解了。由于此事关系到自己的妻子,所以他的态度也许是不得已。他认为鲁迅一生一句也没谈过这件事,这是理所当然的,是作了无法说的事,所以鲁迅只得采取这种态度。这是带讽刺的谅解,说鲁迅那种态度是伟大的,这是周作人等人的讽刺话,他似乎至死没有改变对此事的看法。

可以认为,促使周作人形成这种固定看法的原因有好几个。虽可考虑多种原因,但最本质的原因,是周家围绕母亲鲁瑞的兄弟关系。前面已经谈到周作人幼年时期的挫折,我认为,他幼年时期同母亲的关系的确有一种缺欠,他对自己的幼年时期,用自尊或自嘲的"丑小鸭"来形容,不仅因为他出过天花,脸上有麻子。"丑小鸭"这种说法本身已经包含了自我陶醉和母亲的缺欠。(附记:"丑小鸭",它本来不是平凡的小鸭,而是自豪的白鸟儿女。"丑"字只就鸭来说的,它自己是美丽优雅的小白鸟。但失群的小白鸟错误混进小鸭群,他早已失了其母亲。"丑小鸭"这句话很有启示性。)鲁迅是世家的长子,不难想象他尤其是被当成宝贝养大的。一般世家的孩子,一出生就要找乳母,而鲁迅却是用母亲的奶喂大的,(附记:这是我的误会,据周建人回忆,鲁迅有一个乳母。)阿长是保姆而不是乳母。周作人是第二个男孩,不会不受重视,但母亲没有奶水,便雇了乳母。由于乳母开始就不出奶等原因,为了哄孩子,就在门口买各种吃的东西给他,结果得了严重的消化不良,瘦得要死,见什么都要吃。大人们只用对症疗法,什么也不给他,只让他吃米饭和咸蛋(俞芳:《关于周作人》,《鲁迅研究动态》1988 年第 6 期。钱理群:《周作人评传》)。可以想象,周作人小时是个瘦弱、一饿就哭闹不休的孩子。那个时代,从吃奶到断奶,时间比现在长得多,那么长时间中的周作人的体验,给他与母亲的关系带来了某种缺欠,这是完全可以想见的。《抱犊谷通信》中祖母的原型,是他的祖母蒋氏,周作人受到她的百般疼爱,所以母子间的隔阂没有至于表面化。可看兄弟吵架分手前后的他俩的日记。在鲁迅日记中,母亲几次登场,甚至连母亲送花生的事都有记载。而在周作人日记中,虽然出现了妻子和孩子,但母亲的行动,却只言片语也未提及。这与哥哥同母亲的密切关系形成了鲜明对照。可以认为,为了补偿这种关系的缺欠,周作人对母性有所希求。而他成为中国第一个女权主义者(真正的称呼应是"母性主义者",如果有这种说法的话),在家庭中却唯唯诺诺。成了被骑在脖子上的丈夫,而且"轻听妇人之言",其根源也在于此。所以我敢说,在周作人心目中,作为母性代表的信子比重非常大。

另外,在使周作人确信自己的了解是真实情况的证据中,有鲁迅和朱安的不正常的关系。同住一个屋檐下,周作人对这件事当然清楚。再有事件后,鲁迅自己几乎默默地离开八道湾,从那以后,凡有周作人出面的聚会,鲁迅均未出席。

这样一来,流言蜚语就一下带有了现实性,流言的前半部且不说,后半部分也完完全全成了周作人的"竹林中"。

周作人大概是从妻子信子那里听到这件事的。明明同住一个屋檐下,但哥哥却已4天未同家人一起吃饭。使得除自己专心致志做事以外,什么都漠不关心的周作人也发觉了,所以就去问了信子。当然羽太信子不像周氏兄弟那样是个文笔家,因此未留任何文字,也没留下什么话。因此要想了解她,就只好直接问她本人。但这已无法了,只有靠了解她的人提供的证词,然而这种证词也很少,况且证人的立场不同,证词的偏向也很严重。鲁迅三弟周建人直接了解信子,写有《鲁迅与周作人》(《新文学史料》1983年第4期)一文。这是一篇惨不忍睹的回忆录,除有二三证言之外,还不如不写。此外关于转述周母鲁瑞话的文章,有俞芳的《我记忆中的鲁迅先生》(浙江人民出版社,1981年版),和《谈谈周作人》一文。在我印象中,二文记载好像比较真实,没有失真。另外借鲁迅谈话来谈信子的文章,有许广平的《鲁迅回忆录》(1961年,作家出版社,松井博光译成《鲁迅回想录》,筑摩丛书)中的"所谓兄弟"一节。这篇文章引人注目,因为它是考察羽太信子的性格而谈周家兄弟不和原因的第一篇文章。从那以后,凡谈周氏兄弟不和的文章,几乎都把此篇作为依据。不过在引用这篇文章时,首先应考虑到,其写作时间是在1959至1960年这一点。这一时期,是中华人民共和国成立后的"政治季节",加上由于许广平作为鲁迅妻子的立场,该文对周作人妻子信子的评价有明显的偏颇。

（下为引文，许广平《鲁迅回忆录》，1961年，作家出版社，P.54，L.3—P.55，L.17。此处从略——译者）

正如许广平所说，羽太信子也许的确有穷人一抖起来，往往会摆阔气的毛病。她的浪费毛病，也许确实成了兄弟不和的间接原因。可悲的是，她沾染上那种穷人的敷衍的生活方式，得到一笔钱，就花一笔钱。所以周家当时虽已卖光了田地，除八道湾的房屋外，就什么也没有了，但周家曾是有恒产的望族，在此环境中成长又肩负着全家重任的鲁迅那样的人，对生活的感觉也会各有不同。不是"门当户对"的婚姻，讽刺地或者理所当然地成了打破兄弟同堂的蔷薇色的梦的契机。

但是说因为鲁迅晚发和拖欠工资，给家庭生活造成困难，所以信子"讨厌起来了"，这种说法是不合情理的。因为迟发或拖欠工资，不仅在鲁迅工作的教育部，就是周作人所在的北京大学也一样。她不愿和鲁迅住在一起，就把他赶出了八道湾，事情到底怎么样了？她并不那么糊涂得不懂这件事。我认为，信子在修养上完全是个老百姓，很普通的人，而在处世方面却是骑在周作人头上的女人，因为她并不是不懂大家庭中人与人关系的人。鲁迅自己离开八道湾，是地道的鲁迅的做法。不过若从道理上讲，他是无论如何也没必要出走的。如果谁必要走出的话，周作人一家搬出去也不奇怪，并不是不可以想象，信子是预料到事态会这样发展才故意这样做的。但如果真是这样，信子为"挥霍"而把鲁迅赶出来的说法就根本不能成立了。如果信子的目的是摆阔花钱的话，只要会加法的人，都会明白没有鲁迅的工资（虽然晚发）就不行的道理。当然许广平没说信子是为了挥霍而把鲁迅赶了出来之类的话，但引用她这篇文章持信子挥霍说的人，几乎没有考虑这一点。

还有，许广平说信子"装死"的事。虽然在绍兴她和丈夫周作人住在一起，但她到语言不通，生活习惯完全不同的异国的世家当媳妇，有时出现必须"装死"的歇斯底里状态，也是可想而知的。

（下为《鲁迅回忆录》引文，此处从略——译者）

这是很有趣的逸话。对待徐坤（真名齐坤）的逸话，充分表现了羽太信子的平民性。许广平本来也是读书人出身,但她从反对家人包办婚姻而离家出走以来,相当劳苦,所以在谈到下层阶级时,看法的确很现实。比如说《两地书》(九二)比《红楼梦》更有味道。在旧社会,能雇用帮工的阶层的人都知道:被雇的人办什么事都要收佣钱,从中揩油,这是他们的一种特权,他们以此补充微薄的收入以糊口。这虽然不是雇主们所希望的。据说徐坤善于奉承,所以和主妇的关系特别好。当由她默认的行为被家长鲁迅发现后,她对徐坤说:"被主人看见不行!因为连我也受到了怀疑。"尽管她干了应被怀疑的事,他并不在乎地那样说,但她自己却丝毫不认为那是不道德的行为;这种事不属于他们的道德范围,虽然这并非是受人赞扬的事,且因人而易,但作为旧社会的家庭妇女,她也并不特殊。无论是日本人,还是中国人,这种人到处都有,只要想想《朝花夕拾》中的衍太太就足够了。

鲁迅对许广平怎么讲的这件事我们不太清楚,但在此许广平是根据"正人君子"的道德给信子判罪的。她的这篇文章,具有相当浓厚的党八股气,当她断定信子是"一个典型的由奴才爬上奴隶主"的同时,又可以承认另外的说法成立。如果用党八股或文革八股来说,那么贫贱阶层出身的信子,尽管发迹嫁给了封建地主阶级的丈夫,但还没有忘记自己的出身和下层的人们,常常对他们给以阶级的同情和伸出援助之手,实在是个模范女性。

离题太远了。总之,在使用眷属亲戚的回忆时,特别要考虑到各自的立场,进行慎重的审定。

对周作人的质问,信子为什么作那样的回答?真正的原因并不清楚,只好想象。由于家庭开支问题,大概鲁迅向她提出批评或提了意见。当时鲁迅和周作人的工资都是迟发半年。由于这种批评或意见都说破了事情的核心,使信子气疯了;她若照例出现歇斯底里,也许事情会是另一种情况,但她没有发作,却反攻说:"需要多少,就该要多少。解决这个问题,不是作为一家之长的责任吗?"因此鲁迅才说:"那么我就让出家长的位子,另外起伙。"兄弟共同的蔷薇色的梦——家庭共同体,就这样开始走上了崩溃的道路。鲁迅单独做饭,大概信子也感到了问题的严重性。她对周作人的盘问,如果说丈夫的哥哥指出了自己浪费的毛病,而同自己吵嘴,出现了要分家的局面,那么,还会有弥补裂痕的余地的。但作为信子就不能那样说。因而她想,而且没有直截了当地说是被迫发生了肉体关系。这件事从她对第三者说的"对她有失敬之处"这话中,便可推测出来。这种事,当事者一方既然说了,就无法反驳和辩解,而且这样做也无用。理所当然,鲁迅一生一句也未辩解。前面已经讲过,当时鲁迅虽然有个叫朱安的妻子,过的却是和独身一样的生活,这对证明信子的话的可信性,也起到了有利的作用。作为日本女人说的话,我想是够大胆的。即使她事先考虑过,也不知她是如何冷静地考虑的。这也许是她没有办法的最后一招,顺口说出了这样的话。吵架过后一想,这实在是糊涂女人的粗浅见识。但在人生的道路上,会做一些无法挽回的、不得已做了或说了的事情,尽管从旁观者来看,已经看出了结果,她还是选择了这样一条道路。但是信子这样说了以后,她的攻击就更加激烈,于是事情仿佛成了定局。

如果不承认这种推测,就无法充分理解周作人7月18日给鲁迅的绝裂信,假若承认那种推测,就会明白许寿裳的回忆:周作人"轻听妇人之言,不加体察"、鲁迅"受了种种的诬蔑和委屈,搬出了八道湾",这不仅不是假话,而且还是"明白这件事的内容的人"的大雅文章。

不管是不是走投无路的最后一招,一旦谎言出来不加否认,必然会陷入给谎言涂金的困境。并且我以为,信子是这样性格的人,即尽管说了假话,但在考虑这件事的过程中,不知不觉就感到,自己说的谎话,已经不是谎话,好像是即成事实一样。次年6月11日鲁迅回八道湾取书物时,她对待的方法,攻击的激烈程度,都超过了周作人(但这只是根据鲁迅的记述)。当时鲁迅肯定会再次确认他们兄弟不和的原因,是信子莫须有的找碴儿,和周作人的某种"昏"。根据郁达夫的说法,就是"二人的完全误解",但实际上似乎是周作人一人的完全误解。

羽太信子,是1908年周氏兄弟同许寿裳三个留学生共同租用以前夏目漱石住过的本乡西片町住房时,即所谓伍舍时代,作为包饭女也住在那里,同作人相识,并于第二年(1909)与周作人结婚的。那时的照片也保留下来，虽然一看就感到她有些好胜，但是个有着圆脸，毫无特征的最普通的女人。她是平民阶层出身，我不认为她多有教养。周作人为什么迷上她了呢？人各有好，这当然不该是别人说三道四的问题，但据母亲鲁瑞说（前引俞芳：《谈谈周作人》），她照顾周作人和孩子照顾得很好，所以也许是她的母性爱迷住了周作人吧。由于处于摆脱了所谓门当户对的社会规范制约的环境中，加上哥哥鲁迅和家里人的理解，他们才能这样自由的恋爱和结婚。结婚后，周作人定期购阅《妇人之友》和《妇女世界》，努力进行启蒙，但这样做有多大效果呢？很值得怀疑。周作人在20年代初以女性的发现为主题写了许多启蒙文章，但文章中高唱的理想和身边现实，似乎仍有很大距离。他如何将这问题作为自己思想问题而进行研究，这是非常有趣的事，但在这里却没有余地谈论这个问题。信子对周作人的理想并不放在心上，她在周家主妇的位子上稳定下来后，就按照生活的逻辑，大步行使并扩张自己的权力，结果和鲁迅的矛盾也爆发了。而且到30年代以后，信子的嫉妒心使周作人一生都很为难。人真是自私的动物，她根本不考虑自己所说的谎话会给别人带来多大痛苦。还揪住对方不放，而且据说这些几乎都是由妄想造成的。

10年前我在北京听到流言之后，便借助阅读周作人的文章，几乎是强行突破了这讨厌而郁闷的"林薮"，结果就像已经谈到的那样，我只不过得到了这样极为平凡的结论，即一句流言也有一粒"种子"，流言的核心（即是酵母）是信子的一句话引起了周作人的完全误解。或许正人君子会说：对鲁迅的"林薮"验证不够，他也是父母所生，没有绝对证据说明他没同女人发生关系，况且他是文章的高手，要隐蔽这件事，不会费多大力气。既然没有绝对证据，就有这样的问题：是相信正人君子？还是相信鲁迅？我近年来通过阅读鲁迅著作，认为在中国人中，鲁迅是少有的没有笼统性的人，所以我当然相信鲁迅。尽管如此，如果有人还要对这种确信提出疑问的话，那么我就要学学中国士人的狡猾，给以回答，我的这篇文章如或一言可采，此亦当"刍荛狂夫之议"而已。

（载《鲁迅研究月刊》，赵英译，童斌校）

鲁迅、周作人『失和』之原因探析

⊙ 段国超

鲁迅与周作人失和之前,是怡怡兄弟,失和之后是互为参商。原来是五四新文化运动中同一战壕的战友,后来竟从同一营垒中分化,变成两股道儿上的车,这是为什么呢？1923年7月18日标志兄弟二人决裂的周作人的那封信和1924年6月11日标志兄弟二人矛盾白热化,已经达到彻底不可调和境地的那场"骂詈殴打",其内容和具体情形,是众所周知的,无须赘说。现就将这近80年来,各界人士及其亲属对它的分析和看法择要介绍一下,看对我们是否有所启示。

鲁迅的母亲曾对俞芳说：

你们的大先生,在他身上,真是没有半点私心；一切棘手的事,他总是上前,虽然,他比老二只大四岁。比如卖出绍兴的房子,买进北京八道湾的房子,到绍兴接我们一家人到北京等等烦琐的事,都由他一人承担。他早年写的文章,有的就以老二的名字发表,他总是把享受、荣誉让给弟弟,吃力的事由自己背过来。

……再比如拟定修建八道湾房屋的规划,他首先考虑的是孩子们的游戏场地,那时你们的大先生自己并没有孩子,你们看他的心思多好！又如分配房间,他把最好的留给我和老二、老三们住（里院坐北朝南——引者）,自己却居较差的（中院坐南朝北——引者）。

他的薪金,除留少数零用外,全部交出,作为家用。家用不够了,他四出奔走,向朋友们借贷。他总是处处替别人着想,成全别人,委曲自己。至于后来和老二一家分开,完全是老二夫妇的过错,他是没有责任的。我说句实在话,分开倒是对你们大先生有利。①

鲁迅的母亲还曾对俞芳说:

开始三兄弟住在一起很要好,大家很高兴,后来你们三先生到上海商务印书馆工作,大先生、二先生兄弟俩仍旧很要好,两人同进同出,商量写文章,做学问……

这样好的兄弟忽然不和,弄得不能在一幢房子里住下去,这真出乎我意料之外。我想来想去,也想不出个道理来。我只记得:你们大先生对二太太(信子)当家,是有意见的,因为她排场太大,用钱没有计划,常常弄得家里入不敷出,要向别人去借贷,是不好的。②

鲁迅的原配夫人朱安曾"很气愤地"对俞芳说过:

她(信子)大声告诫她的孩子们,不要亲近我们,不要去找这两个"孤老头",不要吃他们的东西,让这两个"孤老头"冷清死。③

鲁迅的三弟周建人曾说:

在绍兴,是由我母亲当家,到北京后,就由周作人之妻当家。日本妇女素有温顺节俭的美称,却不料周作人碰到的却真是个例外。她并非出身富家,可是气派极阔,架子很大,挥金如土。家中有管家齐坤,还有王鹤招及烧饭司务、东洋车夫、打杂采购的男仆数人,还有李妈、小李妈等收拾房间、洗衣、看孩子等女仆二三人。即使祖父在前清做京官,也没有这样众多的男女佣工。更奇怪的是,她经常心血来潮,有时饭菜烧好了,忽然想起要吃饺子,就把一桌饭菜退回

---

① 俞芳:《太师母谈鲁迅先生》,见《我记忆中的鲁迅先生》第98页,浙江人民出版社,1981年版。
② 俞芳:《太师母谈鲁迅兄弟》,见《我记忆中的鲁迅先生》第101页,浙江人民出版社,1981年版。
③ 俞芳:《周建人是怎样离开八道湾的》,见《鲁迅研究动态》1987年第8期。

厨房，厨房里赶紧另包饺子；被褥用了一二年，还是新的，却不要了，赏给男女佣人，自己全部换过。这种种花样，层出不穷。鲁迅不仅把自己每月的全部收入交出，还把多年的积蓄赔了进去，有时还到处借贷，自己甚至弄得夜里写文章时没有钱买香烟和点心。鲁迅曾感叹地对我说，他从外面步行回家，只见汽车从八道湾出来或进去，急驰而过，溅起他一身泥浆，或扑上满面尘土，他只得在内心感叹一声，因为他知道，这是孩子有病，哪怕是小病，请的是外国医生，这一下又至少是十多块钱化掉了。

虽然周作人的生活是比较讲究一些，但还不至于这样。但周作人任他的妻子挥霍，不敢讲半句不是。早在辛亥革命前后，他携带家眷回国居住在绍兴时，他们夫妇间有过一次争吵，结果女方歇斯底里症大发作，周作人发愣，而他的郎舅（羽太信子的弟弟大重九——引者）、小姨（羽太信子的妹妹羽太芳子，后嫁给周建人——引者）都指着他破口大骂，从此，他不敢再有丝毫的"得罪"，相反，他却受到百般的欺凌虐待。甚至被拉着要他到日本使馆去讲话。平日里，一讲起日本，总是趾高气扬，盛气凌人；讲到支那，都是卑贱低劣。而周作人只求得一席之地，可供他安稳地读书写字，对一切都抱着息事宁人的态度，逆来顺受。

鲁迅看不过去，对周作人进行规劝，无非是"化钱要有个计划，也得想想将来"这一类话，也真有周作人这样的人，把好心当恶意。①

鲁迅的夫人许广平曾说：

有时茶余饭后，鲁迅曾经感叹过自己的遭遇。他很凄凉地描绘了他的心情，说："我总以为不计较自己，总该家庭和睦吧，在八道湾的时候，我的薪水，全行交给二太太（周作人之妇，日本人，叫做信子）连周作人的在内，每月约有六百元，然而大小病都要请日本医生来，过日子又不节约，所以总是不够用，要四处向朋友借。有时借到

---

① 周建人：《鲁迅和周作人》，见《新文学史料》1983 年第 4 期。

手连忙持回家,就看见医生的汽车从家里开出来了。我就想:我用黄包车运来,怎敌得过用汽车带走的呢?据鲁迅说,那时周作人他们一有钱就往日本商店去买东西,不管是否急需,食的、用的、玩的,从腌萝卜到玩具都买一大批,所以过不几天钱就花光了。花光之后,就来诉说没有钱用了,这又得鲁迅去借债。……他们的心向着日本,要照顾日商的生意,所以无论什么东西,都由日本商店向他们包销。起先,每月收入较丰,因此尚可勉强供其挥霍。但是后来欠薪太厉害。请愿到半夜饿腹步行的辛苦,一家人中只有鲁迅尝到。①

许广平又说:

周作人回国以后,鲁迅除了负担全家生活的绝大部分费用之外,连周作人老婆的全家,都要鲁迅接济。从日记上看到,鲁迅在每月发薪以后,就按月向东京羽太家寄款。这还不算,羽太儿子重九的不时需索和他的三次来到中国,鲁迅都有专款资助,甚至羽太第三个女儿福子的学费,也都是由鲁迅每月另行汇去的。后来鲁迅回忆起来说:"周作人的这样做,是经过考虑的,他曾经和信子吵过,信子一装死他就屈服了。"②

许广平还说:

在这里,我要提一提周作人的老婆信子其人。这是一个典型的由奴才爬上去的奴隶主。鲁迅在八道湾住的时候,初期每月工资不欠。不够时,就由他向朋友告贷。这样的人在家庭收入方面是一个得力的人手,这时,当然是要得的。后来,由于欠薪,加以干涉到人事方面,那就妨碍了这个奴隶主的权威,"讨厌起来了"。于是便开始排挤鲁迅。③

关于这结怨甚深,难解难分的"家事",鲁迅、周作人都曾声明"不说",但从前面所引周建人、许广平的文章看,鲁迅尽管生前没有有关文

---

① ② ③ 许广平:《所谓兄弟》,分别见《鲁迅回忆录》第49—50页、第51页、第54页,作家出版社,1961年版。

字发表,但还是"说"了的。周作人"说"了没有?"说"了,不仅说了,生前还有有关文字发表。周作人在1964年10月17日写给香港友人鲍耀明的信中写道:

> 昨天收到《五四文坛点滴》,谢谢。现已读了十之八九,大体可以说是公平翔实,甚是难得。关于我与鲁迅的问题,亦去事实不远,因为我当初写字条给他原是只请他不再进我们的院子里就是了。①

大约是鲍耀明写信问他与鲁迅关系破裂的详情吧,他在此信后刚好一个月又给鲍耀明写信说:

> 鲁迅事件无从具体说明,唯参照"五四点滴"(即《五四文坛点滴》——引者)中所说及前次去信约略已可以明白。②

"前次去信"即前10月17日信,那么周作人反复提到这《五四文坛点滴》,这1964年由香港友联出版公司出版的赵聪著的《五四文坛点滴》,关于周氏兄弟失和问题又写了些什么呢?如翻查一下,也仅只写了这40几个字:"许寿裳说过,他们兄弟不和,坏在周作人那位日本太太身上,据说她很讨厌她这位大伯哥,不愿同他一道住。"周作人对此问题一再表示:"不辩解"。他在70年代初期出版的一本长达38万字的著作中说:"事情或是排解得了,辩解总难说得好看。大凡要说明我的不错,势必须先说对方的错,不然也总要举出些隐密的事来做材料,这都是不容易说得好,或者不大想说的,那么即使辩解得有效,但是说了这些寒伧话,也就够好笑,岂不是前面驱虎而后门进了狼么。"③

同为鲁迅、周作人朋友的章川岛说:

> 鲁迅后来和周作人吵架了。事情的起因可能是,周作人老婆造谣说鲁迅调戏她。周作人老婆对我还说过:鲁迅在他们的卧室窗下听窗。这是根本不可能的事,因为窗前种满了花木。……主要是经济问题。她(羽太信子)挥霍得不痛快。④

---

① ② 见《周作人晚年书札一百封》,香港太平洋图书公司,1972年版。
③ 见《周作人回忆录·不辩解说(上)》,湖南人民出版社,1982年版。此书1974年由香港三育图书文具公司出版时名为《知堂回想录》。
④ 川岛《弟与兄》,载1978年10月11日《人民日报》。

同为鲁迅、周作人朋友的郁达夫说:

> 据(张)凤举他们的判断,以为他们兄弟间的不睦,完全是两人的误解;周作人氏的那位日本夫人,甚至说鲁迅对他有失敬之处。但鲁迅有时候对我说:"我对启明,总老规劝他的,教他用钱应该节省一点,我们不得不想想将来,但他对于经济,总是进一个花一个的,尤其是他那一位夫人。"从这些地方,会合起来,大约他们反目的原因,也可以猜度到一二成了。①

同为鲁迅、周作人朋友的许寿裳说:

> 作人的妻羽太信子是有歇斯台里性的。她对于鲁迅,外貌恭顺,内怀忮忌。作人则心地胡涂,轻听妇人言,不加体察。我虽竭力解释开导,竟无效果。致鲁迅不得已移居外客厅而他总不觉悟;鲁迅遣工役传言来谈,他又不出来;于是鲁迅又搬出而至砖塔胡同了。从此两人不和,成为参商,一变从前"兄弟怡怡"的情态。②

曾是鲁迅的学生并与鲁迅一起编过《莽原》周刊的,也可以说是鲁迅朋友的荆有麟说:

> 据先生讲:他与周作人翻脸,是为了这样的事情——他们两个人,有好些共同的朋友。即某人是鲁迅的朋友,也是周作人的朋友,所以有时候朋友写信来,虽然信是写给两个人的,但封面收信人姓名却只写一个,鲁迅,或者周作人,因为他们弟兄,本来居住在一块,随便哪一个收信,两人都会看到的。有一次,一个日本朋友写信来,而且是快信,封面写的是周作人,鲁迅自然知道是谁写来的。恰恰送信来时,已是晚上,周作人已经睡了。鲁迅先生看是他们共同朋友写的快信,怕有什么要事,便将信拆看了,不料里面却是写的周作人一个,并没有与鲁迅有关的事情,于是第二天早上,鲁迅将信交给周作人……却不料周作人突然扳起面孔,说:"你怎么好干涉我的通讯自由呢。"于是两人便大吵起来,鲁迅终于还搬了家。③

---

① 见《郁达夫文集·回忆鲁迅》第 4 卷,花城出版社,1982 年版。
② 许寿裳《亡友鲁迅印象记·西三条胡同住屋》,人民文学出版社,1953 年版。
③ 荆有麟《鲁迅眼中的敌与友》,见《文艺生活》第一卷第 5 期(1942 年)。

好了,有关二周兄弟关系破裂的一些材料就暂时列举到这里。这些材料的提供者都是一些知情者甚或是当事人,他们所提供的基本情况和较为一致的看法,应该说是较为可信的。我们从这里可以看出,鲁迅,周作人关系破裂的首因是家庭的经济矛盾,矛盾的主要方面是鲁迅和周作人的妻子羽太信子,周作人只能摆在羽太信子的附属地位。后来矛盾激化,变为公开,上升为所谓男女之间的是非,也即所谓鲁迅对弟媳羽太信子的"失敬"(羽太信子说鲁迅调戏了她),矛盾的主要方面是鲁迅和周作人,羽太信子则退居周作人之后。矛盾的最后结果:鲁迅、周作人失和,兄弟关系破裂,成为现代文坛的一桩难解难分的公案。对于这桩公案的是非,我想只要弄清经济问题的是非和鲁迅"失敬"问题的真假就可以了。

这经济问题,除了周作人夫妇未谈外,鲁迅、鲁迅的母亲、周建人都谈了(许广平大约是听鲁迅讲的,当时还不是家庭成员,略去不计)。听谁的?鲁迅作为家庭日常生活费用的主要承担者,他对别人讲的情况有他当时的日记记载为证,自然是可信的。鲁迅的母亲、周建人是当时家庭日常生活费用收支情况的见证人,他们所讲的情况,自然也是可信的。现在鲁迅、鲁迅的母亲、周建人讲的情况基本一致,那么就可以肯定,羽太信子乱花钱和鲁迅所承受负担(包括鲁迅主张用钱要有计划,要想想将来)之间的矛盾必然要发生。前面所引资料说明,鲁迅将他对羽太信子的不满对他母亲及周作人都讲过,鲁迅的母亲和周作人要将这意见转达给羽太信子也是必然的。羽太信子知道了她"大伯哥"这意见之后,出其自身的思想素质,决不会感谢大伯哥对自己的批评,改正自己的不对,而是必然要产生对她"大伯哥"的不满。有了不满就要寻衅滋事,就要报复,以至要达到把妨碍自己挥霍、妨碍自己为所欲为的对手从家中逐出的目的。怎么个"滋事"?怎么个"报复"?怎么个"逐出"?她就说你"失敬",她就说你"听窗",她就要说你"调戏她"。弄得你就是满身长嘴,也难以说清。一位老学者说得好:"妇人以怨报德,心计狠毒,以谲潜之词,构成鲁迅以莫须有的暧昧,这类事是最容易栽诬人而且很难辩解的,向来是刁恶妇人的杀手锏。"①

这周作人的妻子羽太信子是何许人呢?她1888年出生在日本东京一个贫民之家,有姐妹、姐弟4人,她是老大,老二是芳子(后与周建人结婚)、老三是福子、老四是弟弟重九。她上有一位年迈的祖母,其父母均无正当职业,只有妹妹福子一个人读过书,生活十分贫困。1908年冬,在日本留学的鲁迅、周作人、许寿裳,由原住地伍舍迁至本乡区西片町十番地丙字19号的一所民宅。这民宅的主人雇佣一名侍女为他们做饭,这侍女就是羽太信子。这羽太信子矮矮墩墩,不漂亮,但也不丑。时间不长,周作人就爱上了她,并于第二年的夏天就与之结婚(前面说过,为在经济上支持他们,鲁迅就很快回国谋职了)。1911年7月,他们一同回到绍兴,1919年8月又一起迁到北京,因八道湾住宅还未修缮好,先由鲁迅安排住在绍兴县馆隔壁的曹宅,同年底才正式搬进八道湾住宅,一直到1962年4月因冠心病死在这里。就是这么一个人,不用多长时间,就把一个刚建立不久的乐融融的大家庭戳散了,把原发誓"永不分家"的怡怡兄弟终捣腾得分手了。1924年鲁迅辑成《俟堂专文杂集》,署名"宴之敖";1927年在所作《铸剑》中又用"宴之敖"命名复仇者"黑色人"。据许广平回忆,鲁迅对这笔名有过一个解释:

先生说:宴从门(家),从日,从女;敖从出,从放(《说文》作敫,游也,从出从放);我是被家里的日本女人逐出的。②

可见鲁迅把兄弟关系破裂的根子也是看在羽太信子身上的。

那么,鲁迅对羽太信子"失敬"的事到底可信不可信呢?这里先不说鲁迅的人品(我们是要相信鲁迅的人品的),就从事实和情理出发,也是断然不可能的。一、两人之间,原情绪如此对立,形同水火,有那个可能吗?二、兄弟失和之后,紧跟姐姐的妹妹芳子和弟弟重九,一如既往和鲁迅往来,情绪上毫无变化。如,芳子常到西三条向鲁迅借钱,重九在1925年10月7日还给鲁迅写这样的信,说:"上月蒙兄长给予及时补

---

① 何满子:《赶时髦并应景谈周作人》,见1995年7月20日《文汇报》。
② 许广平:《略谈鲁迅先生的笔名》,见《欣慰的纪念》,人民文学出版社,1951年版。

助,非常感激。长期以来,有劳兄长牵挂,真是无言可对。对你长年以来的深情厚意和物质援助,真不知说什么才好。"①如果说"失敬"是事实,芳子、重九会这样对待鲁迅吗?三、前面所引郁达夫说,周作人最好的朋友张凤举他们(1924年6月11日的"骂詈殴打"事件中,羽太信子用电话招来的"援军")也认为"他们弟兄间的不睦,完全是两人的误解",所谓"两人的误解",其实是周作人的误解。说鲁迅对羽太信子"失敬",连张凤举他们都不信,可见其毫无根据。四、如果说鲁迅对羽太信子"失敬"是事实,那么同住一起的鲁迅的母亲、朱安、许羡苏就没有察觉?王鹤招、徐坤(羽太信子的亲信)等帮工就没有察觉?吵吵闹闹多年,可他们就从不认为有此事呀!周作人就没有察觉?可他也只是"昨日才知道"呀(羽太信子说的)!五、我们恐怕也得相信鲁迅的起码的人品,那种认为"清官难断家务事"的"唯无是非观"和"永远是一个谜"的"不可知论"是不合适的,至于编造故事来证明鲁迅的"失敬"就更要不得。我曾读过这么一篇文章,说鲁迅:

<blockquote>
第一爱是发生在母亲的制约力量难以完全控制的日本,这位情人恰恰又是他后来的弟媳妇(周作人之妻羽太信子),阴差阳错——正当他和日本女郎羽太信子热恋时,母亲招他回家乡与朱安结婚,尔后他带弟弟周作人去日本,于是羽太信子在失去鲁迅的情况下,和周作人结为夫妻。周作人开始并不知道此事,但这却使鲁迅的内心不能平静——痛苦的折磨。1925年,周作人知道了此事,于是,兄弟的手足之情就此一刀两断。鲁迅原本同母亲、朱安、周作人夫妇共处一处,但此事由羽太信子泄露后,兄弟彼此难堪,加上"女师大风潮"后北洋军阀的通缉,他便逃出北平,最后在上海定居。②
</blockquote>

须知,鲁迅1906年回家结婚之前住仙台,并不认识羽太信子,是结婚之后同周作人去东京,且在三迁之后才认识这位"供应饭食"的贫家之女的(引文中的"1925年"也应改为1923年),他又怎么能同羽太信子在不

---

① 见周海婴编《鲁迅、许广平所藏书信选》第61页,湖南文艺出版社,1987年版。
② 见沈卫威《"儿子与情人"——鲁迅、胡适、茅盾婚恋心态与情结阐释》,《心理学探新》1989年第4期。

认识的情况下谈恋爱呢？显然是无稽之谈。"做学问"、"搞研究"，不同于搞创作，想象、编造，既不严肃，也绝对不能容许。

那么，对于羽太信子的胡言乱语，也即所谓鲁迅的"失敬"，周作人就相信了么？依我看，他是似信也不信的。说"似信"，是因为这种事情涉及"男女之大防"、"人伦之始"，一旦"听到"是不能不想想的，这是中国人的一种传统的畸形的性心理习惯，正如鲁迅所讽刺的那样，"一见短袖子，立刻想到白臂膊，立刻想到全裸体，立刻想到生殖器，立刻想到性交，立刻想到杂交，立刻想到私生子。中国人的想象惟在这一层能够如此跃进"①。更何况这是自己的老婆亲口说出的呢！说"不信"是因为自己的老婆毕竟一直在身边，也有爱挑拨的毛病，自己是了解的，所以许寿裳说"他们兄弟不和，坏在周作人那位日本太太身上"，而他自己也觉得这话"公平翔实"，"去事实不远"。那么为什么又要因此而让兄弟关系破裂呢？鲁迅说：

> 周作人的这样做，是经过考虑的，他曾经和信子吵过，信子一装死他就屈服了。他曾经说："要天天创造新生活"，则只好权其轻重，牺牲与长兄友好，换取家庭安静。②

原来如此。有"怕老婆"（这里的"老婆"是特指）的毛病又怎能"权其轻重"呢！"权"的结果，也势必"轻重"颠倒，颠倒到八道湾只有一个中国人，颠倒到"一张床上睡着两个同样的货"，以至最后陷入汉奸的泥淖。正因为如此，你看1924年6月11日他俩在八道湾的那台戏演得多么精彩：把房子独占了，现在，连书籍什器也不给，一个拿起铜香炉砸，一个打求援电话；一个捏造别人罪状，满口秽语，一个对其捏造未圆处加以救正弥补，配合得多么默契！简直像一个人一样。你说这里只有羽太信子一个人的责任么！关于他们兄弟的失和，鲁迅的被逐，我再补充一下，那就是周作人此时已经作了大学教授了，已成名人了，每月工资收入在500元以上（工薪280元，兼薪220元），比鲁迅还多，腰杆子硬了，已经

---

① 《鲁迅全集》（16卷本）第3卷，第533页，人民文学出版社，1981年版。
② 许广平《所谓兄弟》。

不再需要大哥的扶持了。相反,为了"创造新生活",倒觉得身边没有这个障碍更好!

奇怪的是,周作人总要在兄弟失和问题上为自己作种种辩解。例如,他在《知堂回想录》中,连续写了两篇《不辩解说》(上、下),前篇写他很怀疑辩解有什么好处,后篇则一再辩解,反复辩解。

鲁迅1924年6月11日那天的日记前面已经引出了,可周作人对鲁迅这一天的日记也不作半句回答,谁是谁非呢?他一概不说。前面说过,许寿裳就这件事,说了几句公道话,而且许所述这件事,是鲁迅对许讲的。周作人对许所述则十分恼火,说徐、张二人都是北大教授,并不是什么"外宾",还说许和徐、张三人都是知道"兄弟失和"的内容的人,"虽然人是比较'老实',但也何至于造作谣言,和正人君子一辙呢?不过他有一句话却是实在的,这便是鲁迅本人在他生前没有一个字发表,他说这是鲁迅的伟大处,这话说的对了。鲁迅平素是主张以直报怨的,并且还更进一步,不但是以眼还眼,以牙还牙,还说过这样的话(原文失记,有错当改),人有怒目而视者,报之以骂,骂者报之以打,打者报之以杀。其主张的严峻有如此,而态度的伟大又如此,我们可不能学他的百分之一,以不辩解报答他的伟大乎?"好了,不多引了,周作人的这段话里意思有三个:一、鲁迅理亏,我没有理亏,我没有什么可说;二、把鲁迅的"一字不提"当作"自认错误",因而不敢吭声;三、鲁迅是"主张以直报怨"的人,假如他没有错,他早就站出来报之以骂、打、杀了,现在鲁迅缄默,正说明他做了亏心事了。你看,周作人在这里转弯抹角,冷潮热讽,是多么的蛮横不讲理呀!他不辩解了吗?他不仅在《知堂回想录》中辩解,还在给香港曹聚仁、鲍耀明等人的书信中作了大量辩解,这里就不多说了。

有人说,鲁迅、周作人"兄弟失和",是他们两人的悲剧。依我的理解,鲁迅的悲剧包含两点:一是他出于自己的"立人"观念,"惜才"思想,一心想把周作人培养成"民族的脊梁",于民族有用的人才,即使"失和"之后,他这种想法也没有完全放弃,还是设法多方关怀救助,但最后还是失望了,他对于周作人的全盘的计划、设想落空了。二是,他本来忧国忧民的忧患意识最后多了一层,增加了兄弟阋于墙的折磨与痛苦,忧虑、遗憾、失望、怨愤以至大病,严重地损害了自己的健康,正当国家、民族最需要他的时候,他逝去了。只有56岁,这生命太短促了,对于民族和国家是莫大的遗憾和损失。他长期患着肺结核,这种病的成因,除过于劳累外,就是思想上长期的忧郁和不快。而周作人呢?他的悲剧是什么呢?只有一点,而这是最根本的一点,那就是自此以后失去了一位对自己忠心耿耿的长兄、师友的引导、救助、扶持,使他这辆车自1923年起即开始滑坡,逐渐离开正确的轨道而最后翻车;使他这颗原本给人以希望的闪亮的璀璨之星最后没入时代的乌云而彻底消失。因此,鲁迅、周作人的人生价值是不能相比的,一个是民族魂,空前的民族英雄,一个是汉奸,出卖民族利益的罪人;一个热,热得血管和祖国的命运相通,一个冷,冷得混沌一片,麻木不仁;一个是智者,一个是昏虫。有人不理解,说他们出生在同一个家庭,生活在同一个时代,走的是一条路(指求学历程),最后都当作家、教授,怎么结局就这么不同呢? 其实也很简单:虽生活在同一个家庭,但负担不一样,鲁迅从小进药房、跑当铺,一直在尽长孙、长子、长兄的责任,而周作人却没有这经历,也没有这责任,虽生活在同一个时代,但一个在时代的前沿,是战士,一个躲在不与社会接触的"寒斋",是隐士;虽走的一条路,但一个是寻路,所学为了用,上下求索,一个迷路,只是闭门读书,弄些古董;虽最后都当作家、教授,但一个学习马克思主义,不脱离时代,荷载在教坛、文坛,一个则坚守中庸,闭户弄些闲适文字,不辨是非,做在家和尚,观念不一样,实践不一样,这结局自然也不一样。这里我们还要看到在失和之前,周作人追随鲁迅,是同志,是战友,走的是一条光明的路;失和之后,周作人与鲁迅分道扬镳,最后步入歧途,落进陷阱。他们的是非曲直非常分明,给人的教训也非常深刻。要说他们都是悲剧,这悲剧的性质也截然不同。

　　1937年抗日战争爆发不久,周作人即附逆投敌,充当汉奸。他对这段寡廉鲜耻的生活,在《知堂回想录》中曾有过辩解。还有,有一位熟知周作人的老学者说:

　　　　周作人在担任伪职期间,志得意满,兴高采烈,他穿着军装检阅伪新民会青少年团;他到南京、苏州宴饮游乐,在游南京玄武湖时,还写下了"疲车羸马招摇过,为吃干丝到后湖"这样的诗句,表现了他招摇过市,得意忘形的神形。1943年4月,周老太太去世后,他写了一篇《先母事略》,内有"作人蒙国民政府选任为委员,当赴首都谒主席"等语,如果他当汉奸是迫不得已,如果还有一点羞耻心,则在关于老太太的事略里,是没有必要谈到他出任伪国府委员和赴南京谒见大汉奸汪精卫的,而他却津津乐道,引为光宠。他常用一颗闲章,文曰"知惭愧",事实说明,他是一个不知羞愧的人。①

这位老学者说得多好啊!我常想,如果周作人不"昏",不胡闹,不和鲁迅失和,又何至如此呢?

(载《贵州教育学院学报》1999年第3期)

---

① 见林辰《沦陷期周作人的政治立场》,《鲁迅研究动态》1987年第1期。

《晨报副镌》上有关周氏兄弟失和的几则材料

⊙ 荣挺进

学界对周氏兄弟失和事件评议已多，一般着眼于该事件对鲁迅的影响，涉及周作人方面则显得单薄，且多有揣测之词。笔者暑期阅读《晨报副镌》（以下简称"副镌"）影印件，发现数则材料与此事件有关，从中尤能见出对周作人的刺激，尚未引起足够的注意，特抄出以供研究者参考。

一

1923年7月24日"副镌"二版新辟"儿童世界"专栏，首刊是周作人译《土之盘筵》之一《稻花与煤与蚕豆》，前有"一九二三年七月十日"小引一篇（后收《谈虎集》），后有"附记"一节。小引说明其写作意图："我随时抄录一点诗文，献给小朋友们，当作建筑坛基的一片石屑，聊尽对于他们的义务之百分之一。"与本文有关的是小引与附记文字表现出的作者心情："可惜我自己已经忘记了儿时的心情，于专门的儿童心理学又是门外汉，所以选择和表现上不免有许多缺点，或者令儿童感到生疏，这是我所最为抱歉的。"（小引）"我的译文恐多生硬的地方，如有父师想利用这些材料者，望自加融化，以期适用。"（附记）周作人在留日期间产生"儿童学"的兴趣，回国后的（1923年7月）十几年间已撰写发表有关儿童心理、儿童教育及儿童文学的研究文字二十余篇，这里所表现的惴惴不安之歉意,实表明他对儿童教育的诚恳热情。本文写于7月10日,① 只是7月18日前了无异样的一节小文。

四天以后"副镌"同一栏目连载《土之盘筵》之二《乡间的老鼠和京都的老鼠》,后有"一九二三年七月二十日"附记一段。这是周作人兄弟失和后第一次直接的心情表露,尚未引起评论者注意,特录全文,以与十天前所写小引、附记比照:

> 这一篇儿童剧,取材于伊索寓言,是日本坪内逍遥所作,从他的《家庭用儿童剧》第一集中译出,关于儿童剧的内容本来有应当说明的地方,现在不及说了。
>
> 《土之盘筵》我本想接续写下去,预定约二十篇,但是这篇才译三分之一,不意的生了病,没有精神再写了。现在勉强译成,《土之盘筵》亦就此暂且停止。——不过这是我所喜欢的工作,无论思想变化到怎样,这个工作将来总会有再来著手的日子。因为即使我们已尽了对于一切的义务,然而其中最大的——对于儿童的义务还未曾尽,我们不能不担受了人世一切的苦辛,来给小孩们讲笑话。
>
> 一九二三年七月二十日记。②

将对儿童的义务视为"最大的",仍可见出周作人的诚恳态度;但热情消失了,第一小节末句的"不及说"不过是不想说或懒于说的代称,第二节则直接表明要不写而停止了。核对周作人日记,7月15日有"マリふ病池上来诊"记录,16日、17日亦有,20日又记"芳子赤子发热池上来诊",27日则云"稍不适服仁丹",可知20日前后"生了病"者非周氏自己乃是家人,一周后他才稍有不适。这生病是个托辞。但"勉强译成"并非虚语:日记7月19日"译坪内儿童剧了",附记作于第二天,其内心的勉强与"没有精神"是确实的,——只是其原因与病无关。

再注意这段文字后半部分的议论,它与7月18日致"鲁迅先生"的

---

① 《周作人日记》中卷,第316页,7月10日"首作《土之盘筵》",大象出版社,1996年版。是书以下略为《日记》。
② 又见钟叔河编《周作人文类编》第五卷第三辑第831页,编者更改了几个标点符号。

绝交书①情绪一致:"大家都是可怜的人间","我们不能不担受了人世一切的苦辛",悲哀而又无奈,并且表白了自己思想上受到的冲击:"我想订正我的思想","无论思想变化到怎样"。

由鲁迅《日记十二》(1923年),论者已熟知,7月19日得周作人信后,鲁迅即收拾书籍,四处看屋,8月2日下午迁入砖塔胡同,后因母亲也欲搬离八道湾,又继续找新居,忙碌奔波终至9月24日肺病复发。其积郁难消、旧病复得一般均认为因兄弟决裂所致,对照这里所引小引、附记文字可知,兄弟决裂给予周作人的刺激同样强烈:曾经那般充满热情的"对儿童的义务"戛然而止,其情绪的低落和心理的痛楚都十分明显。

二

《土之盘筵》并未中止,从8月3日起"副镌"儿童世界续载其三,至1924年1月17日续载其十,半年内周作人陆续译成八篇,虽然每篇后有附记,内容却极简单,不过交待出处、译事,别无多言,均不缀翻译时间。译者由勉强而勉力为之,但只完成"预定约二十篇"工作的一半。

1923年7月22日"副镌"二版登了一则出版预告:本社丛书第十一种《自己的园地》,"内《自己的园地》及《绿洲》共三十多篇,余杂件"。8月1日由晨报附送的《文学旬刊》第七号四版"余载"栏发表了周作人《〈自己的园地〉序》②,该文写于1923年7月25日,距7月18日仅一周,其中内容大可考究。

首先是措词及心态:文章最末两节言:"我已明知我过去的蔷薇色的梦都是虚幻,但我还在寻求——这是生人的弱点——想象的友人,能够理解庸人之心的读者。""我因寂寞,在文学上寻求慰安……——反正寂寞之上没有更上的寂寞了。""蔷薇色的梦"与"虚幻"完全同于绝交信,"生人的弱点"是"大家都是可怜的人间"及"不能不担受了人世的一切苦辛"的换一种说法,而"还在寻求""在文学上寻求慰安"的心态与前述

---

① 见《周作人年谱》,南开大学出版社,1985年版。
② 收《自己的园地》1923年晨报社初版;1927年北新书局版删,另收入同年上海开明书店《谈龙集》,字句上略有删削。

材料的倾向基本一贯。

其次,也是最重要的,是思想的参照:"我们太要求不朽,想于社会有益,就太抹杀了自己;其实不朽决不是著作的目的,有益社会也并非著者的义务,只因他是这样想,要这样说,这才是一切文艺存在的根据。""我并不想这些文章会于别人有什么用处,或者可以给予多少怡悦;我只想表现凡庸的自己的一部分,此外并无别的目的。"这两段话就是该序的中心,用文中一句话概括:"文艺只是自己的表现"。这一观念的性质、倾向姑且不论,其与周作人早年写作的《人的文学》、《平民文学》间的差别之明显也暂不分析,仅就《自己的园地》里的批评文字相较,便可见出其思想的重大变化。

"副镌"1922年1月20日四版登载了一组通信《文艺的讨论》,读者吕一鸣向周作人请教艺术的"唯美"与"作品的主义"问题,周作人的答复①首先预告了《自己的园地》的写作:"近来做了几节杂感,总名《自己的园地》,将在本报上发表,有些话已经在那边说过",然后针对对方意见申明了自己在《自己的园地》的意见:"我以为文艺是以表现个人情思为主;……我现在的私见,以为文艺上的对象是自己,以及通过了自己的万有,不是抽象的美或善……我想现在讲文艺,第一重要是'个人的解放',其余的主义可以随便;人家分类的说来,可以说这是个人主义的文艺,然而我相信文艺的本质是如此的,而且这个人的文艺也即真正的人类的——所谓人道主义的文艺。"贯穿整个《自己的园地》的主导思想即是这"表现个人情思"。表面看来,它与"只是自己的表现"别无不同,细究之下,同一个"自己"与"个人"却包容着不同的内涵:《自己的园地》正文所张扬的"个人","也即真正的人类",自己,还容纳着"通过了自己的万有";而《〈自己的园地〉序》所标榜的"自己",已只是"凡庸的自己的一部分","想于社会有益,就太抹杀了自己"。前者那里个体与整体、个人与人类、自己与社会是和谐一体的,后者这里却是对立冲突的,或至少

---

① 署名仲密,后缀时间"一月十六日",未收集,《年谱》未著录,现收《周作人文类编》第三卷第一辑第65—66页,题名《文艺的讨论》。

是非一体的。失和事件所激起的"订正我的思想",大概是这一变化吧?兄弟失和事件,冲毁了周作人的人类相通的意识,对个人和自己天然承担着的人类、社会责任产生了怀疑,甚至幻灭。

三

在同一篇序里,周作人谈到《自己的园地》一书"分有三部,一是'自己的园地'十八篇,二是'绿洲'十五篇……三是杂文二十篇",共收"五十三篇小文","我把近两年的文章都收在里边,除了许多风刺的〔进案:笔者加点,收《谈龙集》删此三字〕'杂感'以及不惬意的一两篇论文"。周作人自1917年4月抵京,1918年1月15日在《新青年》四卷一号发表译文《陀思妥耶夫斯奇之小说》,至1923年7月编定《自己的园地》,在京五年余时间总计发表文章约二百五十篇(译文另计),仅《晨报副刊》有近一百八十篇,近两年(1921—1923年)总数超过一百五十篇,"自己的园地"、"绿洲"均初载于副刊。《自己的园地》所收五十三篇之数不及其三分之一,作者的删汰率是极高的,虽后来《雨天的书》、《泽泻集》、《谈龙集》、《谈虎集》、《永日集》、《艺术与生活》诸集补收数批,仍有大量文字被周作人摈之集外,专门探讨这些被删汰的文字是一件有趣的事情。这里仅从失和事件去研究其中的一篇。

《自己的园地》里同名一组文章时断时续刊于"副镌"1922年1月22日至10月12日"文艺谈"专栏,原刊依次编号计十九篇,收入文集调整了部分篇目秩序,最初随写随发的面貌调整为从理论探讨、文体论说到作品评介的有序结构,原编号第八的《〈阿Q正传〉》却在编辑时删汰了。

鲁迅原作连载完毕(2月12日二版)才过一月,周作人便发表了这篇专评,原文用了二千多字的篇幅(对周作人来说不算短)评析了《阿Q正传》的两方面内容:前三分之二分析其讽刺艺术,"在嫌恶卑劣的事物里鼓励我们去要求高尚的事物",称"只有真正伟大的写实家才能够做到",并以知情者身份从比较文学角度介绍了其"多是反语,便是所谓冷的讽刺——'冷嘲'"的笔法来源及鲁迅的独创性:"对于斯拉夫族有了他的大陆的迫压的气分而没有那'笑中的泪',对于日本有了他的东方的奇异的花样而没有那'俳味'。……多理性而少情热,多憎而少爱,这个结果便造成了 Satyric satire(山灵的讽刺)①……与'英国狂生'斯威夫德有点相近了"。除"没有那'笑中的泪'"不够准确外,这些文字透彻地把握住了原小说的独特艺术价值。后三分之一直接评介了阿Q形象:"阿Q这人是中国一切的'谱'——新名词称作'传统'——的结晶,没有自己的意志而以社会的因袭的惯例为其意志的人。""他像神话里的'众赐'(Pandora)一样,承受了恶梦似的四千年来的经验所造成的一切'谱'上的规则,包含对于生命幸福名誉道德各种意见,提炼精粹,凝为个体,所以实在是一幅中国品性的'混合照相',其中写中国人的缺乏求生意志,不知新生生命,尤为痛切,因为我相信这是中国人的最大的病根。"这样的理解在今天看来也是精辟深刻的,将其放到鲁迅研究史中去观察,也是一篇价值突出的评论。可以想象,周作人之写作本论,也是极着力用心的。但却被视为"不惬意"者置诸编外,以后各种自编文集均不收入。

不收入的理由,周作人在三十年后曾有说明:"《阿Q正传》发表以后,我写过一篇小文章,略加以说明,登在那时的《晨报副镌》上。后来《阿Q正传》与《狂人日记》等一并编成一册,即是《呐喊》,出在《新潮社丛书》里,其时……这丛书的编辑也就用了我的名义。出版以后大被成仿吾所挖苦,说这本小说集既然是他兄弟编的,一定好的了不得。……于是我恍然大悟,原来关于此书的编辑或评论,我是应当回避的。……这切实的给我一个教训,就是使我明白这件事的复杂性,最好还是不必过问。于是我就不再过问,就是那一篇小文章也不收到文集里去,以免

---

① "副镌"1924年6月19日4版"杂感"栏署名"龙"的《小杂感三则》其一云:"林玉堂先生提倡幽默的文章里,提起了鲁迅先生的名字,于是有人向鲁迅先生问及这件事。鲁迅先生说他的作品中很少幽默的分子。幽默在日本译为有情滑稽,令人看后嫣然一笑便了。而他自己的作品,是要令人看后起不快之感,觉得非另找合式的生活不可,这是'撒替',不是'幽默',他的作品中几乎满是'撒替'(satire)。"此则材料可与周氏评论印证。因其不见于《鲁迅研究资料汇编》,附录之以补遗。

为无论那边的批评家所援引,多生些小是非。"①这一说法是有问题的。《呐喊》编集于1923年8月,成仿吾之批判《呐喊》更在1927年初以后,它们都发生于《自己的园地》编定之后。以之解释《谈龙集》以后各集尤其是《艺术与生活》不收此文尚可,它却无法成为《自己的园地》一组文章收其十八篇独去此一篇的理由。

"副镌"1923年10月9日四版"杂感"栏,一位署名汤钟瑶的读者在其《读了自己的园地》文里对这本书赞不绝口之余,也对此感到困惑和遗憾:"自己的园地中缺少了那篇谈阿Q正传的。这是著者自编的集子,其中取舍,当然无庸我们参加末议的。但是这篇文章说明了阿Q正传作者的主旨,于我们去读呐喊集很有裨益,何况他也曾说及一点讽刺派的文艺的原由呢。"其中取舍,确乎无庸末议,但《阿Q正传》一文精心撰写于决裂前,又狠心捐弃于决裂后,非失和事件之影响无法解释之。②

这种删汰无独有偶:"副镌"1923年7月17日一版"特载"周作人《有岛武郎》一篇纪念文,③介绍至有岛君的作品,"我所最喜欢的是当初登在《白桦》上的一篇《与幼小者》。这篇和《阿末之死》经鲁迅君译出〔进案:笔者加点〕,编入《现代日本小说集》里"一节,收入1927年初版《谈虎集》,加点句变成"这篇和《阿末之死》均已译出","鲁迅君"作为违碍字眼被删。

四

周氏兄弟之彻底决裂,完成于1924年6月11日下午八道湾周宅的剧烈冲突。这一突发事件对周作人的刺激,一般均据《"破脚骨"》文,认为周氏既恼且怒,写之以泄己愤。这篇文章发表于"副镌"6月18日三版"杂感"栏,后无写作时间,确乎是周氏6月11日后发表的第一篇东

---

① 《关于鲁迅》,原刊1936年11月《宇宙风》第二十九期,收《瓜豆集》,见《类编》第十卷第一辑第108页。
② 本文在1957年收入《鲁迅的青年时代》。之附录,周氏在书"序言"称"有纪念的性质,重印出来,或者可以稍供读者的参考"。
③ 《日记》1923年7月14日条:"上午作关于有岛武郎小文",知其写于7月17日前。

西。然细审其内容,赞"破脚骨"昔日之"义"与"勇",叹"现时人心不古的时代",并遗憾当下文学对其缺乏关怀,尽管文首排比以"无赖"、"光棍"、"泼皮"、"破落户"、"流氓"、"流尸"、"青皮"、"歌罗支其"、"罗格"之别号,文末又列"流氓"、"劫掠者"、"盗贼"之属,仿佛带着某种情绪,实不单以泄愤为旨。有人进而以为作者在此直指鲁迅先生,是缺乏说服力的①。

但这次冲突的影响,在另一篇集外文字里有明显表现。"副镌"1924年6月22日二版"杂录"发表了周作人《几首希腊古诗》(署名荆生),正文选译了五首短诗,文后有"六月十七日钞了附记"一小节,说明译文情况,称"五月二十五日的副刊上我曾发表过一篇《几首古诗的大意》,这回的可以算是续篇"。五诗译文如下〔进案:以"/"为分行标示;原刊尚录每诗作者姓名及每诗首行前半句之原文,此处略〕:

一　无名氏作

勿献香花于我的石坟上,/也勿烧火:耗费都是空的。/你如有意,请在生时惠我;用酒浇我的灰/只做成一团烂泥,死者是不复饮酒了。

二　无名氏作②

且饮酒,且快活,因为明天怎样将来怎样/没有人知道。不要奔跑,不要辛劳;/请尽力地给罢,分享罢,吃罢,想现世罢。/活著不活著没有什么分别。/人生都是如此,只是机运罢了:/你如先得了,这便是你的;/你如死了,都是别人的,你就没有分了。

三　阿思勒披亚台思作

有名的尼珂答应说夜里来,/还凭着壮严的制礼女神立下了誓。/她没有来,查夜的也已过去了,难道/她是扯谎么?——小子,吹熄了灯罢!

---

① 本文材料后被作者改写为《小破脚骨》文,发表于1950年6月1日《亦报》,署名鹤生,收《饭后随笔》,其文带着明显乡土风情色彩。

② 同年7月2日"副镌"四版周作人就这几首诗的翻译问题答复一位读者的批评时,抄录《诗经·唐风·山有枢》末章为本诗"绝好译本"。又参《类编》第八卷第一辑第218—219页。

四　美勒亚格罗思作

神圣夜与灯呵,我们不凭了他人,/只以你们两个为盟约的证人;/他说他将爱我,我说我永不离他,/我们立誓,你们就作两边的中保。/现在他说这盟约是写在水上,①/而且你,灯呵,照见他在别人的怀里。

五　前人作

我睡倒了,请用脚踏我的头罢,凶神。/我认识你,凭了众神,你是沉重不可担受的,/我又认识你的火箭;但是掷你的火把在我心上,/你再也点它不著,因为这已全是灰烬了。②

五首诗可概括为两个内容:生死的思索,爱的痛楚,人生百年,一死成空;爱遭背叛,万念俱灰,——"耗费都是空的","这已全是灰烬",整个基调悲哀而绝望。兼容着"日神"精神和"酒神"精神的古希腊文学在总体基调上并非如此,对比5月25日发表的《几首古诗的大意》也格调大异:前一组译诗共十四首短诗,十二首情诗中有两首写爱与痛苦,十首表现强烈的感官享乐特征,符合其反对"狂热在取缔思想拥护礼教的时候"之目的;另两首"很正经"的哲理诗带有虚无色彩,③其总体倾向是热烈陶醉的。作者称这五首诗为其"续篇",实在缺乏情绪倾向上的统一性。显然,这种悲哀与绝望的色彩是选译者自己心态的自然流露。这五篇译诗抄录于兄弟冲突后一周之内,从中可以见出,由绝交到决裂,周作人从情感到思想正发生着深刻的变化。

末了补充说明一下,本文的目的,并不拟探讨周氏兄弟失和的过程或原因,抄录这样一些材料,不过为周作人某一阶段的研究提供点有实际价值的东西,这些材料来自原始报刊,它们真实地反映出周作人在兄弟失和事件发生后情感、思想、心态上的剧烈震荡。这震荡的具体结果如何,文中

---

① 本文译者"附记":"第四首五行后半,令人想起英诗人济慈(Keats)自撰的墓铭:'有人卧于此,其名字写在水上。'"济慈原句作"写在水中"(in water),意在生命虚度。
② 译者"附记":"末一首所说,系指爱之神。"
③ 《几首古诗的大意》之"引言",作于"一九二四年五月二十日"北京内右四区。收入《类编》八卷第一辑第217页。

未敢贸然推测,尚需结合此前此后周氏的具体写作去细致推敲,但前此一些似成定论的说法已面临挑战。比如一般认为周作人在情感上表露出对鲁迅的愤怒情绪,并以他30年代有关鲁迅的文字为证;这几则最切近的材料却表明,周作人更多感受到一种天崩地陷,近于绝望无助的痛楚,这痛楚横亘于胸,郁积成难以言诉的深重悲哀,以一种不声不响、自我抑制的平静去咀嚼深味。比照同一时期作者针砭时弊陋习,诅咒野蛮卑劣的"掐"式杂感或"十二分刻毒"的反语文章,①这组材料毫无火气,从中读不出诸如愤怒、怨责或痛恨之情。这样的情感其实更为沉痛,也更为危险:愤怒的倾泻尚可获致自觉的反省和冷静——鲁迅的反应大概此类,而积郁不消就很可能潜入下意识,凝结为非理性的肿瘤。这样的情感显然要影响作家的写作,由此去观照周作人此后的写作,会获得怎样的结论呢?再如周作人思想转变问题,前面第二节略有推论,这里容易联系到周作人的别两篇文章,一是发表于1923年8月1日《文学旬刊》第七号的《寻路的人——赠徐玉诺君》,文章以散文诗的笔触,写出了作者在寻求中挣扎,又在挣扎中寻求的思想状况,几年后周作人编定《谈虎集》,在"后记"中称:"民国十年以前我还很是幼稚,颇多理想的,乐观的话,但是后来逐渐明白,却也用了不少的代价,《寻路的人》一篇便是我的表白。"一般人均从社会背景上去接受周作人这种解释,放在具体时间绝交之后十来天面前,②并注意文本的措词,几乎可以确定,这里烙着鲜明的失和震荡印记。另一篇是写于1923年旧历除夕,发表在1924年2月13日"副镌"三、四版"杂感"栏的《一年的长进》(收《雨天的书》),作者总结过去一年,"这一年里我的唯一

---

① 1923年9月5日,周作人译成了斯威夫特名文《育婴刍议》,译后"附记"中他初次称这类文字为"深刻痛切之作,仿佛想把指甲尽力的掐进肉里去,感到苦的痛快",在投寄译文时,还兴奋的附信一封,说"今天忽发野性,起手译刻毒十二分的Swift的一篇文章","副镌"编者孙伏园于9月7日发表译文时特意作《十二分刻毒》短文向读者推荐。9月7、8、9日三天连载时,周作人特意在文章俏皮、尖刻处密加圈点,非同其寻常。

② 《寻路的人》原刊未注明时间,收入《谈虎集》时文末标示"一九二三年七月三十日",这一时间也成问题。《文学旬刊》是文学研究会刊物,由《晨报》附送,当年6月1日起"逢一出版,每月发行三次"(见《本刊源起与主张》),编者是王统照。其稿件处理与《晨报副刊》互不相干,编辑周期为十天,临时插入稿件的可能性极小。同期《〈自己的园地〉序》写作时间在7月25日可作参证。

的长进,是知道自己之无所知"。"大约我之无所知也不是今日始的,不过以前自以为知罢了;现在忽然觉悟过来……露出的马脚才是真脚,自知无所知却是我的第一个的真知也。"这一想法出现在这一时间,其"知"与"无所知"及"真知"之辨的内涵是不同于1932年3月26日《知堂说》(见《知堂文集》)所引孔子"知之为知之,不知为不知,是知也"的。如果说《知堂说》里的"知"与"不知"是一种向学的诚实态度,这里的"知"与"无所知"则是前述关于"个人"内涵的两种不同理解,"知"是对于"个人""人类"整体一致性的确信,"不知"是对此的怀疑;如果这一结论大致不差,是否就可以从周作人的"个人主义"立场上这样理解他的思想转变问题?周作人的"个人主义"立场是始终如一的,但其个人主义内涵却时时游动于对"个人"与"人类"是否融通共存的确信和怀疑之间。1921年前"新村运动"的失败和西山养病的反省,曾使他在新文化运动初期树立的确信,不自觉向怀疑方向滑动;1925年至1927年中国社会政治与思想的全面倒退(用周氏自己的话叫"又有点入于恐怖时代")①把他的确信逼落于怀疑乃至失望。发生于1923年至1924年间的兄弟失和事件则从情感最痛楚的地方将他对"蔷薇色的梦"的基本确信,猛推至怀疑与否决的别端。前二种外在活动的影响,其强度与深度恐怕均不如这内在情感影响之强烈?仿佛一根弹簧,某一次突然爆发的拉力超出其弹性限度,虽然它仍然具备一定的弹性,却已无法恢复常态。周氏兄弟失和事件,是否就是周作人思想弹簧承受的一次超强爆发力,它破坏周作人思想的弹性限度了吗?粗略地观照一下周氏此后的写作,其确信与怀疑的力量似乎同样的强烈,——杂感的批判气势与对此批判的困惑朝着两极反弹,小品散文则由零星的写作迅速滚动为一团发而不收的雪球,这种矛盾的两极摆动和思想复杂性、深刻度的疾速提高,是否与失和事件有着直接联系?

是否可以这样说:兄弟失和事件,是周作人思想转变的真正转折点,也是促成小品散文大师周作人分娩而出的强力催生针?

---

① 《旧诗呈政》,见《谈虎集》下卷。

鲁迅、周作人失和决裂后的间接联系

⊙ 舒芜

1923年7月14日鲁迅、周作人兄弟失和,8月2日鲁迅搬出与周作人同寓的北京八道湾寓宅,次年6月11日鲁迅回八道湾寓宅取书物,周作人夫妇向鲁迅大骂大闹,从此以后,彼此避不见面(除了可能有几次避不开的集会上相遇),直到鲁迅逝世,这是大家都知道的。

但是,他们两人之间,并不是从此就没有任何联系。事实上,由于他们失和之后还有一段时间(1924—1927)在《语丝》这个共同阵地上密切配合着作战,由于亲兄弟之间不可能完全断绝的家庭关系,许多间接联系还是避免不了的。兹就涉猎所及,将鲁迅、周作人失和之后间接联系的一些情况,钩稽列述如下。

一 通过第三者向对方有所询问

鲁迅曾托孙伏园向周作人询问许钦文小说出版之事。1924年1月11日鲁迅致孙伏园函云:

> 钦文兄小说已看过两遍……现在先存二十七篇,兄可先交起孟,问其可收入《文艺丛书》否?而于阴历年底取回交我,我可于是

后再加订正之。①

这里说的《文艺丛书》,指新潮社《文艺丛书》,周作人(起孟)主编。

周作人曾托章廷谦(川岛)向鲁迅探询什么事。1927年2月14日章廷谦致周作人函云:

> 嘱询鲁迅之事,已去函矣。②

可惜周作人嘱章廷谦信,鲁迅复章廷谦信,章廷谦得鲁迅复信后转告周作人信,目前尚未见公布,不知周作人要问的是什么事。

二 第三者将一方的书信给另一方看

周建人曾将周作人的信给鲁迅看。鲁迅1927年11月7日致章廷谦函云:

> 北新捕去李(小峰之堂兄)王(不知何人)两公及搜查,闻在十月二十二,《语丝》之禁则在二十四。作者皆暂避,周启明盖在日本医院欤。查封北新则在卅日,今天乔峰得启明信,则似已回家,云《语丝》当再出三期,凑足三年之数,此后便归北新去接办云云。(卅日发)大约尚未知查封消息也。他之在北,自不如南来之安全;但我对于此事,殊不敢赞一辞,因我觉八道湾之天威不测,正不下于张作霖,倘一搭嘴,也许罪戾反而极重,好在他自有他之好友,当能互助耳。③

鲁迅从周建人(乔峰)那里看到周作人(启明)的信,他又向章廷谦转述,并且表达了关怀周作人的安全,希望他能脱离张作霖统治下的北京到南方来之意,恐怕也不排斥或者章廷谦能将此意转致周作人的想法吧。

不久,章廷谦将周作人的信给鲁迅看。1927年12月9日,鲁迅致章廷谦函末附言云:

> 周启明信三张附还。④

---

① 《鲁迅书信集》(上)第55页。以下简称《书信集》。
② 《鲁迅研究资料14》第351页。以下简称《资料》。
③ 《书信集》(上)第170页。
④ 《书信集》(上)第157页。

从时间来算,章廷谦将周作人的信寄给鲁迅看,可能正是答复上引鲁迅11月7日那封信的。周作人给章廷谦这三张纸的信,显然是关于北京《语丝》被封事件,关于周作人离家避难等情况的。

三 第三者将一方的情况告诉另一方

章廷谦曾将鲁迅的情况告诉周作人。1928年4月28日,章廷谦致周作人函云:

> 闻达夫与鲁迅将合办一期刊,于五月间出版,要和第四阶级的文士们玩一下。①

又云:

> 这里发现了一个假鲁迅,逢人便说他是鲁迅,而且他有三兄弟,弟弟是建人,"周作人"便是他。竟有多少人上他的当,我去访(此字应作"访案"的访解)过他两次。您也曾知道吗?②

又,章廷谦1929年9月4日致周作人函云:

> 我是二十六到上海去的,三十一日夜半才回杭州。北新与鲁迅事已了,北新欠鲁迅的版税,售出与未售出的总算起来,共欠两万,分十一个月摊还,已订了契约,律师签字。——这个律师却发了两千多元的财,(听说本来需四千元。)我和达夫,只在收回纸版的张账(原文如此。——舒芜)上各签一名,并不发财,这一趟去,我却无缘无故的化了三百元,可谓冤矣。③

又云:

> 在上海,小峰请我们吃饭的席上,语堂和鲁迅闹翻了,几乎打起来,彼此以"畜生"骂,我和达夫费了多少口舌好说歹说的才劝开他们,自己一伙中人,常这么闹,真是糟!④

又云:

> 这回,我将在杭州所听到关于北新的消息,如开纱厂……都问

---

①② 《资料12》第101—102页。
③④ 《资料12》第102—103页。

> 小峰,小峰说是"奸人在造谣,即此次鲁迅与北新的纠纷,也是由于张友松(奸人?)的挑拨",语堂也说张友松在和他捣乱,说语堂在汉口发了笔洋财。那天鲁迅和语堂的相骂,也是这么引起来的。葫芦中人总不大能明白他们内中究竟是怎么一回事,张友松不也开了一爿春潮书店吗?①

章廷谦是鲁迅、周作人的同乡后辈,他同二周的关系当时都很密切,所以他很适宜作二周之间的间接联系的中间人。而另一个更适宜的中间人,当然是周建人。周建人1927年5月23日致周作人函云:

> 鲁迅确因颉刚辞职,和季茀同辞。傅斯年乃信寄颉刚,嘱其暂缓去,颉刚谓必去试试,遂到广州。于是傅以五万元嘱颉刚到上海购古书,今日闻颉刚已到上海。但鲁迅谓广大中有颉刚之名字写着便不教;近当在挽留中,但闻他不肯去。好像近同季茀翁住在广州北新分局。(以上的话系从多方面零星听来者。)前次据他自己来信言在整理《小约翰》稿子,又致春台信中言傅斯年以颉刚为军师云。②

味其语气,似乎是答周作人之问。又云:

> 春台近回绍去,前日言广大招他去教书,他有去意。不过鲁迅给他信中言傅之所以招他去者意在表示并不反对语丝派人,实有作用。不知春台得此消息后仍然去否,则不得而知。③

关于章廷谦信中所叙鲁迅与北新书局关于积欠版税谈判一事,周建人1929年8月24日致周作人函中也说到了:

> 鲁迅先生近日对北新书局有些不对,由春潮书店里一位先生介绍一个律师预备起诉,(说是姓党)——追还以前所欠版税,以及取回印的书及纸版。但又有达夫等从杭州赶来调停,或者不至怎样闹下去亦未可知。原因据说因小峰回信不写给他及别的。其实鲁迅亦受人包围也。④

---

① 《资料12》第102—103页。
②③ 《资料12》第77页。
④ 《资料12》第78页。

所述较章廷谦为简,对此事件的看法则与章廷谦大致相近。

特别重要的是鲁迅逝世之后六天,即1936年10月25日,周建人写给周作人的一封信,全文(除首尾称呼署名外)云:

来信均已收到。大哥丧事系由治丧委员会办理,今已安葬于万国公墓,只是墓碑尚未做好,待后再说。治丧费听说约三千余元。

北平方面用度,目下由北新书局照常支付,以后出版家如有更动等事情的话,办法再讲。

大哥去世的夜里,我闻知消息赶去。他大概并不知道。因此亦无遗言。惟他于前数天病中讲到关于你的话,追述于下。

有一天说到一日本记者(?)登一篇他的谈话,内有"我的兄弟是猪",其实并没有这话,不知记者如何记错的云云。

又说到关于救国宣言这一类的事情,谓连钱玄同、顾颉刚一班人都具名,而找不到你的名字,他的意见,以为遇到此等重大题目时,亦不可过于后退云云。

有一回说及你曾送×××(原排印如此,不知原信是否如此。这三字当是"李大钊"。——舒芜)之子赴日之事,他谓此时别人并不肯管,而你却偃(原排印如此。当作"掩"。——舒芜)护他,可见是有同情的,但有些作者,批评过于苛刻,责难过甚,反使人陷于消极,他亦极不赞成此种过甚的责难云。又谓你的意见,比之于俞平伯等甚高明(他好像又引你讲文天祥(?)的一段文章为例),有许多地方,革命青年也大可采用,有些人把他一笔抹煞,也是不应该的云云。但对于你前次趁〔赴〕日时有一次对日本作家关于他的谈话则不以为然。总起来说,他离北平之后,他对于你并没有什么坏的批评,偶然想起,便说明几句。匆匆。①

从语气看来,周建人是在答复周作人的问题,而周作人所问的,至少有鲁迅的丧仪办理情形,用度,遗属生活的安排,特别是有何遗言这几项。周作人大概着重问到(明说或暗示)鲁迅对他有何批评,所以周建人于此

---

① 《资料12》第82—83页。

答得特别详细，保存了极可贵的材料。

四　鲁迅周作人两边宾客相通流

鲁迅与周作人决裂搬出八道湾之后，鲁迅离北京南下之前，有几个新老朋友和年轻后辈，特别是孙伏园、李小峰这两个《语丝》社的骨干，经常出入于鲁迅、周作人两家，往往同一天或只隔一天，先后来到两家，可以想见他们在沟通两边的情况上，在商量《语丝》的种种问题上，当然会起到间接联系的中间人的作用。兹将鲁迅日记和周作人日记中这种两边宾客相通流的情况汇录如下。

1925年6月14日。周作人日记："下午伏园来，收《京报》馆四五月分洋十四元。女师大吕、许二君来谈。"鲁迅日记："下午，许广平、吕云章来。……夜，伏园来，并交《京报》馆四月分稿费廿，五月分十。"

1925年8月12日。周作人日记："下午，张目寒以玄同介绍来访，约为《探灯》作文。"鲁迅日记："晚，张目寒来。"

1925年8月14日。鲁迅日记："晴。我之免职令发表。上午，裘子元来。诗荃来。季市来。协和来。子佩来。许广平来。午后，长虹来。仲侃来。高阆仙来。下午，衣萍来。小峰、伏园、春台、惠迭来。潘企莘来。徐吉轩来。钦文、璇卿来。李慎斋来。晚，有麟、仲芸来。夜，金钟、吴季醒来。"舒芜按：这一天这么多人来看望鲁迅，大概都是来慰问他被章士钊免职的。周作人日记："晚，川岛夫妇招宴伏园、春台、学昭、钦文等人。"舒芜按：当时川岛（矛尘）夫妇就住在八道湾周作人寓中，他们所宴请的当然包括周作人在内，所以周作人日记中才将与宴者详细记下来。与宴的孙伏园、孙福熙（春台）、许钦文，这天下午都曾去鲁迅寓所。这天川岛（矛尘）之所以未去看鲁迅，当然是自己要宴客的缘故。次日鲁迅日记即记云："午，矛尘来。"

1925年9月8日。周作人日记："下午，峰旗君以季茀介绍来谈。"鲁迅日记："下午，得峰旗良充信并季市介绍片。"9月9日鲁迅日记:"峰旗良充来。"

1925年9月13日。鲁迅日记:"下午……李小峰来。"周作人日记:"下午,小峰、伏园来,晚去。"

1926年1月31日。鲁迅日记:"午后,品青、小峰来。"周作人日记:"下午,品青、小峰来。"

1926年2月24日。周作人日记:"上午,季茀来访。"鲁迅日记:"下午,季茀来。"

1926年4月11日。周作人日记:"下下午……三孙及陈、罗、石、张、陆诸女士来访。"舒芜按:三孙,当然包括孙伏园、孙福熙(春台)在内。鲁迅日记:"晚……矛尘、伏园、春台来。"

1926年5月9日。周作人日记:"下午,顾颉刚、傅彦长二君来谈。"5月15日鲁迅日记:"下午……顾颉刚、傅彦长、潘家洵来。"舒芜按:顾、傅二人于两边均是罕客,故虽相距六日,两边两次拜访仍可推想当有联系。

1926年8月26日,鲁迅离北京南下,日记云:"子佩来,钦文来,同为押送行李至车站。"次日周作人日记云:"上午,钦文来。"

上面辑录的,除顾颉刚、傅彦长一例外,仅限于同一人在同一天之内或紧接两天之内通流于鲁迅、周作人两家的;事实上这种联系并不以此为限,因为相隔两天以上的两边通流,同样会起到间接联系的作用。

至于前文所述通过第三者向对方有所询问,第三者将一方的书信给另一方看,第三者将一方的情况告诉另一方诸例,都不过是现在见到的已公布的资料。这些资料的保存和整理出来,都有偶然的性质,决不足以反映事实的全部,事实上当然还多得多,那是不用说的。

《五十自寿诗》与《两地书》
——周氏兄弟诗文互证发覆

○ 陈胜长

一

周作人(1885—1967)在《知堂回想录》第135、141、173节提到他的《五十自寿诗》时,不嫌重复引用鲁迅在致朋友的信中对此所作的"公平"判断,以为和胡风辈的兴风作浪不同。① 《五十自寿诗》发表后引起的风波,今之论者大多罗列有关文献铺述,依违于鲁迅(1881—1936)的评价,却从没有人指出周作人这两首诗和鲁迅出版《两地书》的关系。

《两地书》是鲁迅和许广平(1907—1968)的通信集,1933年4月由上海青光书局初版,内容虽有部分经过增删,基本上仍保留原信的面貌。周作人对鲁迅和许广平同居是有意见的,听到鲁迅要刊行"情书集",在1933年3月4日致江绍原的信中即大加讥评:

> 观蔡公(按:指蔡元培)近数年"言行",深感到所谓晚节之不易保守,即如"鲁"公(按:指鲁迅)之高升为普罗首领,近又闻将刊行情书集,则几乎丧失理性矣。②

---

① 见《知堂回想录》,第404—405,425,557页,香港,听涛出版社,1970年版。
② 《周作人早年佚简笺注》,第273页,成都,四川文艺出版社,1992年版。

看到《两地书》之后,最令周作人不能忍受的,我以为是 1927 年 1 月 11 日鲁迅的那封信(编号 112),信中有两处提到"宴太"散播流言,其一是关于鲁迅和许广平的,其二是关于鲁迅纵容学生虐待母亲的,这位"宴太"通信时原作"二太太",也就是周作人的妻子羽太信子(1888~1962)。《两地书》的有关文字如下:

  这是你知道的,单在这三四年中,我对于熟识的和初相识的文学青年是怎么样,只要有可尽力之处就尽力,并没有什么坏心思。然而男的呢,他们自己之间也掩不住嫉妒,到底争起来了,一方面于心不满足,就想打杀我,给那方面也失了助力。看见我有女生在座,他们便造流言。这些流言,无论事之有无,他们是在所必造的,除非我和女人不见面。他们大抵是貌作新思想者,骨子里却是暴君酷吏、侦探、小人。如果我再隐忍,退让,他们更要得步进步,不会完的。我蔑视他们了。我先前偶一想到爱,总立刻自己惭愧,怕不配,因而也不敢爱某一个人,但看清了他们的言行思想的内幕,便使我自信我决不是必须自己贬抑到那么样的人了,我可以爱!

  那流言,是直到去年十一月,从韦漱园的信里才知道的。他说,由沈钟社里听来,长虹的拼命攻击我是为了一个女性,《狂飙》上有一首诗,太阳是自比,我是夜,月是她。他还问我这事可是真的,要知道一点详细。我这才明白长虹原来在害"单相思病",以及川流不息的到我这里来的原因,他并不是为《莽原》,却在等月亮。但对我竟毫不表示一些敌对的态度,直待我到了厦门,才从背后骂得我一个莫名其妙,真是卑怯得可以。我是夜,则当然要有月亮的,还要做什么诗,也低能得很。那时就做了一篇小说,和他开了一些小玩笑,寄到未名社去了。

  那时我又写信去打听孤灵,才知道这种流言,早已有之,传播的是品青,伏园,亥倩,微风,宴太。①

以上引文的第二段几乎全是鲁迅编《两地书》时新加入的。原信在紧接

---

① 《鲁迅全集》16 卷注释本,第 11 卷,第 275 页,北京,人民文学出版社,1981 年版。

"我可以爱"之后的另一段文字如下:

> 那流言,最初是韦漱园通知我的,说是沈钟社中人所说,《狂飙》上有一首诗,太阳是自比,我是夜,月是她。今天打听川岛,才知此种流言早已有之,传播的是品青,伏园,衣萍,小峰,二太太……①

比对之下,除了改动几个人名(包括把"二太太"改为"宴太")之外,补充了一段说明,让读者知道《奔月》这篇小说原来是要和"情敌"(?)高长虹开一些小玩笑的,而在1933年3月由上海天马书店出版的《鲁迅自选集》,也由作者本人把这篇《奔月》选进去了。另一篇见于《自选集》的《铸剑》(1927年在《莽原》上发表时原名《眉间尺》),那个代眉间尺报仇的黑色人则自称"宴之敖者",其取义外人本难明白,但细心的读者一和《两地书》的"宴太"相对照,便不免引起诸多猜测了。②

至于同一信中第二次提到"宴太"散布流言,见于《两地书》的文字如下:

> 我托令弟买了几株柳,种在后园,拔去了几株玉蜀黍,母亲很可惜,有些不高兴,而宴太即大放谣诼,说我在纵容着学生虐待她。力求清宁,偏多滓秽,我早先说,呜呼老家,能否复返,是一问题,实非神经过敏之谈也。③

文字也是作了修改的,原来的信则是这样:

> 我托羡苏买了几株柳,种在后园,拔去了几株玉蜀黍,母亲也大不以为然,向八道湾鸣不平,听说二太太也大放谣言,说我纵容学生虐待她。现在是往来很亲密了,老年人容易受骗。所以我早说,我一出西三条,能否复返,是一问题,实非神经过敏之谈。④

---

① 《两地书真迹〔原信〕》,第313页,上海,上海古籍出版社,1996年1月版。
② 鲁迅所为《俟堂专文杂集》(北京,文物出版社,1960年3月版)叙录末署"甲子八月廿三日宴之敖者手记",甲子即1924年,鲁迅民国后记年月之法参用日本式,甲子记年,以西历元旦为岁首,月日复同于西历。见于日记及旧诗题款莫不如此。1924年8月23日已在同年6月11日兄弟冲突之后。《俟堂专文杂集》于鲁迅生前未尝公开发表,叙录署"宴之敖者",未为世人所知。其后鲁迅在上海写杂文时又用过"晏敖"作笔名,许广平于鲁迅死后对"宴之敖"三字曾作解说,详下文。
③ 《鲁迅全集》第11卷,第276页。
④ 《两地书真迹〔原信〕》,第314页。

周作人虽然没有见过原信，即以《两地书》所列举"宴太"的两大罪状言，也足以和《朝花夕拾》的"衍太太"媲美了。第二种罪状尤其严重，鲁迅日后若不能复返"老家"，侍奉母亲，如信中所说，那是和"宴太"之善于造谣挑拨大有关系的。鲁迅向许广平示爱，同时表示将来不一定回老家（那儿不但住着母亲，还有原配朱安），表达的手段可谓煞费苦心。而兄弟"失和"的关键人物化为小人，自是顺理成章的事。

由于牵涉家事，周作人选择了以极隐蔽的方式予以反击，那便是1934年初发表的所谓《五十自寿诗》。

二

《五十自寿诗》的手迹，最初刊登于《现代》四卷四期（1934年2月号）的"现代文艺画报"，由赵巨渊提供，兹录原诗及题款如下：

前世出家今在家　　不将袍子换袈裟
街头终日听谈鬼　　窗下通年学画蛇
老去无端玩骨董　　闲来随分种胡麻
旁人若问其中意　　且到寒斋吃苦茶

二十三年一月十三日偶作五十自寿诗
仿牛山志明和尚体录呈
巨渊兄一笑　　　　　知堂①

其后《人间世》于同年四月创刊。创刊号于"发刊词"之后刊登周作人的巨幅近照，占一整版。然后是影印周作人送给林语堂的那幅字，题作"偶作打油诗二首"，第一首与见载于《现代》者相同②，第二首则如下：

半是儒家半释家　　光头更不着袈裟
中年意趣窗前草　　外道生涯洞里蛇
徒羡低头咬大蒜　　未妨拍桌拾芝麻

---

① 据上海书店1984年9月重印全份《现代》合订本过录。本期目录"周作人五十诞辰之祝贺"之二的标题作《五十诞辰自咏诗稿》。
② 其中"听谈鬼"的"听"字改写作"聽"。

谈狐说鬼寻常事　　只欠工夫吃讲茶①

《人间世》的目录，是把周作人这两首诗称为"五秩自寿诗"的，同期还刊登了沈尹默、刘半农、林语堂的"和岂明五秩自寿诗原韵"，均据手迹影印。② 一时之间，引来不少攻击，见于《申报·自由谈》的，首先是埜容（廖沫沙）的一篇《人间何世》（4月14日），接着是胡风的《过去的幽灵》（4月16日和17日两日刊完）。周作人晚年提起胡风，犹有余恨。至于鲁迅，则在4月30日以"崇巽"的笔名，发表了一篇《小品文的生机》，算是对林语堂4月26日发表的《周作人诗读法》的一点回应。③

就在《小品文的生机》刊出的同一天，鲁迅致书曹聚仁说：

周作人自寿诗，诚有讽世之意，然此种微辞，已为今之青年所不憭，群公相和，则多近于肉麻，于是火上添油，遽成众矢之的，而不作此等攻击文字，此外近日亦无可言。此亦"古已有之"，文人美女，必负亡国之责，近似亦有人觉国之将亡，已在卸责于清流或舆论矣。④

同年5月6日致书杨齐云时又说：

至于周作人之诗，其实是还藏些对于现状的不平的，但太隐晦，已为一般读者所不憭，加以吹擂太过，附和不完，致使大家觉得讨厌了。⑤

以上两段文字，一再出现于《知堂回想录》，以为鲁迅能"公平的予以独自的判断"。⑥ 我在此要指出的是，曹聚仁写了一篇《周作人的自寿诗——从孔融到陶渊明的路》，发表于4月24日的《申报·自由谈》，文中说：

周先生自新文学运动前线退而在苦雨斋谈狐说鬼，其果厌世冷

---

① 据香港翻印本《人间世》过录。
② 《人间世》第二期（1934年4月20日）续刊蔡元培、沈兼士的"和岂明先生五秩寿诗"，第三期（1934年5月5日）复刊蔡元培的"新年用知堂老人自寿韵"和无能子（疑古玄同）的"和岂明先生自寿诗"，均据手迹影印。
③ 此文其后收入《花边文学》，见《鲁迅全集》第5卷，第463—465页。
④ 《鲁迅全集》第12卷，第397—398页。
⑤ 《鲁迅全集》第12卷，第403页。
⑥ 《知堂回想录》，第405页。

观了吗？想必炎炎之火仍在冷灰底下燃烧著……周先生备历世变，甘于韬藏，以隐士生活自全，盖世所不得不然。周先生十余年间思想的变迁，正是从孔融到陶渊明二百年间思想变迁的缩影；我们读了自寿诗，更可以明白了！①

这篇文章博得林语堂的喝采，林语堂随即写了一篇《周作人诗读法》，文中说：

> 今日拜读曹聚仁先生"周作人先生的自寿诗"，甚洽我心，觉有些话要说。昨得周先生与人间世稿，内附短简云：
>
> ……得到大杰先生来信，谓读拙诗不禁凄然泪下，此种看法，吾甚佩服。（原函已转刘先生，记其大意如此）
>
> 余复周先生信，虽无存稿，大意如下：
>
> ……此诗自是如此看法，寄沈痛于幽闲，但世间俗人太多，外间颇有訾议，听之可也，惟自怪不应将此诗发表，放在伧夫竖子眼前耳。长沮桀溺乃世间热血人，明人早有此语……②

所谓"寄沈痛于幽闲"，"长沮桀溺乃世间热血人"，实与曹聚仁之言相表里。至若鲁迅所谓周作人自寿诗"诚有讽世之意"，"还藏些对于现状的不平"，和曹、林之说其实也没有什么两样。

1937年6月3日周作人写的一篇《〈桑下谈〉序》，文中有这样的话：

> 三年前戏作打油诗有云："且到寒斋吃苦茶"，不知道为什么缘故，批评家哄哄的嚷了大半年，大家承认我是饮茶户，而苦茶是闲适的代表饮料。这其实也是我的错误，词意未免晦涩，有人说此种微辞已为今之青年所不憭，而不作此等攻击文字此外亦无可言云云，鄙人不但活该，亦正是受惊若宠也。③

"有人"云云，分明是指上引鲁迅致曹聚仁的那封信。而"作此等攻击文字"的青年，自然包括和鲁迅较亲近的胡风在内。周作人的态度，虽然和晚年写《回想录》时大有不同，对鲁迅之言，是颇存轻蔑的。不过我们也

---

① 据1981年5月上海图书馆影印本《申报·自由谈》过录。
② 见1934年4月26日《申报·自由谈》。
③ 见《秉烛后谈》，第172页，北京，新民印书馆，1944年9月版。

不要忽略《回想录》中有一处间接的批评,是紧接着引用鲁迅致曹聚仁的信之后的:

> 那打油诗里虽然略有讽世之意,其实是不很多的,因为那时对于打油诗使用还不很纯熟,不知道寒山体的五言之更能表达,到得十二三年之后这才摸到一点门路。①

跟着又举出《修禊》一诗中"犹幸制熏腊,咀嚼化正气"两句,以为"可以算是打油诗中之最高境界",并且慨叹"昔日鲁迅在时最能知此意,今不知尚有何人耳"②。这又牵涉到《修禊》一诗的理解问题,容另文讨论。所当注意的是,周作人清楚地说"五十自寿"诗中讽世之意是不很多的,"因为那时对于打油诗使用还不很纯熟"。我们不禁要问:打油诗技巧纯熟与否是和诗中讽世之意成正比的么?还是周作人又像解说《伤逝》那样,出谜语让读者猜呢?

我的看法是:除周作人、鲁迅之外,一直以来谈论"五十自寿"诗的人都没有看出诗中隐藏的另一重意义,即使有了解底蕴的人,也不方便说明。其中最关重要的"且到寒斋吃苦茶"一句的出典,直到1965年12月28日,周作人才在致友人鲍耀明的信中说出来:

> 打油诗本来不足深求,只是末句本来有个故典,而中国人大抵不懂得,因为这是出在漱石之《猫》里面,恐怕在卷下吧。苦沙弥得到从巢鸭疯人院里的"天道公平"来信,大为佩服,其末尾一句,则为"御茶でもあがれ",此即是请到寒斋吃苦茶的原典也。③

当时和作诸公是否了解这个出典呢?我们无从深究,但鲁迅大抵是知道的,因为这首"仿牛山志明和尚体"的打油诗本来就是因鲁迅而作的。

要了解所谓"牛山志明和尚体",得先从周作人1927年3月所作的《牛山诗》一文说起。文章并不长,照录如下:

> 志明和尚作打油诗一卷,题曰《牛山四十屁》,这是我早就知道

---

① 《知堂回想录》,第557页。
② 以上引文见《知堂回想录》,第557—558页。
③ 鲍耀明编《周作人晚年书信》,第507页,香港,真文化出版公司,1997年10月版。又此信手迹见《周作人晚年手札一百封》,第96页,香港,太平洋图书公司,1972年5月版。

的,但是书却总未有见到,只在《履园丛话》卷二十一中看见所录的一首。近来翻检石成金的《传家宝》,在第四集中发现了一卷《放屁诗》,原来就是志明的原本,不过经了删订,只剩了四分之三,那《履园丛话》里的一首也被删去,找不著了。我细看这一卷诗,也并不怎么古怪,只是所谓寒山诗之流,说些乐天的话罢了。里边也有几首做得还有意思,但据我看来总都不及《履园丛话》的一首,——其词曰:

  春叫猫儿猫叫春,听他越叫越精神,
  老僧亦有猫儿意,不敢人前叫一声。

  我因此想到,石成金的选择实在不大可靠,恐怕他选了一番倒反把较好的十首都删去了。①

按今所见扫叶山房本《家宝全集》,《新刻志明野狐放屁诗三十首》实在第三集卷八。而钱泳《履园丛话》卷二十一"打油诗"条则云:"又金陵有一僧尝作打油诗四十首,命其集曰《牛山四十屑》。"②可知"牛山"当指金陵的牛首山(又称牛头山,亦即佛教"牛头禅"的发源地)。"牛山诗"皆为七言绝句,而"五十自寿"诗则为律体,若说仿效,不但体式有殊,文字风格亦异。《知堂回想录》则有如下的解释:

  "二十三年一月十三日偶作牛山体",是我那时所做的打油诗的题目;我说牛山体乃是指志明和尚的"牛山四十屁",因为他做的是七言绝句,与寒山的五古不同,所以这样说了。这是七言律诗,实在又与牛山原作不一样,姑且当作打油诗的别名。过了两天,又用原韵做了一首,那时林语堂正在上海编刊"人间世"半月刊,我便抄了寄给他看,他给我加了一个"知堂五十自寿诗"的题目,在报上登了出来,其实本来不是什么自寿,也并没有自寿的意思的。③

志明和尚不是什么大家,以七言作打油诗,其实不必用"牛山体"来标榜的,更何况有绝律之不同呢?所以我以为"姑且当作打油诗的别名"一

---

① 见《谈虎集》下册,第317—318页,香港,实用书局,1967年据民国十八年北新书局版影印。
② 钱泳《履园丛话》,第561页,北京,中华书局,1979年12月版。
③ 《知堂回想录》,第553—554页。

句实在别有玄虚。而当时送给赵巨渊的墨迹，分明写做"二十三年一月十三日偶作五十自寿诗仿牛山志明和尚体"，这幅手迹刊登在《现代》上，大抵获得周作人本人的同意或授意。题款的"五十自寿"字眼，目的似乎只在掩人耳目；而所谓"仿牛山志明和尚体"，实际上是借"春叫猫儿猫叫春，听他越叫越精神"之句，来讽刺鲁迅出版"情书集"（《两地书》）的。由于鲁迅在编号112那封信提到日后是否能复返"老家"的问题，牵涉到鲁迅和"宴太"的恩怨。据许广平所言，鲁迅在上海时用过"宴之敖"这个笔名。鲁迅告诉她说："宴从宀（家），从日，从女；敖从出，从放（《说文》作敫，游也，从出从放）；我是被家里的日本女人逐出的。"①是则见于《铸剑》中黑色人自名"宴之敖者"，命意自当相同。周作人曾经和鲁迅一起听章太炎先生讲《说文解字》，对《铸剑》中这个人物名字的含义，自然是明白的。所谓"前世出家今在家，不将袍子换袈裟"，表面上用的是周作人本人"和尚转世"的掌故。②"出家"二字未尝不可隐喻"宴之敖者"所涉的家庭纷争（"出"扣"敖"字，"家"、"宴"皆从宀）。末句"且到寒斋吃苦茶"，是由"御茶でもあがれ"变化而来，若非周作人亲自说明，一般读者是很难猜想到的。这个原典见于"天道公平"给苦沙弥的信，在夏目漱石的《我是猫》第九章。那一段文字如下：

　　親友も汝を賣るべし。父母も汝に私あるべし。愛人も汝を棄つべし。富貴は固より頼みがたかるべし。爵祿は一朝にして失ふべし。汝の頭中に秘藏する學問には黴が生えるべし。汝何を恃まんとするか。天地の裡に何をたのまんとするか。神？

　　神は人間の苦しまぎれに捏造せる土偶のみ。人間のせつな糞の凝結せる臭骸のみ。恃むまじきを恃んで安しと云ふ。咄々、

---

① 许广平《略谈鲁迅先生的笔名》，见《欣慰的纪念》，第21页，北京，人民文学出版社，1951年、1981年版。按，遍查《鲁迅全集》16卷本所列注释，知鲁迅于1931年10月23日发表的《〈民族主义文学〉的任务和运命》尝署名"晏敖"，未见所写杂文有署"宴之敖"的。

② 详见《知堂回想录》第2节"老人转世"，见该书第3页。其实周作人在1925年4月写的一篇《文士与艺人》已经提到过了："我不怕别人叫我什么浑名与称号。有一个同乡患丹毒，于昏呓中说我傲慢似一只鹤，一个族叔说我生的那夜他亲眼看见一个老僧走进大门去：所以我无妨被称为鹤或老和尚。"见《谈虎集》上卷，第133页。

醉漢漫りに胡亂の言辭を弄して、蹣跚として墓に向ふ。油盡きて燈自ら滅す。業盡きて何物をか遺す。苦沙彌先生よろしく御茶でも上がれ。……①

（译文：

知心的朋友也会出卖你。父母会以偏私对你。恋人也会抛弃你。富贵从来不可信靠。爵禄会一朝失去。甚至在你的脑袋里秘藏的学问也会发霉。你有什么可以倚仗的呢？天地间有什么可以依赖的呢？神？

神只不过是人在劳苦愁烦之间捏造出来的土偶。只不过是人刹那间的粪便凝结出来的臭形骸。倚仗那些不可信靠倚仗的，还说没有烦恼。啐啐，醉汉耍着毫无伦次的胡言乱语，向墓穴蹒跚走去。油尽灯自灭，业尽遗何物？苦沙弥先生且进一杯茶又如何？）

我以为最值得注意的是开头的这三句话："知心的朋友也会出卖你，父母会以偏私对你，恋人也会抛弃你。"如果拿来和《两地书》编号 112 的那封信对照着来读，似乎都可以找到某种系连。散布流言的包括鲁迅最为亲近的朋友、门生孙伏园，鲁迅的母亲不满鲁迅纵容学生拔去所种的玉蜀黍。而"恋人也会抛弃你"一句，也可比附羽太信子与鲁迅、周作人之间的关系。② 1906 年夏天鲁迅从日本回乡完婚，婚后第四天即和周作人一起东渡日本，那时夏目漱石的《我是猫》已在同年 6 月在杂志上连载完毕。③《我是猫》里的苦沙弥，对"天道公平"这封信欣赏极了，周作人

---

① 《夏目漱石集》Ⅰ，第 337—338 页，东京，角川书店，昭和 46 年（1971 年）4 月版。
② 《明报月刊》1992 年 1 月号登载了千家驹的《鲁迅与羽太信子的关系及其他》，文中说："我后来才间接听到鲁迅兄弟相熟的一位老朋友讲，鲁迅在日本留学时，即与一日本女人羽太同居。羽太如即为信子的姓，那么作人的老婆原来是鲁迅的旧好。"（第 118 页）至于日人松冈俊裕《鲁迅の"罪"とその变容》（见《伊藤漱平教授退官记念中国学论集》，汲古书院刊，1986 年）一文，则作三人的恋爱关系处理，以为鲁迅考虑到与朱安离婚再娶信子，事实上并不可能，于是将自己的恋人让给弟弟，详见该文"羽太信子との爱と别れ"一节（第 896—897 页）。
③ 关于《我是猫》的刊行情况，参考《夏目漱石集》Ⅰ所附"年谱"，见该书第 547—548 页。1934 年 5 月周作人写过一篇《我是猫》，其后收入《苦竹杂记》（香港，实用书局，1972 年 2 月据 1936 年上海良友图书公司版重印，第 251—256 页）。

用到打油诗里,可还隐藏什么私人语码,实非外人所能知,但"天道公平"的署名,却值得我们深思。"五十自寿"诗第二首末句作"只欠工夫号讲茶",所谓"吃讲茶"乃江南乡镇旧俗,有是非争讼、不去报官,与讼双方请乡人聚于酒楼饭馆,由德高望重者主持公判。与讼双方各陈是非之后,获多数支持的一方胜,败者不得异议,而酒食等费用,则由败方负责,谓之"吃讲茶"。其实周氏兄弟的家庭纠纷,也难诉诸公议,则所谓"天道公平",便更显得有深刻意义了。孔子说过:"五十而知天命","五十自寿"诗用漱石作品中"天道公平"这封信作典故,又岂止因为周氏兄弟留日时曾赁居漱石住过的房子而已。①

以下一节我还要拿周氏兄弟的文章来和诗中各句比对,以阐发诗的内在意蕴。

三

刘半农在《论语》上发表的《自注自批桐花芝豆堂诗集》,于"新年自咏次知堂老人韵"一则有云:

知堂诗虽好,却撒了一大堆谎。他不会作画,也从不写草字,"画

---

① 羽太信子于 1962 年 4 月 8 日病卒北京。1963 年 4 月 8 日周作人日记云:"今日为信子周年忌辰,忆戊申(1908)年初次见到信子,亦是四月八日也。"(转引自钱理群《周作人传》,北京十月文艺出版社,1990 年 9 月,第 571 页)而《知堂回想录》第 80 节"民报社听讲"则云:"假如不是许季茀要租房子,招大家去同住,我们未必会搬出中越馆,虽然吃食太坏……但住着的确是很舒服的。许季茀那时在高等师范学校已经毕业,找到了一所夏目漱石住过的房屋,在本乡西片町十番地吕字七号(伊吕波是伊吕波歌的字母次序,等于中国千字文的天地玄黄,后来常被用于数目次序),硬拉朋友去凑数,因此我们也就被拉了去,一总是五个人,门口路灯上便标题曰'伍舍',近地的人也就称为'伍舍样'。我们是一九○八年四月八日迁去的,因为那天还下大雪,因此日子便记住了。"(第 214—215 页)若和上引周作人日记参照,则周作人初次见到羽太信子,也就是迁进夏目漱石住过的房子之日。木山英雄的《北京苦住庵记》(东京,筑摩书房,1978 年 3 月)一书的"缘起"有云:
他们在本乡西片町租住的地方,有个叫羽太信子的少女因担任烧饭扫扫(一直把她当作下宿房东的女儿,是不确的),也住了进来,他与这个贫穷的圆面孔的日本少女谈恋爱,在 1909 年春天结了婚。
据《知堂回想录》所记,"伍舍"散伙后,周氏兄弟在 1908 年冬天搬到西片町十番地波之十九号(见第 228 页)木山书中所说的,揆之情理,大抵是指从赁居夏目漱石曾经居住过的房子时开始罢。

蛇"之谓何?"玩骨董"有些"瞎吹","种胡麻"更非事实。"寒斋"不寒,炉火很旺;"苦茶"不苦,你若去吃,定有三炮台香烟和法国面包房点心。特发其覆,以明知堂是浪漫派,而区区则写实派也。①

对刘半农的所谓浪漫派,自然还可有不同的理解。周作人当初大抵也没有料到两首打油诗居然引出一场大风波,事后做了一些解释,包括收在《苦茶随笔》里的《关于苦茶》、《骨董小记》;收在《瓜豆集》里的《谈鬼论》、《家之上下四旁》。上举的最后一篇虽然没有明说和打油诗有关,但文中讽刺鲁迅的地方对理解诗句有直接的帮助(详下文)。

首先要讨论的是"老去无端玩骨董,闲来随分种胡麻"。诚如刘半农所说,"种胡麻"绝非事实,而周作人《骨董小记》一文亦清楚说明自己并未具备"玩骨董"的条件。② 那么何以会有此一联呢?我以为"种胡麻"并非纯为牵合押韵,实与《两地书》提到的拔去玉蜀黍来种柳树的所谓"虐待母亲"事件有关。至于所谓"骨董",一般或写作"古董",周氏盖

---

① 见《论语》第 37 期(1934 年 3 月 16 日),第 623 页。
② 《骨董小记》作于 1934 年 10 月,文云:
　　从前偶然做了两首打油诗,其中有一句云,老去无端玩骨董,有些朋友便真以为我有些好古董,或者还说有古玩一架之多。我自己也有点不大相信了,在苦雨斋里仔细一查,果然西南角上有一个书厨,架上放着好些——玩意儿。(《苦茶随笔》,香港,实用书局,1971 年 12 月据 1935 年北新书局版重印,第 7 页。)
　然后缕举所藏"小小的玩具",凡二十四件,所得的结论是只有四件古明器和一面薛晋侯镜"可以说是古董"。(第 10 页)跟着说:
　　但是我总不很明白骨董究竟应该具什么条件。……镜与明器大抵可以列入古玩之部罢……古玩的趣味,在普通玩物之上又加上几种分子。其一是古……其二是稀……其三是贵。……我所有的虽也难说贱却也决不贵。明器在国初几乎满街皆是,一个一支洋耳,镜则都在绍兴从大坊口至三棣街一带地方得来,在铜店柜头杂置旧锁钥匙小件铜器的匣中检出,价约四角至五角之谱,其为我买来而不至被烊改作铜火炉者,盖偶然也。(第 11—14 页)
　是则苦雨斋所藏这几件称得上古玩的都是作者在民国初年所得,决非近事。文章最后一段写得很特别:
　　玩骨董者应具何种条件?此亦一问题也。或曰,其人应极旧。如是则表里如一,可以养性。或曰,其人须极新。如是则世间谅解,可以免骂。此二说恐怕都有道理,不佞不能速断。但是,如果二说成立其一,于不佞皆大不利,无此资格而玩骨董,不佞亦自知其不可矣。(第 14 页)
　无论如何,这段文字总不能理解为周作人为"老去无端玩骨董"辩护吧。是知诗意当别有所寄者在。

取其声谐"咕咚",所以讽刺鲁迅对母亲的感情,和手拿着"摇咕咚"的老莱子没有两样。

1926年鲁迅离开北京之后,写了一篇《二十四孝图》,寄回北京的《莽原》发表,文中有这样的话:

> 其中最使我不解,甚至于发生反感的,是"老莱娱亲"和"郭巨埋儿"两件事。
>
> 我至今还记得,一个躺在父母跟前的老头子,一个抱在母亲手上的小孩子,是怎样地使我发生不同的感想啊。他们一手都拿着"摇咕咚"。这玩意儿确是可爱的,北京称为小鼓,盖即鼗也,朱熹曰:"鼗,小鼓,两旁有耳;持其柄而摇之,则旁耳还自击,"咕咚咕咚地响起来。然而这东西是不该拿在老莱子手里的,他应该拿一枝拐杖。现在这模样,简直是装佯,侮辱了孩子。我没有再看第二回,一到这一页,便急速地翻过去了。①

就在《两地书》出版的差不多同时,《现代》第二卷第六期(1933年4月1日)刊登了鲁迅的《为了忘却的记念》,文中追记1931年避难时写的一首七律:

> 惯于长夜过春时,挈妇将雏鬓有丝。
> 梦里依稀慈母泪,城头变幻大王旗。
> 忍看朋辈成新鬼,怒向刀丛觅小诗。
> 吟罢低眉无写处,月光如水照缁衣。

"梦里依稀慈母泪",照文中说,就是鲁迅在北京的母亲,担心鲁迅的安危,急得生病了。②文章无疑是感人的。但在《两地书》编号112那封信所见,鲁迅陈述"宴太"的第二种罪状时,显得自己和母亲的感情是疏离的。因"种"柳树而拔去玉蜀黍,致令母亲"不高兴",对此鲁迅并没有表示歉意。这段文字所以不删去,目的在突出"宴太"的从中挑拨。和《为了忘却的记念》一文相比较,周作人觉得后者提到母亲的地方不过是老

---

① 此文其后收入《朝花夕拾》,见《鲁迅全集》第2卷,第254—255页。
② 此文其后收入《南腔北调集》,见《鲁迅全集》第4卷,第486—487页。

莱子玩"（摇）咕咚"一类的把戏,用谐声的方法,在打油诗里写成"玩骨董"了。至于1936年10月18日写的《家之上下四旁》,周作人说得更露骨了：

> 父母少壮时能够自己照顾,而且他们那时还要照顾子女呢,所以不成什么问题。成问题的是在老年,这不但是衣食等事,重要的还是老年的孤独。儿子阔了有名了,往往在书桌上留下一部《百孝图说》,给老人家消遣,自己率领宠妾到洋场官场里为国民谋幸福去了。①

周作人批评鲁迅纳妾,这不是第一次,早在1930年3月已写过一篇《中年》,下文还要介绍。我以为上引《家之上下四旁》这段文字,可用作打油诗的注脚。鲁迅日后能否复返"老家",还在于鲁迅如何处置妻妾。鲁迅的《为了忘却的记念》在《现代》发表,周作人"仿牛山体"的打油诗也首先刊登在《现代》上,鲁迅是明白其中的关系的。

按《语丝》周刊第145期(1927年8月20日)登载江绍原《小品一五〇》一文,副题为"种芝麻；嫁杏；嫁橘；ETC."。文章以信的形式写给"岂明先生"（即周作人）,其中转录了鲁迅给作者的一封信：

绍原先生：

> 今夜偶阅《夷白斋诗话》（明顾元庆著,收在何文焕辑刊之《历代诗话》中）,见有一则,颇可为"撒园荽"之旁证,特录奉：——
>> 南方谚语有"长老种芝麻,未见得。"余不解其意。偶阅唐诗,始悟斯言其来远矣。诗云："蓬鬓荆钗世所稀,布裙犹是嫁时衣。胡麻好种无人种,合是归时底不归？"胡麻,即今芝麻也,种时,必夫妇两手同种,其麻倍收。长老,言僧也,必无可得之理,故云。
>
> 鲁迅,七,二七。②

鲁迅外有宠妾,归则无以处其妻。是则打油诗"闲来随分种胡麻"一语,

---

① 此文作于鲁迅逝世的前一日,登载在1936年11月16日《论语》第100期。后收《瓜豆集》,香港,实用书局,1969年4月据民国廿六年宇宙风社版影印,第39页。
② 《语丝》第145期,第90页,上海文艺出版社,1982年影印本。

意在用唐人句"胡麻好种无人种,合是归时底不归"来讽刺鲁迅。"闲来随分"与"老去无端"表面为作者自说自话,矛头实指鲁迅,揆诸事实,鲁迅于老母、妻子,未免慊然。

跟着要说的是对"街头终日听谈鬼,窗下通年学画蛇"这两句诗的理解。先看周作人在1936年6月11日写的《谈鬼论》怎么说:

> 三年前我偶然写了两首诗,有一联云,街头终日听谈鬼,窗下通年学画蛇。有些老实的朋友见之哗然,以为此刻现在不去奉令喝道,却来谈鬼的故事,岂非没落之尤乎。这话说的似乎也有几分道理,可是也不能算对。盖诗原非招供,而敝诗又是打油诗也,滑稽之言,不能用了单纯的头脑去求解释。所谓鬼者焉知不是鬼话,所谓蛇者或者乃是蛇足,都可以讲得过去,若一一如字直说,那么真是一天十二小时站在十字街听《聊斋》,一年三百六十五日坐在南窗下临《十七帖》,这种解释难免为姚首源评为痴叔矣。①

我以为"所谓鬼者焉知不是鬼话,所谓蛇者或者乃是蛇足",对诗之正解提供了重要的线索,下文所说"虽然我亦未必如东坡之厌闻时事,但假如问是不是究竟喜欢听人说鬼呢,那么我答应说,是的。人家如要骂我应该从现在骂起,因为我是明白的说出了,以前关于打油诗的话乃是真的或假的看不懂诗句之故也"②。不过是讥评那些左翼批评家不诚实或没有眼力吧了。其实在《谈鬼论》之前,周作人已在1935年11月写过一篇《说鬼》(刊于1936年1月的《青年界》9卷1期,后收入《苦竹杂记》),其中说:

> 我们喜欢知道鬼的情状与生活,从文献从风俗上各方面去搜求,为的可以了解一点平常不易知道的人情,换句话说就是为了鬼里边的人。反过来说,则人间的鬼怪伎俩也值得注意,为的可以认识人里边的鬼吧。我的打油诗云,"街头终日听谈鬼",大为志士所诃,我却总是不管,觉得那鬼是怪有趣的物事,舍不得不谈,不过诗

---

① 《瓜豆集》,第18页。
② 同上,第19页。

中所谈的是哪一种,现在且不必说。①

这段文字又在《论鬼论》中加以引用,不过周作人对诗中要谈的是"鬼里边的人",还是"人里边的鬼",有意卖个关子,到写《谈鬼论》时才说"所谓鬼者焉知不是鬼话",两相对读,则诗句的表里意义已透露明白了。至于要通解这两句诗和鲁迅的关系,答案就在收在《雨天的书》里紧贴的两篇文章:《我们的敌人》(1924年12月)和《十字街头的塔》(1925年2月)。周作人自言是在"十字街头的塔里":

> 我在十字街头久混,到底还没有入他们的帮,挤在市民中间,有点不舒服,也有点危险,(怕被他们挤坏我的眼镜,)所以最好还是坐在角楼上,喝过两斤黄酒,望着马路吆喝几声,以出胸中闷声,不高兴时便关上楼窗,临写自己的九成宫,多么自由而且写意。②

"关上楼窗,临写自己的九成宫",不就是"窗下通年学画蛇"么?虽则《九成宫》不是草书,若不要求字字鉴实,则诗句的出典原就是周作人自己过去写的文章,是明白不过的。自然我们也不可不注意周作人在1933年10月写了一篇《画蛇闲话》(见《夜读抄》),是则"画蛇"未始不可指写的字带有批评的蛇足,③也就是文章了。整篇《十字街头的塔》没有一处"谈鬼",倒是前面那篇《我们的敌人》一开始便说野兽与死鬼:

> 我们的敌人是什么?不是活人,乃是野兽与死鬼,附在许多活人身上的野兽与死鬼。④

合一联之意,就是写文章对付"我们的敌人"——那许多附在活人身上的野兽与死鬼。

照我的理解,《我们的敌人》最后一段文字,是周作人向鲁迅说的:

> 至于活人,都不是我们的敌人,虽然未必全是我们的友人。——实在,活人也已经太少了,少到连打起架来也没有什么趣

---

① 《苦竹杂记》,第194—195页,香港,实用书局,1972年1月据1936年上海良友图书公司版重印。
② 《雨天的书》,第101页,香港,实用书局,1967年11月据民国二十二年北新书局版影印。
③ 此文后收《苦竹杂记》,第287—291页。若篇末所署日期(二十二年十月)不误,则此文写于"五十自寿"诗之前。全篇评前人之论诗者,而特佩服俞理初(正燮)见识思想之宽博。
④ 《雨天的书》,第95页。

味了。等打鬼打完了之后。(假使有这一天,)我们如有兴致,喝一碗酒,卷卷袖子,再来比一比武,也好罢。(比武得胜,自然有美人垂青等等事情,未始不好,不过那是《劫后英雄略》的情景,现在却还是《西游记》哪。)①

换言之,当时周作人向鲁迅发出的讯息,就是暂时搁下家庭的恩怨,一起对付共同的敌人。由于后来《两地书》的出版,中有牵涉"宴太"的文字,周作人乃作打油诗,表面自叙平生,暗斥鲁迅之伪。由"出家"(宴之敖者)问题开始,原拟暂时放下恩怨,对付共同的敌人,终因《两地书》提到"宴太"流言鲁迅"纵容学生虐待母亲",于是反稽,乃有"玩骨董"、"种胡麻"之句。"仿牛山体"以刺鲁迅的出版情书,吃苦茶寓"天道公平"之意,旁人的察与不察隐义之所在,固非所问,因为鲁迅而外,亦不必再索解人也。

打油诗的第二首仍叠原韵。"半是儒家半释家,光头更不着袈裟",自是周作人的自道。紧接一联"中年意趣窗前草,外道生涯洞里蛇",上句用儒家典故,下句则用佛家典故。

《河南程氏遗书》卷三:

> 周茂叔窗前草不除去,问之,云:"与自家意思一般。"②

这里说到周敦颐的儒家气象,天地间受气所生,人与之同。所以说"与自家意思一般"。但诗中这句话却可以有另外的解释,答案在1930年3月周作人写的那篇《中年》(见《看云集》),文章是讽刺鲁迅的,兹摘钞如下:

> 世间称四十左右曰危险时期,对于名利,特别是色,时常露出好些丑态,这是人类的弱点,原也有可以容忍的地方。但是可容忍与可佩服是绝对不相同的事情,尤其是无惭愧地,得意似地那样做,还仿佛是我们的模范似地那样做,那么容忍也还是我们从数十年的世故中来最大的应许,若鼓吹护持似乎可以无须了罢。……譬如普通

---

① 《雨天的书》,第98页。
② 《二程集》第一册,第60页,北京,中华书局,1981年7月版。

> 男女私情我们可以不管,但如见一个社会栋梁高谈女权或社会改革,却照例纳妾等等,那有如无产首领浸在高贵的温泉里命令大众冲锋,未免可笑。①

鲁迅曾经嘲笑成仿吾"浸在高贵的温泉里命令大众冲锋"②,到了周作人笔下,鲁迅不过是"高谈女权或社会改革,却照例纳妾"的社会栋梁,与成仿吾的言行不一致,同样是一种大欺诈。《中年》一文开头两段都提到兼好法师,写得很别致:

> 我们乡间称三十六岁为本寿,这时候死了,虽不能说寿考,也就不是夭折。这种说法我觉得颇有意思。日本兼好法师曾说,"即使长命,在四十以内死了最为得体",虽然未免性急一点,却也有几分道理。
>
> ……平常中年以后的人大抵胡涂荒谬的多,正如兼好法师说,过了这个年纪,便将忘记自己的老丑。想在人群中胡混,执著人生,私欲益深,人情物理都不复了解,"至可叹息"是也。③

兼好法师之言,见于所著《徒然草》,周作人用吾家"窗前草"的典故,若不和《中年》一文对照来读,是很难发现此"草"实指《徒然草》这个哑谜的。"与自家意思一般",即谓与《中年》一文所引兼好法师《徒然草》中之言论相同也。

"外道"本佛家语,指不受佛化,别行邪法者。推而广之,世俗把一切不正当的思想行为都可称作"邪魔外道"。按《五灯会元》卷一"西天祖师·十三祖迦毗摩罗尊者"一段文字云:

> 十三祖迦毗摩罗尊者,华氏国人也。初为外道,有徒三千,通诸

---

① 《看云集》,第102页,香港,实用书局,1972年1月据1932年上海开明书店版重印。
② 鲁迅在《文坛的掌故》(原发表于1928年8月20日《语丝》第4卷第34期,原题《通信·其一》)中有如下一段话:
> ……例如成仿吾,做了一篇"开步走"和"打发他们去",又改换姓名(石厚生)做了一点"玛鲁迅"之后,据日本的无产文艺月刊《战旗》七月号所载,他就又走在修善寺温泉的近旁(可不知洗了澡没有),并且在那边被尊为"可尊敬的普罗塔利亚特作家","从支那的劳动者农民所选出的他们的艺术家"了。(《鲁迅全集》卷4,第123页)
③ 《看云集》,第99—100页。

> 异论。后于马鸣尊者得法，领徒至西印度，彼有太子，名云自在。仰尊者名，请于宫中供养。祖曰："如来有教，沙门不得亲近国王、大臣权势之家。"太子曰："今我国城之北，有大山焉，山有一石窟，可禅寂于此否？"祖曰："诺。"即入彼山。行数里，逢一大蟒，祖直前不顾，蟒绕祖身，祖因与授三皈依，蟒听讫而去。祖将至石窟，复有一老人素服而出，合掌问讯。祖曰："汝何所止？"答曰："我昔尝为比丘，多乐寂静。有初学比丘数来请益，而我烦于应答，起嗔恨想，命终堕为蟒身，住是窟中，今已千载。适遇尊者，获闻戒法，故来谢尔。"①

当即"外道生涯洞里蛇"一句所本。鲁迅生于1881年辛巳，生肖属蛇。《野草》里有一篇《墓碣文》（1925年6月），多鲁迅自喻之辞，如"有一游魂，化为长蛇，口有毒牙，不以啮人，自啮其身，终以殒颠"②即是。鲁迅在《写在〈坟〉后面》也提到自我解剖的问题：

> 偏爱我的作品的读者，有时批评说，我的文字是说真话的。这其实是过誉，那原因就是因为他偏爱。我自然不想太欺骗人，但也未尝将心里的话照样说尽，大约只要看得可以交卷就算完。我的确时时解剖别人，然而更多的是更无情面地解剖我自己，发表一点，酷爱温暖的人物已经觉得冷酷了，如果全露出我的血肉来，末路正不知要到怎样。我有时也想就此驱除旁人，到那时还不唾弃我的，即使是枭蛇鬼怪，也是我的朋友，这才真是我的朋友。③

而《两地书》编号112的那封信，有一段文字是向许广平解说《坟》的"题记"和《写在〈坟〉后面》的：

> 我对于"来者"，先是抱着博施于众的心情，但现在我不，独于其一，抱了独自求得的心情了。（这一段也许我误解了原意，但已经写下，不再改了。）这即使是对头，是敌手，是枭蛇鬼怪，我都不问；要推我下来，我即甘心跌下来，我何尝高兴站在台上？我对于名声、地

---

① 《五灯会元》上册，第21—22页，北京，中华书局，1984年10月版。
② 《鲁迅全集》第2卷，第202页。
③ 《鲁迅全集》第1卷，第283—284页。

位,什么都不要,只要枭蛇鬼怪够了,对于这样的,我就叫作"朋友"。谁有什么法子呢?但现在之所以还只(!)说了有限的消息者:一,为己,是总还想到生计问题;二,为人,是可以暂借我已成之地位,而作改革运动。但要我兢兢业业,专为这两事牺牲,是不行的。我牺牲得不少了,而享受还不够,必要我奉献全部的性命,我现在不肯了,我爱对头,我反抗他们。①

在周作人眼中,这段文字有多真实,自然无法知道,但我们看鲁迅所说的"我爱对头,我反抗他们"二语,颇有"与人斗,其乐无穷"之慨,也足够为"外道生涯"下注脚了。而说话的对象许广平,不也相当于一个"初学比丘"么?

跟着的一联"徒羡低头咬大蒜,未妨拍桌拾芝麻",也可从周作人的文章里找到隐含的线索。同收在《看云集》里只和《中年》隔了一篇的《吃菜》,先从"吃菜事魔"说起,其后引述李笠翁(渔)《闲情偶记》卷五的一段话:

> 声音之道,丝不如竹,竹不如肉,为其渐近自然。吾谓饮食之道,脍不如肉,肉不如蔬,亦以其渐近自然也。②

笠翁是周作人佩服的人物,《闲情偶记》卷五论蔬食复有"葱蒜韭"一则,我以为即"咬大蒜"取义所在:

> 葱蒜韭三物,菜味之至重者也。菜能芬人齿颊者,香椿头是也;菜能秽人齿颊及肠胃者,葱蒜韭是也。椿头明知是其香而食者颇少,葱蒜韭尽识其臭而嗜之者众,其故何欤?以椿头之味虽香而淡,不若葱蒜韭之气甚而浓。浓则为时所争尚,甘受其秽而不辞;淡则为世所共遗,自荐其香而弗受。吾于饮食一道,悟善身处世之难。③

"浓则为时所争尚,甘受其秽而不辞",以近事论之,知周作人之意在刺鲁迅之趋时,高升为普罗领袖。诗中"徒羡"之辞,实为反语。至于"拍桌拾芝麻",则见于《二十年目睹之怪现状》第六回,原是嘲笑旗人的摆

---

① 《鲁迅全集》第11卷,第274页。
② 《看云集》,第114页。
③ 《闲情偶寄》,第219页,杭州,浙江古籍出版社,1985年2月版。

穷架子的。不过用在诗句里面,还有另外一段渊源。就在1923年6月3日出版的《北京周报》上,有一篇谈到"面子"问题的文章,内容主要是周氏兄弟的访问意见。①《北京周报》是日本人办的日文刊物,根据《鲁迅研究资料》第3期(1979年2月)所载该文的翻译,知道周作人的谈话提到"拍桌拾芝麻"的事:

> 比如,在北京人爱面子的故事里有这样一则。早先年,大家庭的主人变穷以后仍然要下馆子。到馆子里去即使吃了个两三文钱的烧饼,也要摆出吃了什么山珍海味似的面孔走出来。

> 即使是拣那烧饼掉下来的芝麻吃,也都不是随便去拣的,在指头上蘸了唾沫,装着在桌上写字。这样蘸了写,写了蘸,把芝麻一粒一粒粘着吃掉。

> 假若芝麻掉在桌子的缝隙里,要弄出来,装作思索一件事忽然有领悟似地用手拍拍桌子,把芝麻粒震出来,然后再装写字送到嘴里去。②

我以为周作人重提这段掌故,是要鲁迅注意自己从前说过的话,《北京周报》的文章是这样介绍鲁迅的意见的:

> 周树人氏还说:由于"面子"一词以表面的虚饰为主,其中就包含着伪善的意思。把自己的过错加以隐瞒而勉强作出一派正经的面孔,即是伪善;不以坏事为坏事,不省悟,不认罪,而摆出道理来掩饰过错,这明是极为卑鄙的伪善。因而可以说,"面子"的一面便是伪善。③

从周作人的立场看,《两地书》中攻击"宴太"的部份,不过是鲁迅"把自己的过错加以隐瞒而勉强作出一派正经的面孔",自然也是为了"面子"问题。鲁迅未必还记得《北京周报》那篇文章,但总意会到诗中"面子"问题的言外之音,说"宴太"的善于造谣挑拨令他不想回"老家",不过是

---

① 据《鲁迅研究资料》3(北京,文物出版社,1979年2月版)所载李芒译文,题目作"'面子'和'门钱'——两周氏谈"。
② 《鲁迅研究资料》第3辑,第49页。
③ 《鲁迅研究资料》第3辑。

"硬撑门面"吧了。此诗最后两句,说是依然"谈狐说鬼",惟欠工夫吃其"讲茶",周氏兄弟的家庭冲突,似亦没有可能公开评说。而周作人的态度,和从前写《我们的敌人》时相较,是明显的不同了。

(载香港中文大学《中文学刊》第 2 期,2000 年 12 月)

一份八道湾房产的『议约』

周海婴

近来为《许广平文集》的出版而挑选相片，翻觅之中，发现一枚陈旧的信封。内装一张八道湾房产"议约"的泛黄照片。信封里没有信件。

信封上收信人是我曾用名字——周渊。太平洋战争开始，日寇便捕去我母亲。为了安全，周建人叔父替我取了这名字。出于隐密，我和他三个女儿的名字排成一列：晔、瑾、渊、蕖，都是单名。我们同在光夏中学（附小）求学。日本人占领租界，为便于统治，施行户籍。户主叔叔周建人用的假名是周松涛，婶婶王蕴如则写为周王氏。这枚信封上的地址是林森路，是抗战胜利后把原名霞飞路易名的。霞飞坊排号是927弄，没改为"林森坊"，只好写927弄。从邮戳中可见是民国卅七（1948年）六月廿九日寄自北平。

寄信人署"常"，她是我母亲的老同学常瑞麟。朱安在北平去世，丧事是常姨帮助料理的。周作人家乘丧事来西三条强取家具等物品，她和几位朋友仗义共同制止，甚至由法院执法，他们才悻悻而退。这些，许多朋友都写了回忆文章。这议约可能是朱安病重时嘱咐常姨寄给我。否则，按通常通信习惯，常姨的来信，收件人应当是母亲。朱安是1947年6月29日过世的，常姨为何迟了一年寄出这份"议约"照片，有待于分析了。

1948年上海气氛紧张,我们收到这份有关八道湾房子的"议约",只好搁置下来,母亲没能做什么处理、表态。叔叔周建人生前没有谈及此事,即使多次的家庭聊天的时候。写此文时询问了叔叔的女儿周瑾、周蕖,她们都从未听说。当时周作人仍在南京老虎桥监狱服刑,其判决中有"周作人全部财产除酌留家属必须生活费外没收"。叔叔和我们什么也没有做。

这份"议约"订于民国二十六年(1937年)四月,离父亲去世才半年。朱安不识字。三叔周建人任职在上海商务印书馆,那年邮政、电讯畅通。周作人不同在沪的三叔和我们商量,就办理了"议约"过户手续。而且"议约"写明:"老太太生养死葬之费亦在其中",既换了户主名,老太太的生活费理所当然应由掌握八道湾产权的"户主"负担。1938年11月8日祖母鲁瑞致我母亲一函(见《鲁迅研究资料》第16辑,46页)却有这么一段话:"老二(按:指周作人)自一月起管我一部份用费,担当若干尚未说明。"不料周作人更改户名之后一年半,就开始克扣赡养他母亲的生活费,这是令人难以相信的。

一九九七年十一月于沪

八道湾房产议约

立议约人周朱氏缘有浙江绍兴城内覆盆桥祖遗房产一所,曾于（作人 建人）民国八年全家移居北平,将房出售,即以所得之款换购北平内四区新街口八道湾十一号住房,仍归三房共有。经公同议定,嗣后只准居住,未得三房同意,不得单独典卖。惟其户名则由长房树人出名,倘有事故,再以次房作人、三房建人挨次轮具。所需老太太生养死葬之费,亦在其中。酌留全部四分之一以资公用,有余部分作为百年之后轮流值祭之用。恐口无凭,立约各执存证。

立议约人周朱氏　（印章）

周作人　（印章）

周建人　周芳子代（印章）

见中乡长寿鹏飞（印章）

公　　亲阮文同（印章）

代　　笔宋　琳（印章）

中华民国二十六年四月　日立

（此件原为竖版，无标题、标点。）

（载《鲁迅研究月刊》1997年第12期）

琐谈鲁迅家族风波
——八道湾房产"议约"引出的话题

⊙ 姚锡佩

俗话说:清官难断家务事。我不是官,发议论又有清浊左右不分之疾,所以本篇纯属琐人之琐谈。唯在行笔时多沉重感,这大约也是我笔下的20世纪中国人面对种种家庭伦理时难以摆脱传统束缚的苦恼吧。

一、朱安移交八道湾房产"议约"

话题的起由,是因为前不久海婴先生寄给我一份1937年4月由周朱氏、周作人、周建人(周芳子代)签名盖章的有关八道湾11号房产的议约,并决定发表。在附言中他说明了这张议约之所以传到他手中的原委(内容见议约照片及周海婴文)。

海婴先生给我看这份"议约",可能因为我在去年与一位长者谈到社会上拆留八道湾11号之争时,曾以本人之拙见希望这位长者劝劝海婴先生:对一些保留的主张,多从积极处考虑;对当前被认为的"周作人热",也可采取宽容的态度,因为大多数研究者决非为周作人翻案。海婴先生也因此给我来了一封信,详述他反对保留的思想本意,及在什么基础上有此想法的。我读后十分感慨:不意周氏家族积怨较之鲁迅在世时有增无减;而海婴先生所受的屈辱,若非有亲身体验者,确是不易理解的。有感于先生的坦诚,我亦不揣冒昧地直言一孔之见,尽管其中多有不同看法，海婴先生倒也不以为谬，又提供了这一份他新发现的"议约"，以便公开探讨。

我初见这一份文件，似曾相识，便以为在周氏一家从绍兴迁居八道湾时三兄弟曾签有议约，这一份是对原议的改动。现经查找，方知我原来所见的即这一议约的抄件，现保留在鲁迅博物馆，是许广平先生在1958年送交的。那末这一份议约的照片又是如何传到海婴手中的呢？事情须从1946年1月13日朱安给海婴的一封家书谈起，在该信中谈到："二先生（指周作人——笔者按）因汉奸名义已于上月六号被捕，至今尚未脱险，现设法营救还没结果，近日八道湾房子已有宪兵去住。兹抄附从前预备之议约一纸，未知对此房子将来可有应用之处否，大约须俟审确定始有办法也。"①这应是许广平母子第一次见到这"议约"抄件的时间（时海婴虽已有十七岁，但可能未太关心此事，因而忘怀）。

那末此件又何以移交给海婴呢？此因当年秋许广平返回北平西三条整理鲁迅遗物，时朱安的健康已日益恶化，她自知在世之日不多，便在许广平即将返沪时，交待了遗产问题。首先在1946年11月与海婴的法定代理人许广平签署了一份《赠与契约》，内云："周树人公（即鲁迅先生）遗产业经周朱氏与周渊分割无异，周朱氏所得北平宫门口西三条胡同21号房产地基以及其他房产书籍用具出版权等一切周树人公遗留动产与不动产之一部情愿赠与周渊，周渊及其法定代理人许广平允诺接受并承认周朱氏生养死葬之一切费用责任。为免日后纠纷，特立此约为据。"签名盖章的除三位当事人外，尚有证人沈兼士、张荣乾、吴星恒、徐盈、阮文同、宋紫佩。可见朱安赠与的财物，当包括她应享有的八道湾房产权的那一部分。她自然在签订这一《赠与契约》时，会拿出这一份八道湾房产的议约件，并商定由朱安请人将此件拍成照片后寄沪，这有1946年11月24日朱安致许广平的书信为证。信中说明徐盈先生已来家"拿走议约去托沈先生。沈先生即找纪女律师，纪女律师把此议约照

---

① 本信与下文所引许广平来往信件，大部分已载《鲁迅研究资料》第16辑。原件均藏北京鲁迅博物馆。

相三张，花八千元，但连做呈文等的钱，他都没有拿。该怎么办？请来信告知。又，沈先生与纪女士商量，建人先生既不在此，要有一封委托信才好。现在代为完成手续"。在这封信中，朱安请人为周建人代拟一函，要三弟写了寄北平，以便由周氏兄弟之友沈兼士代为委托律师向法院交涉，保留八道湾住房属于鲁迅和周建人家的房产，以免因周作人而被全部没收。同日还有住在西三条的周家姻亲阮文同致许广平的信，说明"八道湾房屋，昨已托徐转沈请纪女律师拟稿，分呈地院。据徐君云，管理处进文略晚，只得照缮一份，托人送去备案而已"。在1947年1月8日朱安给许广平的短简中，也告："徐先生来寓谓：律师已来过，但案尚无批文。"同年2月9日朱安在信中仍告诉许广平："八道湾房子的事情迄今无消息。"可见此事进展甚慢。不久，朱安病得更重了。3月20日北平地方法院办理了朱安和海婴订立《赠与契约》的公证。6月29日朱安逝世。后许广平曾问及有关八道湾房屋的"议约"件，阮文同之子阮绍先在当年8月30日致许广平的信中回答她说："据谢太太（即常瑞麟——笔者按）云，此房之房契早已寄上，想已收到，念念，望来信示之。"可能因为寄丢了原件或其他原因，常瑞麟又在次年6月把此份议约的照片寄给了在上海的当事人周渊——周海婴。

二、"议约"产生的背景

谈到这份1937年4月所签订的八道湾房产议约，诚如海婴先生所说，是在鲁迅逝世才半年时匆匆签订的。不过，我以为时间及周作人转移户主名，都属法律认可的范围内，正因为他合情合理，所以旁观者并不以为怪。再看他确定的议约人，除他本人外，长房署名盖章的是周朱氏，三房署名虽是周建人，却由周芳子签署并盖章，乍看似顺理成章，然而，若对这一议约的背景稍作了解，却分明可见周作人用心良苦——企图借法律手续，确立并保证朱安和芳子的家庭地位和财产权。

因为在这上一年末，周建人为贺其母鲁老太太八十大寿，携已有三个女儿的新夫人王贤祯（又名蕴如）回北平，次日即去八道湾。据周建人与发妻羽太芳子的长子丰二在1987年向我回忆往事说："那天我母亲正在院内擦窗,见到父亲他们,便大哭着回屋,我出来后,就与父亲冲突起来。"父亲险被儿子砍伤,建人夫妇仓促返沪。后丰二写信给父亲有所要挟,其父也因此愤然表示要登报脱离父子关系。这一场家庭冲突也使八道湾的羽太姐妹对其婆母鲁老太太不满,据宋紫佩在1937年2月25日致许广平信中说:"闻旧历新年迄今,八道湾竟无一人来探望太师母。"鲁迅曾说的"八道湾的天威",连鲁老太太也心有余悸。在同年4月12日鲁老太太给许广平的信中说:"我虽然很想见你和海婴的,但我真怕使你也受到贤桢他们一样的委曲,大太太当然是不成问题的。不过八道湾令我难预料。"而早在北平女师大斗争中被当权者视作"害马"的许广平却在4月14日的回信中毫不畏惧地说:"暑间极愿北上候安。如果有人不拿媳当人看待时,媳就拿出'害马'皮气来,绝不会像贤桢的好脾气的,所以什么都不怕的。"

身居八道湾的周作人,面对妻子信子的不平、妻妹兼弟媳芳子及侄儿的愤怒,他又有什么作为呢?从上文提到的宋紫佩信中可知,他一方面写信责难其弟,一方面为求家中太平,"主张此后双方不再提及"。这也是他们母亲的意思吧,周氏兄弟的老友许寿裳在当年2月20日给许广平的信中代传鲁老夫人的意见:"对于三先生事他主张听其自然。"这本是中国旧式家庭对不幸婚姻所采取的无可奈何的消极办法。

然而,如何才能平息家中的风波呢?八道湾11号房产"议约",便是周作人采取的一个步骤。按理说,在鲁迅逝世后,修改八道湾11号的户主名,本是无可非议的事;订一个"议约",说明此乃承袭购此房时的初议,并由在京的三房代表人签名盖章,似也在情理之中。问题在于他为什么在这件事上偏偏不通知同为继承人的许广平和海婴,甚至连原房产所有者之一的周建人也没通知呢?正如海婴所说,当时京沪两地"邮政、电讯畅通",也非急于办理之事。显然,这是有意而为之,正是这种忽视和排斥,进一步伤害了许广平和海婴等的感情。周作人还在议约前后所写的某些文章中,表达了他在"议约"中显示的思想。周作人的这些感情色彩十分强烈的言行,使他兄弟的爱妻弱子始终置于旧伦理的阴影中,这一负面影响极为深远,乃至造成今日的周氏兄弟后代如同参和商。

这对一个负有中国现代文化开山之祖和启蒙思想家美名的周作人来说，确实是一个难解的矛盾。这不仅仅反映了新旧时代交替中一般知识分子在实际生活中所遇到的难题，更令人注目的是他那极不宽容、极为片面的态度和处理方式，恰恰来自他个人的婚姻状况及由此而形成的难解的情结，使他恰恰在他最有兴趣、最有研究心得的性心理和家庭、社会伦理问题上，最早地暴露了他人格上的分裂。

事实说明，周作人要求"不再提及"他兄弟的婚变，只是对自己身居的八道湾家人而言，以免打破他那宁静的书斋生活。至于他本人的思想文字，诚难不言。好读书且又好对妇女问题发表意见的他，常常情不自禁地引发出对"多妻"问题乃至主义进行攻击，而其矛头又往往指向他的兄弟，特别是鲁迅，如1937年1月11日写的《女人的命运》，就是在家庭风波发生后没几天写的。文章一开始便说："今年的新年过得不太好"，指的是因患了流行感冒，怕也有家庭吵闹的因素吧。其间他去逛厂甸买了三册书，而读后最感兴趣的是清代汪龙庄的《双节堂庸训》，因其中所记述的作者继母和生母的苦，"正可代表大多数女人的苦况"，"于此可见女人永劫的苦境"，由此联想到自己的继祖母因丈夫娶妾而多不幸及书中所集的《越女表微录》内容，不禁深有感慨地说："我没有力量打乡族间的不平，何暇论天下事，但我略知妇女问题以后，又觉得天下事尚可为，妇女的解放乃更大难，而此事不了天下事亦仍是行百里的半九十，种种成功只是老爷们的光荣而已。"此言不可谓不对，即以周氏三兄弟而言，他们所为的均是天下事，然而对家庭、婚姻、妇女等实际问题，几乎都有不少无可奈何的难题。其实人生的奥秘不多在此吗？然而，热衷于生物、两性，以及医学史的周作人在论及此类问题时，却往往从道德角度发议论。如在当年5月25日写的《谈卓文君》中，刻意谈"多妻主义"。当他读到书中记有"明末习尚，士人登第后易号娶妾，故京市谚曰，改个号，娶个小"，不由大发感慨道："我读了不觉愕然……我所感觉奇怪的是这三百年来事情一致。现在的中国人改号与娶小未必还连在一起吧，但即使大家不大热心于改号，对于娶小大约总是不表示冷淡的。"又颇有所指地说："中国多妻主义势力之大正是当然的，他们永久是大多数也。中国喊改革已有多年,结果是鸦片改名西北货,八股化装为宣传文,而姨太太也着洋装号称'爱人',一切贴上新护符,一切都成为神圣矣。非等到男女两方经济独立不能自由恋爱,平常还仍是多妻主义而已。"这一番激越而又沉痛的言词,今天读来也会令人产生极大的共鸣。但细细品味,周作人之说亦多有偏颇,统观世界中外古今,多数者乃至多妻主义,岂是骂骂中国的国粹所能骂倒的?且看世界之今日,多妻主义非但没有绝迹,更以众多的男女情人名目堂而皇之地周旋于社会中,成为世界经济大潮中不可或缺的一景。若知堂老人在世,不知会作何感慨?再说当年他在此类文字中大骂多妻主义,实有他所厌恶的不问是非,一言以蔽之的浮躁之气。因此尽管写的这类指桑骂槐的文章不少,但内容极为单调,反来复去的挖苦他们"往往少年老成,摆出道学家超人志士的模样,中年以来重新来秋冬行春令,大讲其恋爱等等"①;攻击他们言行不符。究其原因,除了他确有同情弱女子的思想外,但更多的是出于对自家兄弟的思想趋向及婚变抱有绝大的不满和怨恨。

三、出于同一思路的婚姻观

若说周氏三兄弟对恋爱婚姻问题的看法,在最初确有较为一致的意见,乃至"五四"前后,他们协同作战,发为雄声。

当时如周建人在1921年写的《中国旧家庭制度的变动》中所说:"中国自改称民国以来,结婚的事,则依旧由家庭自家去办,法律没有什么干涉;只有离婚案件,却极严紧,大概非男子背弃另娶,女子另自有人等,不能轻易离异。执法的人,又大半主张调和,故每一个新的高等审判厅长到任,常见报章上便载有通饬所属各县的文章,有务须慎重离婚案件的话。法律本是守旧的东西,况且他们又以为离婚是一种'颓风',非极行挽救不可,所以愈限愈严。这种观点的起点,原因也很复杂,其一便因法院所收离婚案中,大抵女子提出的案件为多……现在男家主动的依旧多属私自交涉,而在女家主动的,为防男家将来纠缠,断绝牵连起见,

---

① 见《中年》,收《看云集》。

不能不借重法庭的判决,所以法院见这类案件的增多,以为'世风日下'了。"袁世凯当政时便将"妇女节烈贞操,可以风世者",列入他所制定的《褒扬条例》中,"节烈救世"的舆论竟盛行多年,妇女深受其害。鉴此,1918年5月周作人在《新青年》第4卷第5号翻译了日本与谢野晶子的《贞操论》,借此提出了男女在贞操观上的不平等现象。同年8月鲁迅在同刊5卷2号发表了他的第一篇白话文《我之节烈观》,犀利地剖析这种严酷迫害妇女的性道德观的矛盾和虚伪,文章最后意味深长地说,我们追悼了过去节烈的女人,"还要发愿:要自己和别人,都纯洁聪明勇猛向上。要除去虚伪的脸谱。要除去世上害己害人的昏迷和强暴"。"我们追悼了过去的人,还要发愿:要除去于人生毫无意义的苦痛。要除去制造并赏玩别人苦痛的昏迷和强暴。""我们还要发愿:要人类都受正当的幸福。"周作人也在该刊5卷6号登载的《人的文学》中借奥地利卢阇(Lucka)的话说:"真实的爱与两性的生活,也须有灵肉二重的一致。"

　　那时他们都强调:性爱须是灵肉一致的,换言之,道德的婚姻必须以恋爱为基础。同时他们也接受了西方性科学、性心理研究者的理论,认为爱情并非是凝固不变的,需不断更新和培养;但如果一旦破裂,只有离婚一法。如周建人在《恋爱的意义与价值》中所说:"恋爱破裂还保存这结婚的形式,是不道德的行为。"周作人也在《离婚与结婚》中说:"离婚与结婚都是当事人自己的事情,局外人不能加以干涉。"不过,离婚谈何容易?周建人在《离婚问题释疑》一文中指出:离婚问题"在今日的中国尤其是要怎样离婚才能使两造,如有小孩则兼小孩,都不陷于痛苦的问题"。"婚姻既因为不幸福而离异,不可因此使他(她)更陷于苦痛,而一方面不违背自由与平等。"这正是当时新旧社会交替时的难题,因当时大多数妇女没有读书权,没有经济权,唯以嫁人和生育为唯一职业,所以要真正实行结婚与离婚的自由和男女平等,诚如该文所说:"就这些观点上讨论起来,这是何等繁复重要的问题啊!"

　　不过,在20年代初,认真研究离婚问题的,在三兄弟中大概只有老三,老二只是说说而已,老大鲁迅几乎未直接议论过,而唯有他真正为了这灵肉一致的信仰,早早地付出了自己青春的代价。如大家已知的那样,1906年,出于他母亲的主张,他无奈地回国与他所不爱的朱安女士完婚。婚后第四天,他即带着周作人一起回日本求学。后来他一直与朱夫人分居。1918年他把全家从绍兴接到北京八道湾定居时,他安排母亲和朱夫人及两个弟弟的家眷住在后院最好的房子里,自己则独自住在靠近院门的小屋内。他曾对他的好友许寿裳谈起他的婚姻说:"这是母亲给我的一件礼物,我只能好好地供养它,爱情是我所不知道的。"

鲁迅在1919年1月所写的《随感录·四十》中曾以自己的真切体会指出,无爱情的恶结果是,"少的另去姘人宿娼,老的再来买妾:麻痹了良心,各有妙法。所以直到现在,不成问题"。然而,觉醒了的人意识到"在女性一方面,本来也没有罪,现在是做了旧习惯的牺牲。我们既然自觉着人类的道德,良心上不肯犯他们少的老的的罪,又不能责备异性,也只好陪着做一世牺牲,完结了四千年的旧账"。"做一世牺牲,是万分可怕的事;但血液究竟干净,声音究竟醒而且真。"他在同年写的《我们现在怎样做父亲》中也强调"现在的社会,一夫一妻制最为合理,而多妻主义,实能使人群堕落。堕落近于退化,与继续生命的目的,恰恰完全相反"。他当时把彻底解决旧婚姻的办法,仅寄托于新一代身上,说:"只能先从觉醒的人开手,各自解放了自己的孩子。自己背着因袭的重担,肩住了黑暗的闸门,放他们到宽阔光明的地方去;此后幸福的度日,合理的做人。"

寄希望于新一代,几乎是周氏三兄弟共同的想法,这是被他们的历史宇宙观所决定的,因为他们明白自己只是处在循环往复的历史长河中间的一个交叉点上,如古希腊哲学家赫拉克利特所说:"我们不能在同一川流中入浴两次。"这个"万物流变说",也是德国现代哲学家尼采树立"权力意志"的"超人说"的根据之一,周氏兄弟当时都信服尼采所说的,自己是进化链子中的一环,是桥梁和过渡。牺牲精神和进化思想,庶几组成了他们兄弟怡怡的家园。只是鲁迅在谈到进化路上的牺牲时,较之两位弟弟客观的科学的例证,更多了一层感情上悲烈的色彩,显然这与他的不幸境遇有关。而这竟成了后来周作人攻击他言行不一的口实。

那么,究竟谁言行不一呢?

四、性道德讨论的冲击

其实,是真实的生活,打破了他们新旧道德观念苟安的伦理观。

要说在我国引进和阐述国外的性道德和性心理的理论,周作人确实可谓先行者之一,他的弟弟也因对生物学的兴趣而有志于这方面的研究,用力不亚于其兄。

周建人于1921年9月去上海商务印书馆编译所工作,又兼任该馆《妇女杂志》的助理编辑。1922年,他和二哥及胡愈之等十七人组织了妇女问题研究会。在上海,他的视野开阔,思想活跃,成果不少。作为一个自学成材的研究者,他不仅成为《妇女杂志》期刊的主要撰稿人,还出版了与人合著的《进化论与善种学》,又在沈雁冰(即茅盾)的介绍下,认识了瞿秋白,被邀请到中国共产党设立的上海大学讲课。随着妇女问题和性科学的深入宣传和讨论,性解放思想悄然而起,《妇女杂志》也在1925年1月号开始"新性道德"的讨论,该刊主编章锡琛与周建人分别撰写了《新性道德是什么》和《性道德之科学标准》。前者指出:"性的道德,完全该以有益于社会及个人为绝对的标准;从消极的方面说,凡是对于社会及个人并无损害的,我们决不能称之为不道德";强调离婚自由也是新道德的条件之一,只要他们对于已生的子女仍然负着抚养教育的责任。后者提出性道德的科学标准:"第一,认人的自然欲是正当,但这要求的结果须不损害自己和他人。第二,性的行为的结果,是关系于未来民族的,故一方面更须顾到民族的利益,这是今日科学的性道德的基础。"不料发表后,即遭到北大教授陈百年的批判,在《现代评论》第1卷第14期以《一夫多妻的新护符》为题,抗议章文所说的"甚至如果经过两配偶者的许可,有了一种带着一夫二妻或二夫一妻性质的不贞操形式,只要不损害于社会及其他个人,也不能认为不道德的",及周文中的相似意见。章周二人的性观点即使在今天仍将惊世骇俗,冒天下之大不韪,何况是在20年代,攻击源源而来,商务印书馆便不准再登此类文章,章锡琛也被迫退职。新性道德的思想本出于英国蔼理斯等两性研究的先驱者,蔼理斯也曾因主编《人鱼戏剧杂志》遭保守势力打击而退职,他的《性心理研究录》第一辑一出版就被销毁,可见性科学的传播是何等的艰难。

在这里要说的是:已失和的鲁迅与周作人对这一事件的看法竟近似,但表现又很不一般。当章周二位寻求他们的支持时,周作人以《与友人论性道德书》的形式发表于当年5月11日《语丝》第26期,文中用反语"批评"《妇女杂志》的编辑竟在"营业性质的刊物上"登载"那些'过激'的'不道德'的两性伦理主张",若改登《女儿经》之类,"一定很中那些有权威的老爷们的意"。但他又说:"然而我也不能赞成你太热心地发挥你的主张……我实在可叹,是一个很缺少'热狂'的人,我的言论多少都有点游戏态度,我也喜欢弄一点过激的思想,拔草寻蛇地去向道学家寻事,但是如法国拉勃来(Rabelais)那样只是到'要被火烤了为止',未必有殉道的决心。""我并非绝对不信进步之说,但不相信能够急速而且完全地进步;我觉得世界无论变到那个样子,争斗,杀伤,私通,离婚这些事总是不会绝迹的,我们的高远的理想境到底只是我们心中独自娱乐的影片。为了这种理想,我也愿出力,但是现在还不想拚命。"此时他早已不信服尼采的"超人说"了,对共产党人的社会革命论也抱有怀疑,不久,他即在《蔼理斯的话》中声明他"最喜欢"的"一种很好的人生观",即如蔼理斯所说的两段话:"没有一刻无新的晨光在地上,也没有一刻不见日没。最好是闲静地招呼那熹微的晨光,不必忙乱的奔向前去,也不要对于落日忘记感谢那曾为晨光之垂死的光明。""在道德的世界上,我们自己是那光明使者,那宇宙的顺程即实现在我们身上。在一个短时间内,如我们愿意,我们可以用了光明去照我们路程的周围的黑暗。正如在古代火炬竞走——这在路克勒丢思(Lucratius)看来似是一切生活的象征——里一样,我们手里持炬,沿着道路奔向前去。不久就要有人从后面来,追上我们。我们所有的技巧,便在怎样的将那光明固定的炬火递在他的手内,我们自己就隐没到黑暗里去。"这是一个主张社会渐变而非革命的主张,并讲究在黑暗中传递光明的技巧,无疑有其正确之处。然而,如前所言,蔼理斯并不是一个怕"被火烤"的思想者,他的见解是在和旧道德正面冲突了大半辈子后方被承认的,而且他的言行始终如一,毫不妥协。

鲁迅显然也是讲究战斗技巧的,他也是说着反话,"以为章周两先生在中国将这些议论发得太早,——虽然外国已经说旧了,但外国是外国"。不过,当他看到章周二人的答辩文章,在《现代评论》发表时被删节了,便毅然将全文在他主编的《莽原》上刊出,尽管《妇女杂志》的结局,已令他"毛骨悚然,悚然于阶级很不同的两类人,在中国竟会连在一起"。他在《编完写起》中一针见血地指出:"我总觉得陈先生满口流弊流弊,是论利害,不像论是非,莫明其妙。"要说陈百年和《现代评论》的编辑们,也都是具有新思想的新人,然而当新旧事物发生激烈冲突时,他们往往只论利害而不论是非了。

20年代中期的这场论争,分明地显示了周氏三兄弟相似的见识和很不相同的处世方式。周作人后来激烈地嘲讽两个兄弟的婚变,实际上是站在个人情感的立场上,取利害而不论是非了。诚然,思想和言论可以仰仗技巧表现得既机智又尖锐,可是面对实际生活,往往只能尴尬地露出真相。

五、周建人婚变探源

其时,"被火烤"了的周建人,却已决心暗暗实践自己的主张,争得一个有真正爱情的新生活。他和原绍兴明道女中的学生王蕴如由恋爱而同居,对住在北京八道湾的发妻和子女,则寄以生活费用。

周建人作此决策,确实因为他原来的婚姻是一次有缺憾的结合。

据1951年5月北京市人民法院受理羽太芳子告周建人离婚案所记录的事实云:"1912年秋周信子将其妹周芳子(即原告)由日本招来中国住于浙江绍兴被告家中;后因周信子与周树人说合,由被告之母主持,于1914年原告与被告结婚;婚后以语言隔阂,感情不够融洽。"这一记述因当事人大都健在,应是有据可证的。对照鲁迅和周作人日记,也可见他们的结合是很仓促的。

周作人之妻信子希望妹妹留在自己的身边,其心情当可理解。因为自1912年5月芳子来华服侍信子生育,并帮她带孩子后,不仅大大减轻了她的负担,而且身边有了可说知心话的人,况且在次年秋,她又有了身孕。如何让妹妹留在自己的身边呢?她看上了还未婚的三弟。老三尽管没有上过高等学校,但他自学成材,19岁就当上了绍兴僧立小学校长。后又授课于小学教师养成所、明道女中及成章女校,年纪轻轻便有所作为。而且她也知道,早年因两位出国留学的哥哥希望三弟留在家乡,曾言明:三兄弟永不分家,他们将来工作得来的薪金,合在一起用。当时已去北京教育部工作的大哥就是这样做的,他的大部分工资都寄回老家,还帮助二弟负担日本岳父家的生活费用。所以她觉得把妹妹嫁给三弟是个好主意。可是婆婆似乎不愿再有一个外国媳妇,因语言不通多有不便。于是她希望在北京的大哥能支持。这一时期,她经常给鲁迅写信。

鲁迅为什么要说合这桩婚事呢?也许他是出于对信子孤身远离祖国的同情;也许他遇到了什么难题。1913年6月10日他收到二弟的信,附芳子笺,他当即回了二弟的信。次日又收到日本羽太家的信。第二天,他便"寄二弟信,附答芳子笺一枚"。这些信都没有留下来,但显然与往常的一般通信不同,是芳子要求鲁迅回答某一问题,似乎与她的终身大事或去留有关。当月19日,鲁迅即按原订计划返乡探亲一个月。其间,他与三弟曾多次单独出游,是否曾劝说三弟接受这桩婚事呢?现已不可考。事实是半年后,即1914年2月28日,周建人与芳子举行了婚礼。奇怪的是,鲁迅是在3月17日收到二弟信,附芳子笺后才在《日记》中记下三弟的结婚之日;21日,他也只是"寄二弟信,附与芳子信"。此后,他与二弟,信子和芳子有多次通信,唯独与新郎倌三弟迟至5月23日才直接通信。

周建人与芳子在最初或建立了感情。但自从1918年全家迁居北京后,没有学历的建人,只能到北大旁听,找不到工作,不免有吃白食之嫌。当家的二嫂在言语间令他难堪,妻子也因此对他多有不满甚至吵闹。当他通过投稿,从《妇女杂志》的主编章锡琛处得知上海商务印书馆缺人后,便由二哥写信给胡适,请他向上海商务印书馆推荐。还未等见到回信,他在1921年9月2日就匆匆离开了八道湾这个大家庭,前往上海自谋生路去了。最初他在商务馆编译所的月工资只有60元,每月给家中寄四五十元或衣物、书等。后来他希望妻子南下共建小家庭,但因为他们已有三个小孩,小家的生活水平自然比不上八道湾,羽太姐妹也不愿分开,终于造成了本已有裂痕的建人夫妻关系逐渐破裂。

周氏三兄弟都曾强调夫妇间的感情要不断更新。周作人在介绍与谢野晶子的《爱的创作》时,十分赞同著者独立而高尚的判断:"爱原是移动的,爱人各须不断的创作,时时刻刻共同推移,这才是养爱的正道。"并以此嘲讽道学家们"以为爱应该是永久不变的"。诚然,他十分珍惜自己的夫妻之爱,甚至不惜与妻子的缺点妥协,来换取家庭的安宁。而正是这种非正道的"养爱"方式,不仅忽视了他弟弟的家庭之爱也需不断创作,而且最后竟导致1923年7月18日不问青红皂白地与哥哥决裂(这一决裂风波谈者颇多,本文暂略)。

八道湾周宅大家庭的破裂,从一个侧面反映了聚居的大家庭的弊端,而对鲁迅来说,则是从正面冲垮了他那因袭安排了的家庭旧伦理的围墙。这连原希望儿孙满堂的鲁老太太也意识到了,后来她对人说:"我说句实在话,分开倒是对你们大先生有利。"①

鲁迅离开八道湾大宅后,不仅在经济上大大宽裕了,而且在事业上再不拘于兄弟间的合作,有了更新的天地;在生活上,也逐渐走出了旧婚姻的阴影。帮助他建立新生活的,是敢于向旧道德宣战的新女性许广平。

1925年秋,鲁迅和许广平在女师大风潮的并肩战斗中,由相互理解而滋生强烈的爱情。但鲁迅仍背负着太多的旧道德观念和思虑,深怕因自己的年龄和旧婚姻,辱没了年轻未婚的女子许广平。倒是受到新性道德观念熏陶的许广平,既无畏又实际地直指问题的要害,说:"我们是人,天没有硬派我们履险的权利,我们有坦途有正道为什么不走,我们何苦因了旧社会而为一人牺牲几个,或牵连至多数人,我们打破两面委屈忍苦的态度,如果对于那一个人(笔者按:指朱安)的生活能维持,对于自

---

① 据俞芳《太师母谈鲁迅先生》,收《我记忆中的鲁迅先生》。

己的生活比较站得稳不受别人借口攻击,对于另一方,我的局面,双方都不因此牵及生活,累及永久立足点,则等于面面都不因此难题而失了生活。对于遗产抛弃,在旧人或批评不对,但在新的,合理的一方或不能加任何无理批评,即批评也比较易立足……而事实上,遗产有相当待遇即无问题,因一点遗产而牵动到管理人行动不得自由,这是在新的状况下所不许"。①

不知许广平当时是否读过蔼理斯的《性心理学》,但她的这一番细密的剖析,与蔼理斯在该书《一夫一妻的标准》这一节中的意见是何等的吻合。蔼理斯指出:"到近代为止,单婚或一夫一妻的婚姻是我们西洋文明所认为唯一合情合理的婚姻方式。……到了今日,婚姻的方式问题是再也不能一厢情愿的承认下来而搁过不谈了;婚姻的方式问题是可以有变化的,决不是宗教、道德、法律,以至社会的惯例所能教它一成不变的。"他强调:一夫一妻的婚姻制度,"就其纲目的大处说,是始终存在的……不过如果我们能在这制度上多加一些弹性,对于这制度的原委多几分精密的了解,对这制度的因时因地而不同的需要多表示几分同情,结果一定是,不但摧毁不了它,并且可以教它在人类的历史里,更取得一个巩固的地位"。

在当时难以与朱安离婚的情况下,鲁迅和周建人一样,都无奈地走向重婚,对那个一厢情愿的妻子只能采取经济上补偿的办法。鲁迅和许广平结合后,他对在北平的老母和朱安,一直给予每月一百元的生活费用,全由朱安支配;此外每月给朱安十元零用,后又增至十五元。"过年过节总是格外从丰,并且另有存储一千余元,以备不时之虑。"②对周建人的经济困境,他也一如既往地履行过去的承诺,资助三弟女儿们的学费,包括照顾芳子所生的长女玛俐子在上海学习时的生活。

不论是鲁迅还是周建人,此后一直过着真实意义的一夫一妻生活。他们夫妇间相濡以沫,成为人生道路上的佳侣。

---

① 见《鲁迅景宋通信集》(《〈两地书〉原信》)。1926年11月22日许广平致鲁迅。
② 据1944年9月23日朱安致内山完造信。原件藏北京鲁迅博物馆。

六、鲁迅身后之风波

鲁迅逝世后，许广平也一直维持着北平家中的生活水平，最初由北新书局每月付北平家一百元（上海二百元）。1937年七七卢沟桥事变后，北新停付，在毫无收入的情况下，许广平依然每月寄北平一百元。太夫人也十分感怀，以贤媳相称。这时人们也担心在日本侵略者统治下的周作人的处境，纷纷劝他去南方工作。当年8月6、20日，9月26日，周作人在致陶亢德信中强调："弟以系累甚重，家中共有九人，虽然愚夫妇及小儿共只三人，未能去平，现只以北京大学教授资格蛰居而已，别无一事也。"言外之意为老母和兄弟妻儿所累。其实此时周作人仅每月给母亲15元零花钱而已。许广平也曾在1938年7月11日和1939年2月10日两次致函婆母劝周作人南下。太夫人在回信中告："老二现无南行之意，但觉行止两难。"

在中华民族面临生死存亡的时候，周氏南北家族都处于困境中。上海的许广平，1938年虽然经朋友帮助，靠收预约款付印了《鲁迅全集》，但因时局影响，书业不景气，收入有限，只能还去一部分借款；靠借取鲁迅纪念基金生活的许广平，不仅要调理体弱多病的儿子，还要租住房费奇昂的房屋，在狭小的生存空间内，尚须精心保存甚多的鲁迅遗书，以至债台高筑。而平寓的存款也已告罄。当时周作人也保持"苦住"北平之初衷，谢绝一切与日伪有关系的职务和约稿，每月只有四百元左右的收入，不过，此时他的长子已经工作。难以维艰的许广平只得在1938年10月1日致函周作人，通告《鲁迅全集》出版后版税无着的情况，希望他能分担一部分母亲的生活。1939年起，根据北平家中所说的每月需八十元家用之实情，由她和周作人各负担一半。这在周作人当时的经济条件下，并不影响他的"苦住"。可是在当年元旦周作人遇刺后一星期，他便表示接受北京大学图书馆馆长这一伪职。1月8日他自作打油诗云："橙皮权当屠苏酒，赢得衰颜一霎红。我醉欲眠眠未得，儿啼妇语闹哄哄。"这很能说明他当时的心情和家庭的压力，但显然不是因为负担了母亲生活费的缘故。这一年他又接任了北大文学院院长，乃至出任伪教育督办。这时,他的生活已非"苦住"可比拟了,1940年即为其女购八道湾房西边跨院,大兴土木。

然而就在此时,他的老母在给许广平的信中不断感叹百物昂贵,"时势艰难,可怕的很呀!"她和朱安的生活确实十分困难,因为周作人言明只负担母亲一部分的日常费用50元,朱安则与上海二位为一体。所以连冬天用煤也分得十分清,母亲房内用煤由他"借给",家用煤则不管。当太夫人听人说"沪方有相当收入"之传言后,便在1939年7月4日给许广平的信中要求在八、九月多取三四十元定购冬天的煤。许广平则认为上海的物价也贵,平寓生活已有九十元,"而另外买煤等再借钱,恐媳仍难负担得起",甚至说:"长此以往,卖身也无补矣。"婆母听了自然不快,此后去信在感情上冷淡了许多。该年底,许广平欲去南洋工作,便一方面寄四百元给李霁野,托他按月分交平寓;另一方面写信给周作人,请他照料平寓安全。周建人也时而给母亲寄上二三百元。不料太夫人在1940年3月9日写信给许寿裳告许广平之推赖,信中体恤两个儿子,说:"启明藏拙未遑,乔峰又力薄能鲜,奈何奈何",对儿媳却责之以"损害豫才生前之闻望,影响海婴将来之出路"。可怜老母竟不知儿子作人已投身于敌了。许广平闻后大为愤慨,4月1日写信给许寿裳,倾诉内心的悲怆和不平,公布鲁迅生前死后的收支亏空的情况。这起风波据当年常去平寓的李霁野在4月7日给许广平的信中说:"因为以前家庭的纷纠,太师母的个性也很梗强,所以对八道湾开口也不肯,既疑沪方或有存款,又有实际的困难,所以恶意的挑拨是容易得力的。"

或有人谓这一小小风波是由许广平出言不逊引起的。但若以1937年八道湾房产"议约"内容来看,他们三兄弟曾共同议定,八道湾的房产,包括"老太太生养死葬之费亦在其中";即以鲁迅一房来说,尚享有三分之一的房产。在兄弟失和后,鲁迅虽迁出八道湾,老太太的一切生活费用均由他独力承担,从未闻"借给"之说,更未向两个弟弟要任何财产。作为鲁迅遗孀的许广平,继承了这一切似乎律定的成俗,稍有不周,即罹成罪名。毫无收入的许广平在处理多方家族关系上的难处,也由此可见一斑了。从中也可略识当年周作人照顾老母寡嫂之实情,惟在许广平的"害马"脾气下,才担起他应负的责任。

1941年12月7日太平洋战争爆发,日寇进入上海租界;15日清晨,日本宪兵逮捕许广平,严刑拷打,直至次年3月1日,才由内山书店保释。伤痕累累的许广平出狱后,一直处在日本宪兵的监视下,连起码的生活来源都没有了;而且南北无法通汇。1942年5月以后北平家中的生活费只得靠周作人维持,周作人一家也确实尽力了。

1943年4月22日鲁老太太故世,遗言将周作人每月给她的15元(折成联准票150元)零花钱转给朱安。时西三条已将余房出租,每月约60元左右的收入,并随时增长。① 若周作人再按八道湾房产"议约",付以相当的房费(按:1919年购建的八道湾家宅,有瓦房27间,灰棚5间,占地约4亩),即能多少解决老而有病的朱安的生活需求,何至于后来竟使朱安的债务"一天天加高到四千余元"②。然而,周作人却在1944年让北平图书馆整理鲁迅藏书目录三册,鼓动朱安出售藏书,使原本珍惜鲁迅遗物的朱安不得已作此下策。许广平闻之急忙阻止。1945年南北通汇后,许广平即多方借贷周转,不断汇款给朱安,解决她每月需四万元的费用,直至1947年6月29日朱安离开人世。

俱往矣,本文所论及的当事人大都已作古,他们之间的恩恩怨怨早已化作尘埃,唯其留在人世的言行,却令人深思。我爱读鲁迅的文章,因为他给我生的力量,观其行,更觉其思想的真实;我也爱看周作人的文字,特别是在"文化大革命"后,思路颇受启发,这大概也是我国读书界一时形成"周作人热"的原因之一吧。周作人所强调的"人情物理","宽容",包括他后来主张的"伦理之自然化,道义之事功化",我都觉得有一定的道理。可是若观其某些行径,则大感而不解,不禁有徒作空言之感慨。如本文所反映的种种事实,可见他在对待其兄弟的婚变上,是何等的不宽容,是何等的有违人情物理,是何等的不论自然和事功!其兄旧

---

① 据1944年9月23日朱安致内山完造信。原件藏北京鲁迅博物馆。
② 据1950年5月31日阮文同致中央人民政府文化部文物局函。又据其子阮绍先在1947年8月7日致许广平信说:他们家所租的西三条余房的租费曾增至6万元。(当在抗战胜利后)

婚姻的痛苦,其弟婚姻的破裂,以及当时离婚所存在的难题,均是他眼见的事实,如何协助双方,善罢善休,本是他这样一个对妇女问题和性心理有深切了解的思想家须努力化解的问题。可惜他偏执于个人的情感,一味站在不愿离的一边,竟成了旧道德的代言人。事实上,他的偏执也有害于他的维护者。

如当时周建人要与芳子离婚时,芳子年仅三十多岁,又有掌握谋生技术的才能和机会,若姐夫周作人能鼓励她接受离婚这一既成的事实,并通过协议合理地获得应有的房产和生活补贴(当时周建人也是这样做的),也许芳子会摆脱精神上的痛苦而有一个健康的体格,甚至重新获得家庭的幸福。可惜周作人是在新中国成立后才让芳子上诉离婚,其时已晚,芳子母子已沾上了周作人作为汉奸的污点,在当时严峻的政治形势下,又怎能获得已被捐献的八道湾的房产权和医药费的补贴呢?芳子最终成了周氏家族不和及中日战争的牺牲者。

其实,周作人本人也因他感情偏执,言行分离而最终在政治上失足。如果在日本侵占华北,国难家难当头时,他能捐弃前嫌,接受许广平和周建人的建议南下,联手安排好家事,而不是以家累为借口而苦住北平,也许就不会出任伪职。

太多的如果,终非现实。也许周作人自有他的无奈处,如人们常把罪责归之于他的夫人。但正是这些有关切身利害的家庭琐事,如同他出任伪职之大事一样,最能照出了他人格本身的缺陷。这些琐事却往往因其细小,在当今的周作人研究中似乎被看轻了,甚至在编辑他的文集时被删除了,以至有些人泛泛地赞扬周作人的人生境界。我认为,周作人研究是现代文学史和思想史研究中的一个重要课题,正因为这样,更需要加强深入、细致的研究,尤其是在当今不少人重利害,轻是非,崇尚周作人苦茶庵生存方式的时候。

在我撰写本文的时候,常有一张布满皱纹,难得有笑容的脸呈现在我的面前,他就是鲁迅小说《鸭的喜剧》中最小的孩子,浑名为土步公的丰二。我仿佛又听到了他那低沉的追忆:"我那时太年轻,太鲁莽,只是一心为母亲感到不平……"只有当他谈到儿时大伯父鲁迅给他们分糖果的情景,他才露出童真的笑,说:"我还记得,他从外面回来,总会带些糖果点心回来给我们。我们争着要,那时我可调皮了。"

高明如丰一,作为周作人之子,难以褒贬其父母,而是把当年他伯父寄给他父亲的信件等"文物"捐献给了绍兴鲁迅纪念馆。可惜他仍未能与海婴等沟通,否则当成为跨过其父辈局限的光明者。如今,连丰一也魂归故里了。人们诚望周氏后代光明者辈出,谱写新的一章家族史。

1997 年 10 月于北京

(载《鲁迅研究月刊》1997 年第 12 期)

我观周氏兄弟

陶晶孙

去者日已远,成为历史人物的人,如果没有什么机缘,亦会渐渐被人遗忘。由于增田涉等人的介绍,在日本也有不少人认识的鲁迅,陷入病重是七年前的十五日,逝世则是十九日。①

列举外国文学家的场合,多数人喜欢找出一两名代表性人物,在中国相信大家都会第一个提出鲁迅吧。他的小说,创作数量虽不算太多,但蟠居上海虹口时代,他发挥毒舌与人笔战,有时听到炮声则冲出门外。他与内山完造、佐藤春夫曾过从甚密,从这方面看他与日本及日本人,可谓亦有些渊源。须藤医师也是他的主治医生。

时光消逝得快,想起即使在鲁迅死忌的日子,敢情再没有人会想起他的今天,大概也只有像我这般的人才会执笔写他一写吧。这一次我更雅不欲再谈其他,只说说周氏兄弟俩的事,当作一种补遗去读好了。

如所周知,鲁迅与周作人乃是同胞兄弟,可惜这对兄弟生来性格不同,关系也不太好。

最近更有一种奇怪传闻,内山完造访问北京之前,曾公开说他自己

---

① 应是1936年10月15、19日。陶晶孙在《鲁迅的伟大》一文中写道:"鲁迅是哪年哪月死的,我倒记不明白了,我在他逝世的三天前,走过他的家,看见他从一部旧汽车中,戴着那一顶旧帽子出来,我同他点了点头的,可是谁都不知道他要三天之后死了。"——译者

与鲁迅交好，周作人竟因此而拒绝与他相见。

坊间人士爱说鲁迅与周作人失和，其实这会使这对兄弟感到惶惑。我想利用这机会稍为谈及一下。当时鲁迅离开北京，母亲对他何去何从曾经担心过，后来他更未获母亲同意便同许女士结了婚。关于这一点，周作人心中是有气的，而且素来恭顺的他，母亲近在身边，作为人子，必须晨昏定省如仪。其次，在文学方面，两人所走路向不同，鲁迅勇敢，而周作人稳健。加上鲁迅经常给许多年青人包围，文学在他们兄弟之间构成一道藩篱，因此连鲁迅的葬礼周作人也没有出席参加。说实在的，一对兄弟也无须亲密得像幼时上幼稚园般经常在一起吧。是以把兄弟生前一些琐末小事，公私混在一起，指他们失和的说法，会令兄弟感到很大惶惑的。

如是这般，我说出这对兄弟的个中经纬，略提一下这位"毒舌叔叔"的家庭情况，兄弟俩有时因家事相约见面，对外则秘而不宣，有些事则他们认为不足为外人道，或用不同的另类方式表达，诸如此类的事，乃任何一个中国人家庭都会常常发生的事，我写出来启蒙一下大家，希望不要过事渲染而已。

（原载陶晶孙著《写给日本的遗书》，1952年东京创元社出版，题目为编者所加，译文载《鲁迅研究月刊》2003年第10期，题为《陶晶孙眼中的周氏兄弟》，鲍耀明译）

编后记

　　把周氏兄弟合论或做比较的研究是一个历史很悠久也很吸引人的话题。说来有趣，最早如此提及鲁迅和周作人的反而是日本的一种叫《日本与日本人》的刊物，在 1909 年对他们合译的《域外小说集》的介绍。而在 20 世纪 20 年代，他们都成为文化界知名人士后，当然有更多的人注意到这种有趣的现象。又有一位日本人清水安三，写了《周氏三人》（见本丛书《知堂先生》卷），把当时同住在八道湾的周建人也拉进来而成三个兄弟并称的盛况。中国评论者们自然也很早就注意到两兄弟的才能和业绩。钱玄同常到 S 会馆访问，与周氏兄弟高谈阔论，他对周氏兄弟的翻译评价很高。岂但翻译，周氏兄弟的学问修养，论文创作，他都十分钦佩，若非他催促，周氏兄弟的成名于文坛怕还要延迟一些时日呢。他回忆说："我十分赞同仲甫所办的《新青年》杂志，愿意给它当一名摇旗呐喊的小卒，我认为周氏兄弟的思想是海内数一数二的，所以竭力怂恿他们给《新青年》写文章。七月一日起，就有启明的文章。"刘半农那首诗也写出了他当时与两兄弟在一起议论风发，雄心勃勃的情态："主人周氏兄弟，与我谈天——欲招缪撒，欲造蒲鞭……"新文化运动的领军人物陈独秀和胡适也对两兄弟大致赞词。胡适的日记中多次夸赞他们的美才，并且对两兄弟做过一些观察和比较："（1921 年 8 月 11 日）

演讲后,去看启明,久谈,在他家吃饭;饭后,豫才回来,又久谈。周氏兄弟最可爱,他们的天才都很高。豫才兼有赏鉴力与创作力,而启明的赏鉴力虽佳,创作较少。"其实做此类比较的人还有很多,朱自清评论过他们的新诗,郁达夫比较过散文,等等。就是在周作人因通谋敌国被审判的时候,还有郑振铎写了《惜周作人》一文,痛惜他的附逆,爱惜他的才能,指出:"假如我们说,'五四'以来的中国文学有什么成就,无疑的,我们应该说,鲁迅先生和他是两个颠扑不破的巨石重镇;没有了他们,新文学史上便要黯然无光。"从"五四"时代开始,两兄弟就已经以合并联名的形式深入读者心中,在文坛上树立了"周"字大旗,乃是中国现代文坛上一个引人注目的景观。

如果说,兄弟的合作引起人们的注意和批评,那么,兄弟的分道扬镳更引起人们的议论和探究,更成为关注的焦点。因为,随着时间的推移,周作人在鲁迅研究中所起的作用越来越引起人们重视,而且,兄弟失和毕竟也是鲁迅一生中的大事,对鲁迅的生活和思想也产生了很大的影响。总之,两兄弟合评也好,分论也罢,都不能回避这个重大事件。

单纯从恩怨角度来解说这个事件是片面的。颂扬鲁迅做出过重大牺牲,责怪周作人忘恩负义,是太容易的断语。我们看到的这类比较文字已经很多。因为过于偏向,往往埋没了周作人的优长和业绩,有失公允。

我们能不能承认,周作人同鲁迅相比,至少在"五四"稍后一段时间里,在某些方面更为突出?例如他的知识之渊博,就不亚于甚至超过鲁迅,至少可以说鲁迅没有表现得像周作人那么充分。从翻译方面衡量,周作人也比鲁迅的成绩好,而且涉及面更广。因此,有一个时期,他的名声比鲁迅要大。可以举一个反面的例子,郭沫若在《鲁迅与王国维》一文中说,他年轻时看了一本杂志上把周作人的翻译登在头条,而把鲁迅的小说排在后面,一气之下,写信给编辑,大为创作抱不平,并由此发明了他那创作是处子,翻译是媒婆的理论。虽然这理论后来遭到鲁迅本人的奚落,但也可约略看出当时周作人在文坛上的地位之高。

周氏兄弟比较研究曾经出现过几个繁盛期。一个是鲁迅去往南方,加入左联,有论者认为周作人不如他的哥哥进步,已经落在时代大潮后面了。为此还引发了争论。也就是在这个时候,周作人和鲁迅在言论上影射和批评对方,或者批评对方亲近的人。胡风、废名应该说是双方最忠实的弟子。鲁迅除了写作《小品文的危机》等杂文外,还写了《势所必至,理有固然》直接点名批评废名(但当时没有发表),而周作人同胡风更是你来我往打起了笔战。

另一个高潮是在周作人投敌以后,人们不免想起刚刚去世的鲁迅,自然会提出一个假设:如果鲁迅活着,会怎么样呢?是与日本人合作,还是抵抗?论者得出的结论是:他绝对不会像周作人那样与日本人合作,因为他的思想中就不会有这种倾向和毒素,他一直在战斗,在追求进步,他疾恶如仇,他热爱祖国。周作人则恰恰相反。经过这样的假设和分析,遂把两兄弟截然分开。二人走上不同的道路,周作人附逆也就理所当然了。这方面以何其芳的文章《两种不同的道路》最有代表性。

还有一个高潮是在改革开放以后,因为研究鲁迅的需要,又因为有人曾试图为周作人翻案,在研究周作人人生历程时必然要涉及鲁迅,比较研究就成为一种很有用的手段。两兄弟之间很有可比性:学识修养很近似,但结局迥异;名声都很高,但一个是完美的圣人,一个则是十恶不赦的民族败类。假如他们不是文人,而是社会活动家,政治家,他们的事迹早已编成电影或电视剧,在广大观众中传播了。实际上,这种努力也并非没有,电视片我见到过一部,有关兄弟不同命运的著作也见过好几种,有叫《周氏三兄弟》的,也有叫《兄弟文豪》的。

不过,虽然比较研究做得大张旗鼓,但总有一些禁锢,有一个界限,有一种预设的尺度,这是人们都能分明看得出的。我们来看一看1987年11月召开的鲁迅、周作人比较研究学术讨论会上发表文章的题目,就能明了当时的学术话语的主调:《潮汐有信,沉浮无情——论鲁迅周作人所走的不同道路》《独立擎天的红桧与摇摆弯腰的杨柳——鲁迅与周作人思想文学比较论》,等等。

周作人在人生道路上得到过鲁迅的极大帮助,这一点他本人也不否认。有研究者对他们早期所谓"兄弟怡怡"的关系进行了全面的梳理,当然很有必要,有利于全面研究。但说到恩情,虽然总要算一算,然而对鲁迅而言,却更愿意视为在尽长兄的义务。鲁迅自己既不把做那些事看成"放债",也不一定就同意别人总把那些"恩情"挂在嘴边。

对兄弟失和的起因的探讨,也显示出一些偏向。先是过于看重思想的分歧,认为周作人"赶走"鲁迅,是因为自己与鲁迅的世界观差异越来越大,害怕进步力量,害怕群众,要躲进书斋,耕种"自己的园地"。这样从政治上判定他的落后,他的反动性不言自明。因为不听从长兄的帮助和劝告,导致反目成仇,并最终导致他失足落水。

但研究者们也越来越注意到在比较研究和失和事件的探究中要全面客观地看问题,要对当事人有同情理解。后来的研究论著对周作人不那么愤怒之情溢于言表,而更表现出对他的怜悯,虽然这也不一定就是正确的态度。

在比较方面,我觉得应该多注意早期一些学者和文化人的文字。例如废名虽然并没有专门写过比较文章,但有几段文字很有价值(因为出现在其他类别的文章中,选在本丛书其他卷里)。废名是周作人的学生,对周氏兄弟二人都很崇拜,例如在读了鲁迅的《马上支日记》后,写过一段文字:"昨天读了《语丝》八十七期鲁迅的《马上支日记》,实在觉得他笑得苦。尤其使得我苦而痛的,我日来所写的都是太平天下的故事,而他玩笑似的赤着脚在荆棘道上踏。又莫名其妙的这样想:倘若他枪毙了,我一定去看护他的尸首而枪毙。"这里需要注上一笔,当时周氏兄弟已经决裂,而废名同周作人关系正极亲密。后来他对兄弟的比较,褒贬扬抑,容或有之,但并非人云亦云的浮泛之论,因此虽不一定博得我们的赞同,但颇能给我们以启发。例如在为《周作人散文钞》写的序中他说:"鲁迅先生与岂明先生重要的不同之点,我以为也正就在一个历史的态度。鲁迅先生有他的明智,但还是感情的成分多,有时还流于意气,好比他曾极端的痛恨'东方文明',甚至于叫人不要读中国书,即此一点已不免是中国人的脾气。他未曾整个的去观察文明,他对于西方的希腊似鲜有所得,同时对于中国古代的思想家也缺少理解,其与提倡东方文化者固同为理想派。岂明先生讲欧洲文明必溯到希腊去,对于希伯来,日本,印度,中国的儒家与老庄,都能以艺术的态度去理解它,其融会贯通之处见于文章,明智的读者谅必多所会心。鲁迅先生因为感情的成分多,所以在攻击礼教方面写了《狂人日记》,近于诗人的抒情,岂明先生的提倡净观,结果自然的归入社会人类学的探讨而沉默。鲁迅先生的小说差不多都是目及辛亥革命因而对于民族深有所感,干脆的说他是不相信群众的,结果却好像与群众为一伙。我有一位朋友曾经说道:'鲁迅他本来是一个 cynic,结果何以归入多数党呢?'这句戏言,却很耐人寻思。这个原因我以为就是感情最能障蔽真理,而诚实又唯有知识。"

如果不同意他的观点,我们可以反驳。但这样的比较还是值得阅读应该欢迎的,因为它能开阔眼界,激发思索。

在周氏兄弟研究中,应该写写这么一个题目:周作人对鲁迅研究的贡献,全面地评估一下周作人在鲁迅研究中的作用。我总是觉得我们以往对周作人这方面的贡献肯定得还不够,或者有时还用一副怀疑的眼光来看待,甚至对他的那些资料不屑一顾。

实际上,有很多鲁迅研究者在有意无意地使用这些资料,在受着他的影响。

应该指出,周作人不是在解放后没有别的题材可写的无聊中才写点鲁迅的,他在鲁迅去世后不久就开始了这项工作,例如两篇《关于鲁迅》。本来他可以继续写下去,但因为有人指责他不理解甚至污蔑鲁迅,又因为亲属的关系,使他下笔时难免有所顾虑。撰写鲁迅年谱,他本来义不容辞,因为鲁迅早期的情况他最熟悉。但因为对有些事情的看法与许寿裳不同,他最终并没有投入多少精力。例如,在鲁迅是否参加过光复会问题上,他坚定地持否定意见。这是极为难得的。我们决不能把他这个观点视为反对鲁迅的继续。他没有必要用这种事情来证明鲁迅有什么坏的品质。他在一片"是"声中独独说"不",多亏了他的坚持,才有了后来的详细考证,否则人们就会在没有实证的情况下轻易相信鲁迅加入了会党。

有一个有趣的现象,周作人在谈鲁迅的时候往往就是在谈他自己,反之亦然。此无他,乃由他们年龄相差不大,童年一起度过的事实决定的。他一开始就讲了自己的目的和原则:"鲁迅的学问与艺术的来源有些都非外人所能知,今本人已死,舍弟那时年幼亦未闻知,我所知道的已为海内孤本,深信值得录存,事虽微细而不虚诞,世之识者当有取焉。这里所说限于有个人独到之见独创之才的少数事业,若其他言行已有人云亦云的毁或誉者概置不论。"这番话直到现在也还值得我们深味。有些观点,我们也许不能同意,但有助于我们思考,例如他说鲁迅太过悲观,把中国的事看得黑暗,鲁迅是否如此姑且不论,这何尝不是他自己的情形呢!所以说,在解说鲁迅的时候,他往往就在解说着自己。又如,我们都知道他写过很著名的《我的杂学》,自述学术来源和经历,里边很多材料可以拿来说明鲁迅的学术修养。

因为鲁迅留下的自述文字不多,就更见得他提供的材料之非常有用。他自己也说:"这些事情都很琐屑,可是影响却颇不小,它就'奠定'了半生学问事业的倾向,在趣味上到了晚年也还留下好些明了的痕迹。"收入《鲁迅的青年时代》中的《鲁迅的国学与西学》、《鲁迅与中学知识》、《鲁迅的文学修养》、《鲁迅读古书》等文章介绍的情况,比以前的回忆更有系统,大部分是他同鲁迅共同的经历。

但他所谓的只提供资料,含有谦虚的成分。实际上,他有自己的观点在内。例如,谈到鲁迅治学的态度,他说:"鲁迅做事全不为名誉,只是由于自己的喜好","不求闻达,但求自己的想或写"。他评论道:"这是求学问弄艺术的最高态度,认得鲁迅的人平常所不大能够知道的。""以这种态度治学问或做创作,这才能够有独到之见,独创之才,有自己的成绩,不问工作大小都有价值。"又如,在谈到鲁迅文学创作技巧及其作品特点时,他说那来自深刻的观察,并得之于杂览——读野史,等等,都是独到的见解,已经成为鲁迅研究的基础材料。

为鲁迅小说"寻找"原型,提供背景材料,是周作人晚年一项重要的工作。这些材料很少甚至几乎不涉及鲁迅小说的思想意义的分析。这一点引起有些论者的不满。现在,我们对他这么做应该有一些理解。他没有用当时流行的中心思想、段落大意一类的新批评八股分析法来套鲁迅作品。作为一个旧时代过来的人,他可能学习起来很吃力,更可能,他会感到滑稽可笑。

有人指责他不理解文学作品,不理解虚构的艺术。这恐怕是一种苛刻之论。他自己当然知道小说写成后即是艺术作品,虚实问题已不重要。但他仍然坚持说:"艺术家所画的人物,自然不必全要照原样,但是实物的比较有时也还不是无用。"他的目的是让人们知道鲁迅创作小说的过程:鲁迅怎样使用原始材料,怎样虚构情节和人物,艺术形象同现实之间有多大差别,等等,这对后人认识鲁迅的创作技巧大有帮助。他本人在反对声中,仍然坚持,并且在《知堂回想录》中还颇为自负地说:"我很自幸能够不俗,对于鲁迅研究供给了两种资料,也可以说是对得起他(鲁迅)的了。"研究鲁迅小说的人,都应该能体会到这句话的含义。

他对鲁迅研究的另一个贡献,就是他一贯强调把鲁迅当人而不是当神看待。这同他的实事求是的态度相表里,是他有关鲁迅的所有文字的基础。早期的《关于鲁迅之二》中说:"说是事实,似乎有价值却也没价值,因为这多是平淡无奇的,不是奇迹,不足以满足观众的欲望。一个人的平淡无奇的事实本是传记中的最好资料,但唯一的条件是要大家把他当作'人'去看,不是当作'神'。"后期的《鲁迅的青年时代》中又说:"我写这篇文章,唯一的目的是报告事实。如果事实有不符,那就是原则上有错误,根本上失了存在的价值了。"态度第一,有没有价值倒在其次。

他说这些话当然有所指,他在这些文字中就纠正了很多当时流行的或夸张或讹误的说法。自然,因为身份的关系,不能不以委婉的方式。

而晚年他对神化鲁迅现象的不满则只能表现在私人通信中。

说到周作人对鲁迅的不满和攻击,现在大家知道了很多事实,周作人自从失和后屡屡攻击鲁迅,有些话说得很刻薄——当然多是影射,没有点名。但我们很少看到鲁迅攻击周作人的文字,至多说他"昏",那还是在给自己妻子的信中。这就给人一种印象:鲁迅宽大为怀,周作人心胸狭窄。

但也就有一种说法,认为鲁迅之所以不反击周作人,是自知理亏,他可能在兄弟失和事件中犯下了错误。在对这类事件的研究中,我们一定要持论公允,并且特别要小心假设。其实,也可以有这样的假设:周作人不停地纠缠、叫骂,而且,后来把日记中涉及此事的话挖掉,是不是自知理亏,或者有后悔之意呢？有时,假设和推断是颇为无聊而且危险的。

周作人对鲁迅的批评,我们应该具体分析,找出那些属于过分的地方,分辨哪些是正确的观点,不能冠以"周作人对鲁迅的影射攻击"一概加以斥责。说神化鲁迅,夸张描绘,当时的确存在这种倾向。即如他批评上海虹口公园鲁迅塑像姿势不好,属于个人看法,也许还有其他很多人不喜欢这种姿势。对神化鲁迅的反感和批评,其实是一个相当普遍的观点,即使不发表在书面,也会存于内心。周作人的意见,现在看来,不无参考价值。

总之,周氏兄弟合评和比较是一个极有意思的题目。鲁迅和周作人在现代文化史的地位和影响,往往在比较中才能看得更分明。

总括以上所述,并就本卷所收录的材料来看,周氏兄弟比较研究中存在的问题和应该注意的问题主要有：

一、几十年来,研究工作取得了很大的成果。例如失和事件,本书所收材料和研究文字可以分为几个时期:一是鲁迅逝世前的,二是周作人投敌前的,三是20世纪80年代前的,四是80年代到现在的。应该说,对于周作人的评价,是渐渐在增加同情理解,至少现在已经很少有人一味斥责他自私自利、忘恩负义了。1945年以后的周作人背上了大汉奸的罪名,是被褫夺了公民权的罪犯。应得的惩罚他自然必须领受,但也应该得到人们应有的尊重理解,而不是把一切污水都泼到他身上。这至少给我们这样的启示和教训:论人一定要顾及全面,不能因为后期的错误就连带否定他的前期,一事错便事事错。

二、拿鲁迅同周作人比较,应该特别注意他们之间存在的巨大反差。鲁迅的完美形象对周作人是一个巨大的压力。在鲁迅形象的参照下,周作人的一切好像都有了问题,使比较难以做到不偏不倚。这就要求我们摆正心态,应该把研究对象都做平视,而不是仰视看待。把鲁迅看作那个时代的杰出人物之一,而不是独一无二的天才。现在,研究者加强了这种意识,对"五四"时期的知识分子给予了适当的评价,其中自然也包括鲁迅和周作人。

三、比较是为了更准确全面地看问题,而不是淘汰赛。过去周氏兄弟比较研究中存在的问题很容易使人想起古代文学家比较中出现的偏向,例如李杜比较和韩柳比较。或褒李贬杜,或扬韩抑柳,各有一班人在呐喊助威,一定要决出胜负,分出高下。在周氏兄弟比较研究中,过去大量存在着一边倒的现象,即过分扬鲁贬周,人们习以为常。但如果反过来,扬周贬鲁,马上就会引起舆论喧哗,招来很多攻击。两种倾向我们都要尽力防止。肯定周作人,并不意味着就一定要贬低鲁迅。即便他们意见不同甚至对立的地方,也应分析内在原因,不一定分出绝对的一对一错。即如鲁迅加入左翼文学阵营,周作人深致不满,大加嘲讽,似乎不是鲁迅思想出了问题,就是周作人恶意攻击。其实,鲁迅自有他的道理,有他的原则,有他的应变,最终做出了正确的选择,任凭谁说他投机趋时,也不能损害他的声誉;因为周作人同左翼文艺阵营论战,就说他反动,说他指责鲁迅是完全错误的,恐怕也失之简单化。我们应该具体问题具体分析,周作人的意见中也有合理的成分。我们看鲁迅晚年谈起周作人关于文天祥的意见时,就说它有参考价值,革命青年也大可借鉴。

四、应该完整地掌握资料。有些论断之所以有偏向,缺乏说服力,是因为在没有充分掌握资料的情况下做出的。这当然受很多客观条件的限制,不能完全归咎于研究者。有一点值得注意,就是两兄弟的亲友的回忆文字虽然颇有参考价值,但也需要认真辨别。恩怨梗于胸中,又受政治形势等因素的影响,往往难以做到公正。而恰是这类材料,影响特别大。

五、比较研究中还存在着一些较少触及的领域。对他们之间的分别,或者说,他们各自的独特性,还缺乏足够的分析。他们的不同在哪些方面?是什么时候显得突出的?作为现代杰出的翻译家,他们译文的得失怎样,也是着墨不多的题目;他们的文风的差异,学问构成的同中之异,研究还很薄弱。我们看到,因为要弄清楚周氏兄弟文章署名问题,研究者们颇费了一番考证的功夫,在没有别的佐证的情况下,只好从语言上、从文风上着眼了。这么一逼,倒提醒我们:周氏兄弟比较研究还有很多薄弱之处,需要我们努力充实和加强。

  有鉴于此,基础的资料就显得十分必要。编这样一个资料集,就是想为读者和研究者提供一些有参考价值的材料,以为更深入的研究做准备。

编者
2004年4月于北京